부동산과 재테크

부동산과 재테크

지 은 이 | 최진배 · 권미영 · 박병준 · 박찬열 · 임순애 · 정경환
정민호 · 정삼화 · 조민서 · 진창규 · 차윤영 · 황두환

초판1쇄 인쇄 | 2012년 8월 20일
초판1쇄 발행 | 2012년 8월 25일

펴 낸 이 | 송수건
펴 낸 곳 | 경성대학교출판부
출판등록 | 1985년1월28일 제331-1985-000001호
주　　소 | 부산광역시 남구 대연동 110-1
전　　화 | (051) 663-4195
팩　　스 | (051) 663-4199

* 잘못된 책은 구입하신 서점에서 바꾸어 드립니다.

ISBN 978-89-7314-244-6 (03320)

부동산과 재테크

최진배 · 권미영 · 박병준 · 박찬열 · 임순애 · 정경환
정민호 · 정삼화 · 조민서 · 진창규 · 차윤영 · 황두환

경성대학교 출판부

머리말

부동산은 필수적인 생활 수단으로서 우리의 삶에 있어서 반드시 필요한 재화이고 또한 가장 중요한 재테크 수단의 하나이다. 나아가 부동산은 우리 사회 전체의 번영을 위한 공통의 기반이기도 하다. 문제는 부동산을 제대로 이해한다는 것이 그렇게 쉽지 않다는 것이다. 이 책의 집필목적은 일반인들, 특히 부동산투자의 입문자들이 부동산을 보다 쉽게 이해할 수 있도록 만드는데 있다.

이 책은 경성대학교 부설 부동산도시연구소의 지원에 의해 집필되었다. 그리고 이 책의 저자들은 전원 부동산도시연구소의 소장 및 연구원들로서 대부분 부동산 강의와 부동산 실무에 수년에서 수십 년간 종사한 경력을 가지고 있다. 이러한 저자들의 경력은 부동산투자에 바로 적용할 수 있는 살아 숨 쉬는 부동산투자 입문서를 만드는데 많은 도움이 되었다.

부동산투자에 있어서 반드시 필요한 전반적인 지식들을 체계적으로 정리하여 알기 쉽게 설명한다는 이 책의 목적을 달성하기 위해서는 다소 전략적인 접근이 필요하였다. 기존 부동산 교과서들의 서술체계를 과감히 벗어나, 부동산투자대상 위주로 논점을 발굴하고 이러한 논점들을 하나씩 추적하면서 너무 전문적이거나 지엽적인 내용들은 제거하여 부동산재테크에 꼭 필요한 요소들만 도출하였다. 이렇게 도출된 내용들을 다시 체계적으로 정리하고 그 위에 풍부한 사례들을 적재적소에 배치하여 부동산투자에 처음 발을 내딛는 사람들이라도 쉽게 이해할 수 있도록 서술하였다.

부동산은 그 목적에 따라 다양하게 분류될 수 있다. 그러나 부동산을 투자대상이라는 측면에서 분류해보면 다음과 같이 분류해 볼 수 있다. 첫째, 주거용 부동산이다. 여기에는 단독주택, 다중주택, 다가구주택, 아파트, 연립주택, 다세대주택, 원룸, 타운하우스, 도시형 생활주택, 전원주택 등이 포함된다. 둘째, 상업용부동산이다. 여기에는 근린상가, 단지내 상가, 대형쇼핑센터/대형몰, 전문할인점, 대형할인점, 오피스빌딩, 오피스텔, 호텔/모텔, 극장 등이 포함된다. 셋째, 산업용 부동산이다. 여기에는 공장, 창고 시설, 광산 등이 포함된다. 넷째, 특수목적용 부동산이다. 여기에는 묘지, 골프장, 공원, 학교, 교회 등이 포함된다. 다섯째, 농지를 비롯한 토지이다. 여기에는 임야, 초지, 목장, 과수원, 농작물재배농지 등이 포함된다.

이 책에서는 위의 부동산들 중 대중적인 투자수단과는 거리가 있는 산업용 부동산과 특수목적용 부동산은 서술대상에서 제외하였다. 주거용 부동산이나 상업용 부동산, 농지를 비롯한 토지를 주된 서술의 대상으로 삼되, 투자대상으로서 일반인이 접근하기 곤란하거나 너무 많은 자금을 요하는 부동산은 서술대상에서 제외하였다. 이런 연후에 각 저자의 전공분야와 특성에 맞게 집필부분을 분담하여 서술하였다.

이 책은 제1편 서론, 제2편 주거용 부동산, 제3편 상업용 부동산, 제4편 토지, 농지 그리고 산지로 구성되어 있다. 먼저 제1편 서론은 부동산재테크에 대한 본격적인 서술에 앞서 제1장(부동산이란 무엇인가?)에서 부동산문제를 둘러싼 쟁점들에 대해 서술하고 제2장(재테크와 부동산)에서 재테크일반과 부동산재테크의 기초적인 지식들을 소개하고 있다. 제2편 주거용 부동산에서는 제3장(주거용 부동산의 변화)에서 주거용 부동산 재테크에 대한 기초지식들을 소개하고, 제4장(아파트)에서 가장 대중적인 부동산재테크 수단의 하나인 아파트투자에 대해 자세하게 소개 하고 있다. 그리고 제5장(단독주택과 기타 주택)에서 단독주택을 비롯한 기타 주거용 부동산투자에 대해 서술하였다. 제3편 상업용부동산에서는 제6장(상업용부동산의 개념과 특성)에서 수익성 분석을 비롯한 상가투자의 기본원리들을 체계적으로 정리하여 소개하고, 제7장(근린상가와 단지내 상가)에서 상가투자의 가장 기초가 되는 근린상가투자에 대해 소개하고, 그 외 단지내 상가 및 기타 상가투자에 대해 소개하고 있다. 제4편 토지, 농지 그리고 산지에서는 제8장(토지)에서 토지의 이용행위규제를 비롯한 토지투자에 대한 기본원리들을 소개하고 제9장(농지와 산지)에서 농지와 산지에 대해 투자하고자 할 때 필수적으로 알아야 할 기본사항들에 대해 소개하고 있다.

이 책이 세상에 나오기까지 많은 도움을 주신 경성대학교 경제금융물류학부 교수님들께 저자들의 뜻을 모아 감사드린다. 특히 이 책의 집필에도 직접 참석하신 부동산도시연구소 소장 최진배 교수님께서는 이 책의 집필에 대한 첫 아이디어를 내셨고, 바쁜 시간을 쪼개어 1년 넘게 진행된 집필진 모임 때 마다 참석하시어 많은 도움을 주셨으며 집필의 전체적인 체계와 내용에 대한 오류를 바로 잡아 주셨다. 그리고 최종적으로는 책의 전 과정을 검토하시고 오류를 바로잡아 주셨다. 교수님의 도움이 없었더라면 아마도 이 책이 세상의 빛을 보기는 어려웠을 것이다. 그럼에도 불구하고 혹 책에서 발견되는 오류가 있다면 그것은 전적으로 그 부분의 집필을 담당한 저자들의 책임이다. 그리고 이 책의 출판을 위해 많은 노력을 해주신 경성대학교 출판부 직원 여러분들과 교정 작업에 수고한 부동산도시연구소 박지혜 선생에게도 감사드린다.

아무쪼록 이 책에서 소개하고 있는 부동산재테크에 관한 여러 가지 이야기들이 선택의 갈림길에서 방황하고 있는 많은 독자들에게 하나의 좋은 이정표가 되기를 간절히 바란다. 또한 전문적인 지식을 갖춘 사람들에게도 많은 도움이 되기를 기대한다.

2012년 8월

저자 일동

차 례

제1편 서 론

제 2 편 주거용 부동산

제3편 상업용 부동산

제 4 편 토지, 농지 그리고 산지

제 1 편 서 론

제1장 부동산이란 무엇인가?

최 진 배 · 정 삼 화

제1절 부동산의 의미

부동산재테크에 대해 본격적으로 살펴보기 전에 우리는 부동산의 보다 다양한 측면들에 대해 이야기해보고자 한다. 부동산은 중요한 재테크 수단의 하나이다. 그러나 그것은 우리 개개인의 생존에 없어서는 안 될 필수적인 재화이고, 또한 우리 사회 전체의 번영을 위한 공통의 기반이기도 하다.

지금은 다소 흔들리는 것 같다. 그러나 '부동산불패'라는 믿음은 우리의 의식 깊숙이 하나의 신화처럼 자리하고 있다. 부동산에 투자하면 다소 우여곡절은 겪게 되지만 종국에는 이익을 보게 된다는 믿음은 1997년의 IMF 외환위기 사태와 2008년의 글로벌 금융위기를 거치면서 많이 완화되었지만, 그것의 그림자는 아직도 우리 사회 곳곳에 깊게 드리워져 있다. 어떤 방식으로 측정하느냐에 따라 조금씩 차이가 나기는 하지만, 우리나라 가계의 자산에서 부동산이 차지하는 비중은 여전히 70%에서 80%를 넘나들고 있으며, 많은 사람들이 여유자금이 생기면 부동산투자를 먼저 생각하는 것은 이를 반증해 준다.

언제부터인지 확실하지는 않지만, 부동산은 우리의 주거환경은 물론, 개개인의 삶의 수준과 질을 결정짓는 중요한 요소가 되었다. 우리는 어떤 사람이 몇 평의 주택에 사는 지, 주택 말고 다른 땅이나 건물이 있는지 등 부동산과 관련된 몇 가지 정보만 알아도 그 사람의 생활 수준을 미루어 짐작해 볼 수 있다. 우리 사회는 부동산을 소유한 계층과 부동산을 소유하지 못한 계층, 그리고 부동산을 소유한 계층들 사이에서도 얼마나 소유하고 있느냐에 따라 복잡한 다층구조를 이루고 있다. 이러한 계층 간에는 결코 좁혀질 것 같지 않는 가치관의 대립이 존재하고 있다. 이러한 가치관의 갈등은 우리 사회의 통합을 저해하는 가장 주요한 요소이기도 하다.

이 장에서 우리는 부동산을 둘러싼 여러 가지 문제에 대해 살펴보고자 한다. 우선 부동산문제가 어디에서 출발하는지, 부동산문제와 관련하여 주로 논의되는 쟁점들은 무엇인지 살펴보기로 한다. 그 다음에 부동산(특히 토지)이 다른 일반재화들과 어떤 다른 특징을 갖고 있으며, 그러한 특징들로 인하여 부동산이 다른 재화들과 특별히 다르게 취급되어야 하는지에 대해 살펴본다. 그리고 부동산문제를 해결하는 근원적 수단으로 자주 언급되는 토지공개념에 대해 살펴보고자 한다.

제2절 부동산으로부터 야기되는 문제점

1. 부동산문제가 발생하는 이유

부동산을 둘러싸고 복잡하고 다양한 문제들이 제기되고 있다. 이러한 문제의 출발점은 아마도 '희소성'이라는 개념에서 찾아야 할 것 같다. 토지 또는 주택과 같은 부동산은 우리의 생존에 꼭 필요한 요소들이다. 그래서 사람들은 부동산을 보다 많이 보유하기 위하여 앞을 다

투어 경쟁한다. 그러나 안타깝게도 우리 사회에 존재하는 부동산의 양(量)은 우리의 욕구를 모두 충족시켜 줄 만큼 풍부하지 않다.

토지를 예로 들어 보자. <그림 1-1>에서 보듯이 우리가 필요한 만큼 지구가 계속하여 팽창할 수 있으면 얼마나 좋을까? 만약 모든 사람의 욕망을 충족시켜 줄만큼 토지가 무한히 존재한다면 어느 한 개인이 아무리 많은 토지를 차지하더라도 다른 사람의 몫으로 돌아갈 수 있는 토지는 아직도 많이 남아 있게 될 것이다. 물론 이렇게 된다면 우리 사회에서 토지를 둘러싼 분쟁은 거의 일어나지 않을 것이다.

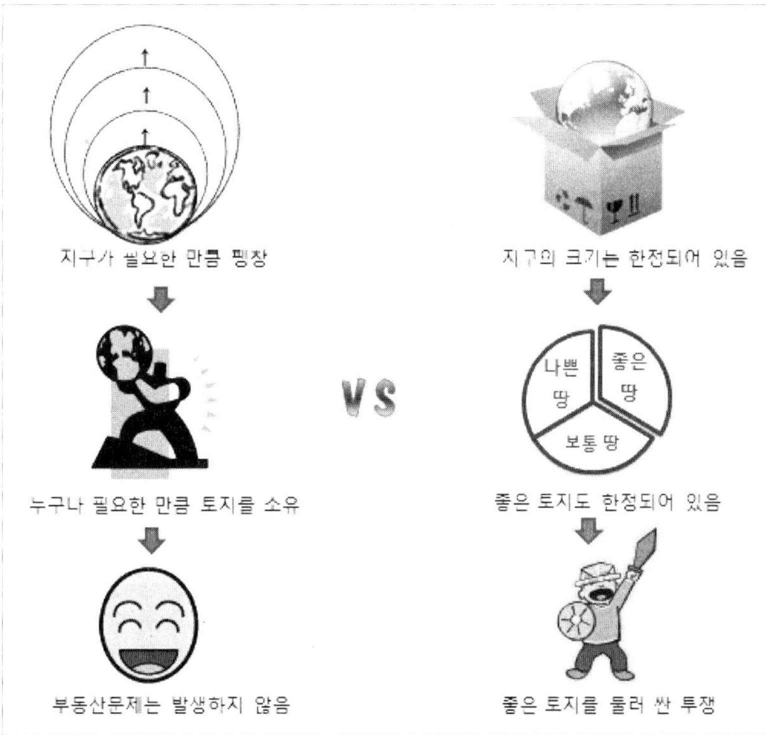

<그림 1-1> 토지의 유한성과 양질의 토지를 향한 경쟁

그러나 안타깝게도 우리가 소유할 수 있는 토지의 양은 한정되어 있다. 그리고 토지가 있는 위치에 따라 그 가치도 상당히 차이가 난다. 햇볕이 잘 들고 비옥하여 농사가 잘 되는 토지가 있는가 하면, 너무나 척박하여 농사에 부적합한 토지도 있다. 도로, 학교, 각종 편의시설 등 기반시설이 잘 정비되고 환경이 쾌적하여 주거지로 아주 적합한 토지가 있는가 하면 기반시설도 정비되지 않고 환경도 사람 살기에는 불편하여 주거지로는 전혀 적합하지 않는 토지도 있다. 유동인구가 많아 상가가 들어서기에 아주 적합한 토지가 있는 반면, 하루 내내 한사람도 지나가지 않아 상가가 들어서기에는 적합하지 않는 토지도 있다.

그 결과 어떤 개인이나 집단이 많은 양의 토지를 차지하면 다른 사람들의 몫은 그만큼 줄어들게 된다. 설사 각 개개인에게 돌아가는 토지의 양이 동일하더라도 누가 더 양질(良質)의 토지를 차지하느냐에 따라 각 개인의 희비가 또 한 번 갈리게 된다. 즉 누군가 사회·경제적으로 좋은 토지를 더 많이 차지하면 다른 사람들이 차지할 수 있는 토지는 그만큼 줄어들 수밖에 없다. 이렇게 하여 양질의 토지를 둘러싼 경쟁은 더욱 치열해질 수밖에 없는 것이다.

먼 과거로부터 현재까지 오랜 시간이 흐르면서 부동산을 둘러싸고 벌어졌던 치열한 경쟁의 흔적들은 우리 사회 곳곳에 반영되어 있다. 부동산을 많이 가진 자, 부동산을 적게 가진 자, 부동산을 전혀 가지지 못한 자, 심지어는 대가를 지불하고 다른 사람의 부동산을 빌려서 사용할 능력도 없는 자 등등 부동산을 둘러싼 다양한 계층들의 대립과 알력이 현재 우리 사회의 주요부분을 구성하고 있다. 문제는 부동산 소유의 이러한 격차와 그것이 만들어 낸 불합리를 어떻게 해결할 것인가에 대해 사회구성원들의 공감대가 전혀 형성되지 않고 있다는 데 있다. 부동산을 많이 소유한 계층과 그렇지 못한 계층 간에는 전혀 다른 그리하여 타협하기 힘든 가치관들이 격렬하게 충돌하고 있다. 부동산을 둘러싸고 일어나는 여러 가지 문제들을 해결하기 위한 해법을 도출하는 것도 그만큼 어렵다.

2. 부동산소유의 격차와 빈부 격차

부동산과 관련된 가장 주된 쟁점은 부동산소유의 편중과 그로 인한 빈부의 격차이다. 아래에서 살펴보는 바와 같이 우리 사회에서 나타나는 부동산소유의 양극화 현상은 매우 심각한 상태이다.

먼저 토지 소유의 양극화현상에 대해 살펴보기로 하자. <그림 1-2>는 2006년 현재 가구별 토지소유현황을 나타내고 있다. 이 자료들은

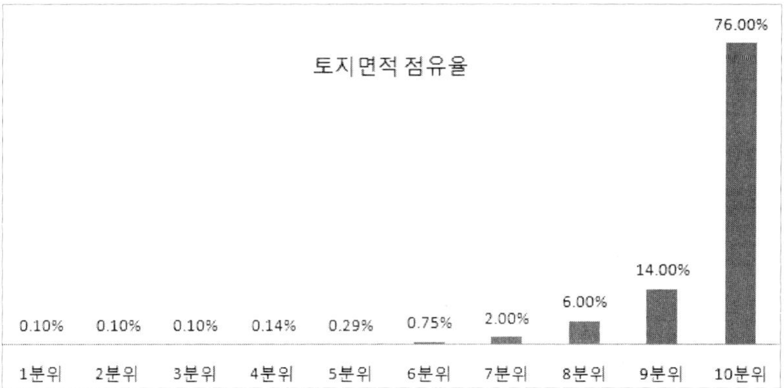

<그림 1-2> 토지의 10분위별 소유세대현황(2006년)

주 : 막대그래프 위의 수치는 전체 토지면적에서 각 분위별 가구가 차지하고 있는 토지면적 비율을 나타낸다.
자료 : 국가통계포털(http://kosis.kr/)

토지를 적게 소유하는 가구로부터 토지를 많이 소유하는 가구까지 전체 가구를 10%씩 10등분으로 나누어 나열하고 있는데, 하위 30% 가구가 소유하는 토지면적은 전체 토지 면적의 0.3%에 불과하다. 이에 비해 상위 40% 가구가 전체 토지면적의 98%를 차지하고 있다. 특히 상위 10% 가구가 전체 토지면적의 76%를 소유하고 있어 토지에 대한 소유의 편중이 매우 심각하다.

그러면 주택소유의 양극화현상은 어떠한가? <그림 1-3>은 국민은행연구소가 전국 144개 시 · 군 · 구 2만355가구의 주택가격을 표본 조사해 전국의 주택을 가격 순으로 5등분(20%씩)하여 나열한 결과를 그래프로 나타낸 것이다. 이 자료에 의하면, 2009년 1월 현재, 최하위 등급인 1분위에 해당하는 주택의 평균가격은 6천735만 원이고 최상위 등급인 5분위에 해당하는 주택의 평균가격은 5억5천822만 원이다. 최상위 등급인 5분위에 해당하는 주택의 가격이 최하위 등급인 1분위에 해당하는 주택가격의 약 8.3배에 해당한다.

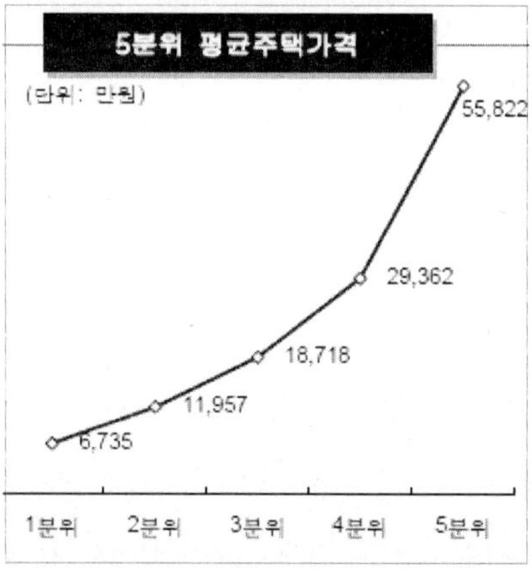

<그림 1-3> 5분위 평균주택가격

자료 : 국민은행연구소. 이데일리(2009.02.03)에서 재인용함

그리고 비록 2005년 기준이기는 하나, 우리나라 전체 가구의 약 40%(39.7%)가 무주택가구이고, 특히 서울은 그 비율이 거의 50%(49.6%)에 이르고 있다.(수도권일보, 2009.03.08) 이러한 내용들은 우리의 생존에 필수적 요소인 주택 부문에 있어서도 양극화 현상이 심각하게 나타나고 있음을 보여 준다.

부동산에 있어서의 위와 같은 양극화현상은 그대로 부의 양극화로 이어지고 있다. 즉 우리나라는 가구의 전체 자산 중에서 특히 부동산의 비중이 높아, 이러한 부동산에 있어서의 소유의 격차는 그대로 빈부의 격차로 이어지고 있다는 것이다. 통계청과 금융감독원, 한국은행이 2010년 연말에 발표한 자료(2010년 가계금융조사)에 의하면 2010년 현재 우리나라 가구당 평균 자산 2억7천268만 원 가운데 부동산이 차지하는 비율은 75.8%(2천661만 원)에 이르고 있다.(부산일보, 2010.12.30)

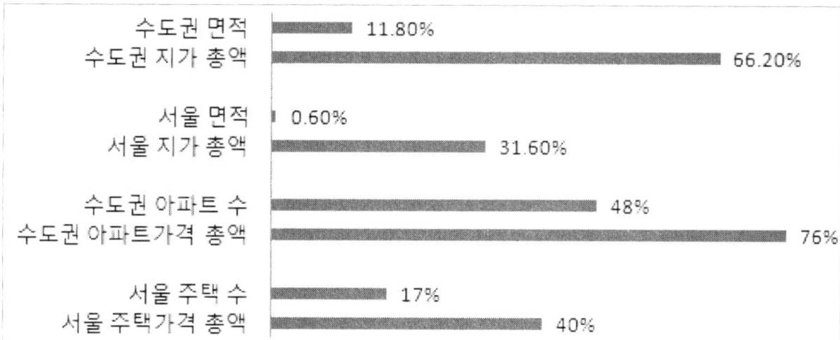

<그림 1-4> 전국 대비 지가총액과 주택가격 총액 비율

똑같은 부동산이라 하더라도 그것의 위치가 어디인가에 따라 그 가치가 각각 다르게 나타난다. 특히 수도권에 있는 부동산이냐, 비수도권

에 있는 부동산이냐에 따라 부동산의 가치는 상당한 차이를 나타낸다. <그림 1-4>에서 보는 바와 같이 우리나라 전체 면적 중 수도권이 차지하는 비중은 서울, 경기, 인천을 모두 합해 약 11.8% 수준이다. 그러나 수도권 땅값 총액은 2008년 기준으로 2천136조 원인데, 이는 전국 땅값 총액의 66.2%에 해당한다. 특히 전 국토 면적의 0.6%에 불과한 서울의 땅값(1천18조 원)은 전국 땅값 총액의 31.6%를 차지하고 있다. 주택의 경우에도 비슷한 양상을 보이고 있다. 2008년에 국토해양부가 발표한 자료에 의하면 서울의 총 주택 수는 231만6천709채로 전국 총 주택 수의 17% 수준에 해당한다. 이에 반해 서울에 있는 주택의 가격 총액은 656조 원으로서 전국 집값 총액의 40% 달한다. 특히 서울 · 경기 · 인천 등 수도권에 있는 아파트 수는 전국 아파트 수의 48%에 불과하지만 그 공시가격의 합계는 전국 아파트 가격 총액의 76%에 달하고 있는 것으로 나타났다.

더욱 심각한 문제는 부동산소유의 빈부격차는 당대에서 끝나지 않고 다음 세대로 대물림된다는 것이다. 국세청이 발간한 『국세통계연보』에 의하면 1987년에서 2006년까지 최근 30년 동안 부모가 자식에게 상속해 준 재산 가운데 부동산이 차지하는 비율은 75%에 이르는 것으로 나타났다.

3. 부동산가격의 상승으로 초래되는 문제들

<그림 1-5>는 1963년부터 2007년까지 서울의 땅값, 대도시 땅값, 소비자물가가 각각 얼마나 올랐는지 보여주고 있다. 다만 도시근로자 월평균 실질소득에 대한 통계가 1965년부터 작성된 관계로 <그림 1-5>

의 실질소득은 1965년부터 2007년까지의 도시근로자 실질소득을 나타낸다. 이 자료를 보면, 1963년 땅값을 100으로 놓고 계산했을 때, 1963년부터 2007년 사이에 서울 땅값은 1,176배, 대도시 땅값은 923배 올랐다는 것을 우리는 알 수 있다. 같은 기간 동안 소비자물가가 43배 올랐으니까, 물가에 비해 서울 땅값은 27배, 대도시 땅값은 22배 오른 셈이다. 한편 1965년부터 2007년 사이에 실질소득은 15배 상승하였다. 따라서 실질소득에 비해 대도시 땅값은 60배 이상, 서울 땅값은 무려 70배 이상 오른 셈이다.

<그림 1-5> 땅값과 소비자물가 상승률(1963~2007년)

주 : 실질소득은 도시근로자가구 실질소득으로 1965~2007년 수치이다.
자료 : 한국감정원 · 국토해양부 · 통계청. 손낙구(2008)에서 재인용함

이렇게 땅값이 너무 많이 상승하면 여러 가지 문제점을 초래한다. 첫 번째 문제점은 기업의 경쟁력의 저하이다. 높은 땅값은 생산비용을 증가시키고 이것은 곧바로 경쟁력 저하로 이어진다. 그렇게 되면 기업들은 생산비 절감을 위해 보다 땅값이 저렴한 장소를 찾아 이곳에 공장을 신축하거나 이곳으로 기존의 공장을 이전한다. 부산경제진흥원이 2006년과 2007년의 2년 사이에 부산에서 김해 · 양산 등으로 공장

을 이전한 63개 업체를 대상으로 '역외이전기업 실태조사'를 벌인 결과를 보면, 공장을 이전하기 전에 겪었던 애로사항 중에 높은 분양가 · 임대료 등 용지난이 53.4%를 차지하여 가장 큰 비중을 점하는 것으로 나타났다.(BUVI News, 2008.12.10) 공장이 이전하면 그 공장에 소속된 직원들도 함께 따라가야 한다. 따라서 하나의 공장이 이전한다는 것은 일자리 감소와 함께 인구의 감소와 연결된다. 부산의 경제상황이 악화되고 부산의 인구가 지속적으로 감소하고 있는 현상도 많은 부분 지가 상승으로 인한 공장의 역외이전과 밀접한 관련이 있다고 하겠다. 특히 몇 년 전부터 해외로 공장을 이전하는 사례가 종종 나타나는데 이는 국내의 일자리 감소 등 여러 가지 문제를 발생시킨다.

또한 땅값이 너무 높아지면 도로, 항만, 철도, 댐, 국 · 공립도서관, 시민회관 등의 사회간접자본이나 공공시설의 건설비용을 상승시킴으로써 정부예산에 큰 부담으로 작용한다. 댐을 예로 들어 설명해보자. 하나의 댐을 건설하는 과정에서 많은 토지가 수몰(水沒)된다. 정부는 수몰되는 토지의 소유자에게 적절한 토지보상을 하여야 한다. 수몰되는 토지의 가격이 높으면 높을수록 정부의 경제적 부담은 그만큼 더 커진다. 1973년 소양강댐을 건설할 때의 토지보상비는 전체 공사비의 8.4%에 불과하였으나, 1992년 임하댐을 건설할 때는 이 비율이 61.4%로 상승하였다. 특히 1997년 완공된 황성댐의 경우에는 토지보상비의 비율이 72.6%까지 상승하였다. 개개인이 1년 동안 쓸 수 있는 가용자금이 한정되어 있는 것과 마찬가지로 정부의 예산도 한정되어 있다. 정부예산에서 토지보상비로 지출되는 금액이 많으면 많을수록 정부예산은 그만큼 줄어든다. 정부가 할 수 있는 일도 그만큼 줄어드는 것이다.

땅값의 상승으로 인해 초래되는 문제 중에서 공장용지나 공공용지의 가격상승보다 더 심각한 것은 주거비의 상승이다. 높은 땅값은 주택의 가격을 상승시키고, 이는 높은 임대료로 연결된다. 이로 인해 주거비는 전체적으로 올라간다. 우리의 생활에서 주거비가 차지하는 비중이 높아질수록 삶의 질은 그만큼 낮아질 수밖에 없다.

4. 부동산가격이 하락하는 것도 바람직하지 않다.

우리는 부동산가격이 오르는 것에 대해 매우 민감한 반응을 보인다. 물론 일정 기간 동안 부동산가격이 너무 빨리 오르는 것은 위에서 살펴 본 것처럼 여러 가지 문제점을 초래한다. 그러나 부동산가격이 물가상승수준에서 벗어나지 않을 정도로 완만하게 상승한다면 크게 문제될 것이 없고, 국가경제의 입장에서 보면 바람직하기까지 하다. 오히려 부동산가격이 계속 하락한다면 그것이 더 큰 문제가 될 수 있다. 특히 부동산가격이 단기간에 큰 폭으로 하락한다면 그것은 국가경제의 측면에서 거의 재앙에 가깝다고 할 수 있다.

부동산가격이 지나치게 상승할 경우, 가장 경계해야 할 사항 중의 하나가 부동산거품의 붕괴로 인한 부동산가격의 폭락이다. 부동산가격이 지나치게 높을 때, 보통 부동산에 거품이 끼었다는 말을 많이 한다. 이때 부동산에 거품이 끼었다는 말의 의미는 부동산이 현재 지니고 있는 실질적인 가치보다 부동산가격이 지나치게 높다는 것을 의미한다. 거품이 지나치게 커지면 어떻게 되겠는가? '펑' 하고 터지고 말 것이다. 부동산의 경우도 마찬가지이다. 부동산의 가격이 현재의 실질적인 가치보다 지나치게 상승하게 되면 그 상승분은 일종의 거품이 되고 언젠가는 붕괴되고 만다. 부동산 거품의 붕괴로 인해 부동산가격이 폭락하게 되면 국가의 경제는 엄청난 타격을 받게 된다.

2008년 이후 우리나라 언론에 종종 등장하는 '하우스푸어(house poor)'를 예를 들어 부동산가격의 지속적인 하락이 우리들의 생활과 국민경제에 어떤 악영향을 미치는지 살펴보자. 하우스푸어는 열심히 일해도 가난한 상태를 벗어나지 못하는 사람들을 뜻하는 '워킹푸어(working poor)'에서 파생된 것으로 알려져 있다. 한마디로 하우스푸어는 집을 가진 가난한 사람들을 뜻한다. 좀 더 자세하게 설명하면 번듯한 집을 소유하고 있지만 그 집을 소유하기 위해 무리한 대출을 한 결과 원리금 상환부담 때문에 실질적 소득이 줄어 사실상 빈곤하게 사는 사람들이라고 할 수 있다. 대기업 임원인 '김대박'이라는 사람이 있었다. 그는 2005년 11월 경기도 일산에 있는 135㎡ 크기의 아파트 한 채를 매입하였다. 그때는 아파트의 가격이 한창 오르고 있는 때였다. 그래서 그는 아파트 매입가격 8억 원 중에서 7억 원을 은행에서 대출받았다. 아파트 가격이 계속 오르면 대출한 원리금을 갚고도 많은 수익을 낼 수 있을 것이라고 생각하였기 때문이다. 그러나 그 이후 아파트 가격이 일시적으로 오르기도 하였으나 전체적으로는 날이 갈수록 아파트 가격이 곤두박질쳤다. 그리하여 2011년 6월 말 현재 아파트가격은 5억 4500만 원까지 떨어졌다. 아파트 가격이 6년 만에 33% 가량 하락한 것이다. 집값이 떨어졌다고 하여 은행이자도 함께 떨어지는 것은 아니다. 그는 은행이자로 420만 원을 매달 꼬박꼬박 내고 있다. 그는 은행이자 부담을 견디다 못해 아파트를 팔려고 내놓았지만 그의 아파트를 사려고 하는 사람은 아무도 없었다. 계속 가격이 떨어지는 아파트를 누가 사려고 하겠는가? '김대박'씨와 같은 하우스푸어가 국민경제 미치는 영향은 매우 부정적이다. 1개월 동안에 벌어들이는 소득은 일정한데 그 중의 많은 돈이 대출금을 갚는데 빠져나가면 소비할 수 있는 돈이 그만큼 줄어든다. 소비가 줄어들면 경제는 침체되고 이것은 또 다시 하우스푸어의 수입감소로 이어진다. 하우스푸어가 대출상환에 대한 압박을 견디지 못해 매입가보다 훨씬 저렴한 가격으로 주택을 매도하게 되면 그는 또 다시 아무런 대책 없는 무주택자로 전락하고 만다. 하우스푸어의 증가는 중산층의 붕괴를 의미하고 빈부격차 심화의 또 다른 상징이 되고 있다. 현대경제원은 통계청이 2010년 2월 시행한 가계금융조사를 토대로, 2011년 7월 현재 하우스푸어가 156만9000가구에 이른다고 추산했다.(경향신문, 2011.07.15)

일본의 부동산거품 붕괴사례는 부동산 가격의 폭락이 국민경제와 개개인의 일상생활에 얼마나 큰 악영향을 미치는지 단적으로 보여준다. 1980년대 초, 미국은 심각한 경상수지 적자 문제에 직면한다. 미국의 경상수지 적자문제는 일본의 대미 흑자로 초래된 측면이 컸다. 그래서 미국은 일본에 대해 엔화가치의 상승을 강력하게 요구한다. 일본의 엔화가치가 상승하면 일본상품의 수출이 그만큼 어렵게 되고 그로 인해 미국의 경상수지 적자도 해소될 수 있을 것이라고 믿었던 것이다. 이러한 움직임은 '플라자합의'라는 국제조약의 형태로 나타난다. 1985년 9월에 뉴욕의 플라자호텔에서 체결된 플라자합의로 인해 일본의 엔화는 급격하게 상승한다. 일본의 화폐가치가 상승한다는 것은 일본상품의 대외 가격이 상승한다는 것을 의미한다. 그만큼 일본상품의 대외수출이 어려워지는 것이다 이에 일본 정책당국은 급격한 엔고(円高)의 영향으로 일본 기업들이 입을 타격을 우려해 금리를 인하하는 정책을 펼치게 된다. 1980년부터 1987년 사이에 금리를 연 9%에서 연 2.5%까지 인하한다. 이러한 금리인하 조치는 부동산에 대한 가격 상승을 기대하게 했고 부동산으로 돈이 몰리는 계기가 되었다. 자연스럽게 부동산의 공급보다 부동산에 대한 수요가 더 많아지는 현상이 발생하였고, 양자 간의 격차는 시간의 경과에 따라 더 크게 벌어졌다. 이로 인해 부동산가격은 급등하기 시작하였다. 도심부의 땅값이 급등하고, 이어서 고급주택지의 가격이 급등하고, 다시 그 주변의 땅값 역시 연쇄반응으로 상승하는 현상이 발생하였다. 마침내 일본 전역의 땅값이 상승하여 일본은 말 그대로 '부동산 광란의 시기'를 경험하게 된다. 이러한 광란의 시기는 1986년부터 1991년까지 51개월 동안이나 지속된다.

그러나 거품이 커지면 터지는 것이 자연의 이치이다. 드디어 부동산에 잔뜩 끼었던 거품이 터지기 시작한다. 1990년 1월, 주식의 가격이 폭락하는 것을 시점으로 땅값도 1991년부터 하락하기 시작한다. 도쿄의 평균지가는 부동산거품 붕괴 직후인 1992년부터 13년간 연속 하락한다. 2004년의 공시지가는 1991년에 비해 45% 수준까지 떨어진다. 일본은 부동산거품이 붕괴되는 시기동안 극심한 경제침체 현상을 겪게 되고, 그 시기동안 일본 국민들이 겪었던 고통도 이루 말할 수 없을 정도로 극심하였다. 예를 들어 2003년 개인파산은 24만 건이 넘었는데 이는 10년 전에 비해 5.6배나 증가한 수준이다. 일본국민들은 소위 '잃어버린 10년'을 혹독하게 경험하였던 것이다.

5. 부동산정책의 문제

여러 가지 부동산 문제를 해결하여 국민전체의 공동이익을 향상시키려는 공적인 노력을 부동산정책이라고 한다. 다시 말하면 부동산 문제가 발생하면 정부는 이를 해결하기 위해 여러 가지 노력을 하게 되는데 이와 같은 정부의 노력이 부동산 정책인 것이다.

그런데 부동산정책이 항상 본래 의도하였던 효과를 이끌어 내는 것 같지는 않다. 부동산문제를 해결하기 위한 부동산 정책이 오히려 부동산문제를 더 심화시키는 현상이 종종 발생하기도 한다.

부동산시장에서 어떤 문제가 발생하면 그 문제를 해결하기 위해 정부는 부동산대책을 내 놓게 된다. 이러한 부동산대책의 효력은 부동산시장을 통해 나타난다. 따라서 정부는 향후 부동산시장의 변화를 정확하게 예측하여 그에 딱 들어맞는 부동산대책을 시행하여만 원래 의도하였던 효과를 이끌어낼 수 있다. 그런데 앞으로 일어날 부동산시장의 변화를 정확하게 예측한다는 것이 생각만큼 간단한 문제가 아니다. 부동산시장에 영향을 주는 요소들이 너무 복잡하고 다양하기 때문이다. 그래서 수많은 부동산정책들이 시행되지만 원래 의도하였던 성과를 거두는 부동산정책들은 그리 많지 않다. 오히려 부동산문제를 더 심화시키기도 한다.

부동산정책이 부동산문제를 도리어 심화시킨 사례로, 국내 사례로는 1997년의 IMF 외환위기 사태 이후의 부동산경기 활성화대책을 예로 들어 살펴보고, 해외의 사례로는 2007년에 발생한 미국의 서브프라임모기지 사태를 예로 들어 살펴보기로 한다.

1) IMF 외환위기 사태 이후의 부동산경기 활성화대책

1997년 말, 우리나라는 해방 이후 최대의 국가위기라고 할 수 있는 IMF 외환위기 사태에 직면하게 된다. 이로 인해 우리나라는 심각한 경제침체를 겪으면서 나라 전체가 위기 상황에 빠진다. 부동산시장도 직격탄을 맞아 1998년 전국의 토지 및 주택가격이 각각 13.6%, 12.4%

급락한다. 김영삼 정권으로부터 정권을 이어받은 김대중 정권은 경제 침체를 벗어나기 위한 수단으로서 건설경기 및 주택경기 활성화정책을 채택하였다. 그에 따라 외환위기 이전까지의 각종 부동산관련 규제들이 순식간에 풀리고 부동산을 활성화시키기 위한 정책들이 지속적으로 쏟아져 나왔다.

이러한 정부의 노력으로 인해 우리나라의 경제 상황은 점차 좋아지고, 주택가격과 토지가격의 급락세도 어느 정도 진정되는 국면을 맞이하게 된다. 하지만 <표 1-1>에서 보는 바와 같이 2001년부터 주택가격이 경기회복 속도에 비해 너무 빠르게 상승하는 문제점에 직면하였다. 이에 정부의 부동산정책은 다시 부동산경기를 안정화시키는 방향으로 돌아선다. 그러나 2001년 말 서울 강남에서 출발한 주택가격의 상승세는 정부가 시장 안정대책을 제대로 쓰 보기도 전에 전국적으로 확산되었고 2002년의 주택가격은 전년 대비 16.4%나 상승하게 된다.

2003년에 출범한 노무현 정권은 위와 같은 주택시장의 불안정을 잠재우기 위해 수많은 대책을 추진하였지만, 주택가격의 급등을 잠재우기까지는 많은 시행착오를 겪어야만 했다. 노무현 정권이 주택시장을 안정시키기 위해 추진하였던 정책은 수십 건에 달하였지만 정권 내내 주택시장의 불안정에 의해 고통을 당해야만 했다.

결국 외환위기 이후 추진되었던 부동산경기 활성화 대책은 많은 국민들에 의해 부동산시장의 불안정을 초래한 가장 나쁜 정책의 하나로 각인되고 말았다. 물론 그때 당시의 경제상황을 고려할 때, 어느 정도 불가피했다는 측면도 있었다는 점을 인정하는 견해도 있다. 즉, 외환위기 당시의 기업 도산과 경기침체, 실업문제 등이 매우 심각하여 양적인 고용창출이 절박하였던 상황 하에서 주택건설경기활성화 정책을

<표 1-1> 외환위기 이후 부동산정책과 부동산가격 변동 추이(단위 : %)

구분	주요정책	주택가격	토지가격
1998년	주택경기활성화대책(5.22)	-12.4	-13.6
	주택경기활성화자금지원방안(6.22)		
	건설산업활성화방안(5.22)		
	건설 및 부동산경기 활성화 대책(12.12)		
1999년	주택경기활성화조치(3.22)	3.4	2.9
	서민주거안정대책(5.31)		
	중산층 및 서민주거안정대책(8.20)		
	주택건설촉진대책(10.7)		
2000년	주택건설촉진대책(7.1)	0.4	0.7
	건설활성화 및 구조개편 촉진대책(8.29)		
	지방건설활성화방안(11.1)		
2001년	건설산업구조조정 및 투자적정화방안(5.23)	9.9	1.3
2002년	주택시장안정대책(1.8)	16.4	9.0
	주택시장안정대책(3.6)		
	주택시장안정대책(8.9)		
	부동산시장안정대책(10.11)		
2003년	부동산가격안정대책(5.23)	5.7	3.4
	부동산시장(재건축아파트가격)안정대책(9.5)		
	주택시장 안정종합대책(10.29)		
2005년	수도권주택시장 안정대책(2.17)	4.0	5.0
	부동산가격안정대책(5.4)		
	서민주거안정과 부동산투기억제를 위한 부동산제도 개혁방안(8.31)		
2006년	서민주거복지 증진과 주택시장 합리화 방안(3.30)	11.6	5.6
	부동산시장안정화방안(11.15)		
2007년	부동산시장 안정을 위한 제도개편방안(1.11)	3.1	3.9

자료 : 국토연구원 · 주택도시연구원 · 한국토지공사 · 국민은행. 국정브리핑 특별기획팀(2007)에서 재인용함

채택함으로서 외환위기의 파고를 비교적 슬기롭게 돌파하였다는 것이다. 그러나 결과론적으로 보면 부동산경기 활성화대책의 후유증으로 주택가격의 급등이 초래되었으므로, 이러한 정책을 경제 활성화 대책의 하나로 사용한 것 자체가 잘못되었다는 시각이 훨씬 우세한 편이다.

2) 서브프라임 모기지대출사태의 사례

2007년도에 발생하여 글로벌금융위기의 도화선이 되었던 미국의 서브프라임 모기지대출(subprime mortgage loan)사태도 사실은 부동산정책이 그 시발점이었다. 서브프라임 모기지대출은 신용도가 낮은 저소득층에게도 주택을 담보로 은행 대출을 해주는 미국의 금융제도이다. 서브프라임 모기지대출은 클린턴행정부 시절에 입안된 것으로 알려져 있다. 빌 클린턴(Bill Clinton) 대통령은 당시 주택장관이었던 헨리 시스네로스(Henry Cisneros)에게 저소득층의 주택보유율을 높일 수 있는 방안을 찾아보도록 지시한다. 그 밑바탕에는 주택보유율이 높아지면 경제가 좋아지고 범죄율이 낮아지는 한편, 주택을 보유하기 위해 대출을 받은 저소득층이 더 책임감 있게 경제활동에 참여할 것이라는 정치적인 계산이 깔려 있었다.

미국에서는 주택 대출을 받으려면 신용등급이 높아야 했기 때문에 평소 높은 신용을 쌓지 못한 저소득층에게는 주택을 마련하는 것이 하늘의 별따기 만큼이나 어려웠다. 그러나 <표 1-2>에서 보는 바와 같이 서브프라임 모기지대출은 신용등급이 낮아도 대출을 받을 수 있도록 해 주었을 뿐만 아니라 선불금도 거의 받지 않았다. 그 대신 일반 모기지대출에 비해 이자가 약간 높은 편이었다. 2000년 이후 저금리 현상과 주택가격의 상승에 따라 주택담보대출에 대한 수요가 증가하고, 신용도를 따지지 않고 마구잡이로 서브프라임 모기지대출을 제공하는 은행들이 늘어나면서 서브프라임 모기지 관련 대출은 크게 증가하였다. 서브프라임 모기지 관련 대출은 2000년에는 560억 달러에 불과하였으나 2006년에는 4,830억 달러로 급증하였다.

클린턴 행정부의 서브프라임 모기지대출정책은 부시 행정부에 들어서 빛을 보는 듯 했다. 부시행정부에 들어 미국의 주택보유율이 64%에서 69.2%까지 치솟은 것이다. 그러나 금리가 올라가고 주택경기가 얼어붙으면서 문제들이 하나 둘씩 불거지기 시작하였다. 서브프라임 모기지대출은 대부분 첫 몇 해 동안은 낮은 고정이자율을 적용하지만, 2~5년이 지나면 변동금리를 도입하는 것이 일반적이었다. 그런데 변동금리를 적용하는 기간 동안에 금리가 크게 오른 것이 문제의 발단이었다. 이와 같이 이자 부담이 증가하더라도 주택가격이 지속적으로 상승하였던 2000년부터 2005년까지는 사회적으로 큰 문제가 발생하지 않았다. 그러나 2006년 이후 미국의 주택가격 상승세가 둔화되고 금리까지 치솟으면서 서브프라임 모기지 관련대출자들이 대출금을 갚지 못하는 사태가 속출하였다. 주택가격이 오르는 기간 동안에는 주택가격이 상승하는 만큼 대출한도가 늘어나 이자를 상환할 경제적 여력이 없을 경우 주택가격 상승분만큼 대출을 받아 이자를 상환하는 것이 가능하였다. 하지만 주택가격의 오름세가 둔화되면서 이러한 수단들이 불가능하게 되었다. 더 이상 이자를 갚아나갈 여력이 없는 서브프라임 모기지대출자들은 주택을 매각하여 원리금을 갚아야 하는 막다른 골목으로 내몰리게 되었다. 많은 사람들이 주택을 팔려고 내 놓게 되었고 매물이 늘어날수록 주택가격은 더욱 더 하락하였다. 나아가 주택가격의 하락세가 지속됨에 따라 주택을 사려는 사람들도 집값이 더 떨어지기를 기다리는 현상이 발생하여 주택의 매도조차 쉽지 않게 되었다. 이러한 악순환이 반복되면서 주택을 매도하더라도 원리금을 다 갚지 못하는 현상이 발생하고 파산자가 곳곳에서 속출하였다 신용도를 따지지 않고 서브프라임 모기지를 마구잡이로 제공하였던 은행들이 줄줄이 도산하고 대출금을 갚지 못해 집을 빼앗기고 길거리로 나앉게 되는 미국인들이 속출하면서 미국의 사회는 심각한 혼란상태에 빠졌다. 소비가 위축되고 미국의 경기는 침체되었다. 그리고 이러한 사태는 글로벌 금융위기를 초래하는 가장 주요한 요인의 하나가 되었다. 저소득층의 주택문제를 해결하기 위해 등장하였던 서브프라임 모기지대출제도가 도리어 서민층을 가장 힘들게 하는 주범이 되었고, 나아가 전 세계의 경제를 극심한 혼란상태에 빠뜨렸던 글로벌금융위기의 도화선이 되었던 것이다.

<표 1-2> 서브프라임 모기지대출과 일반 모기지대출

구분	일반 모기지대출	서브프라임 모기지대출
이자	고정(6% 수준)	일반+2~4%(초기 2년만 고정)
선불금	10~20%	소규모
특징	• 신용등급 일정 수준 이상 • 조기 상환시 페널티 미미	• 신용등급 낮아도 가능 • 조기 상환시 페널티 높음

자료 : 매일경제(2007.07.29)

제3절 부동산과 일반재화의 차이점(토지를 중심으로)

우리의 일상생활에 필요한 재화는 무수히 많다. 그런데 유독 토지에 대해 논쟁이 집중되는 이유는 무엇일까? 그것은 토지가 지니는 몇몇 특성들 때문이다.

토지의 특성을 어떻게 파악하며, 토지를 어떻게 분배할 것인가에 대해서는 많은 견해가 있을 수 있겠으나 아래에서는 크게 두 견해로 요약하여 소개한다. 하나는, 토지도 일반재화와 마찬가지로 시장원리에 의해 배분될 때 가장 효율적인 배분이 이루어지고 우리 사회 전체의 이익도 극대화된다고 보는 견해이다. 다른 하나는, 토지는 단순히 사적 거래의 대상이나 자산증식의 수단이 아닌 우리생활에 필요부가결한 재화라고 보는 견해이다. 이 견해는 각각의 토지는 그가 가지는 기능 · 성격 · 위치 등에 따라 공공복리에 적합하게 이용되어야 하며 정책당국은 토지의 효율적인 이용을 강화하기 위해 필요한 적절한 규제를 가할 수 있다고 생각한다. 두 번째 견해가 제시하는 논거는 제4절에서 살펴보는 토지공개념의 이념적 기초가 된다.

아래에서는 몇 개의 사안에 따라 위의 두 견해가 어떻게 대립하고 있는 지 살펴본다.

1. 토지는 자연이 베풀어 준 선물이다.

토지가 처음에 어떻게 만들어 졌는지는 분명하지 않으나 적어도 인간에 의해 창조되지 않은 것은 분명하다. 토지의 이러한 특성은 토지를 다른 재화와 구분 짓는 가장 중요한 요소의 하나가 된다. 이러한 사실이 토지를 다른 재화와 달리 취급하여야 할 유력한 논거가 되는 지에 대한 논쟁을 크게 두 가지로 요약해 보면 다음과 같다

시장원리를 강조하는 견해는 토지가 인간에 의해 창조되지 않았다

는 사실이 토지를 다른 재화와 특별히 다르게 취급하여야 한다는 주장에 대한 유력한 논거가 되지 못한다고 본다. 인간이 창조하지 않은 많은 재화들이 이미 시장에서 거래되고 있는 실정인데 토지만 달리 취급할 이유가 없다는 것이다. 석유나 석탄, 우라늄이나 다이아몬드 등등도 인간에 의해 창조되지 않은 재화이지만 시장에서 거래되고 있으며, 오랫동안 자유재로 인식되어 온 물도 요즘에는 대가를 지불하고 소비하여야 하는 실정이다. 나아가 맑은 공기에 대해서도 매매가 이루어진 사례가 있다. 지난 2002년 10월 제주도는 전국적 유통망을 갖춘 모 대기업과 협약을 맺고 제주산 맑은 공기를 시중에 판매하였다. 한라산 천아오름 계곡의 공기를 500㎖의 캔에 담아 2년간 1억1200만 원어치를 판매하였다. 비록 경제적 타당성이 부족하여 판매가 중단되기는 하였지만 최근 청정공기 압축기술 관련 특허출원이 크게 증가함에 따라 맑은 공기의 판매가 다시 부활할지에 대한 시중의 관심이 크게 증가하고 있는 실정이다.(미디어제주, 2011.06.02) 그리고 시장의 원리를 강조하는 견해는 이 세상의 그 어떤 제도도 자연의 선물인 토지를 시장만큼 잘 관리해 줄 수 없다고 주장한다. 토지에 대해 확고한 소유권을 인정해 줄 때, 사람들은 토지를 보다 효율적으로 잘 관리할 유인을 갖는다는 것이다.

토지의 공공성을 강조하는 견해는 토지는 어떤 개인의 재능이나 노력으로 창조된 것이 아니라 자연이 베풀어 준 재화이고, 따라서 공기나 물과 같은 자연의 선물이므로 일정한도에 있어서는 모든 국민이 공평하게 토지에 대해 어느 정도의 권한을 갖는다고 주장한다. 이러한 인식은 토지공개념을 주장하는 사람들의 인식론적 근거가 된다. 이 견해에 의하면, 비록 자신 소유의 토지라 하여도 핸드폰이나 텔레비전처럼 전적으로 자신의 편의를 위해서만 사용할 수는 없게 된다. 그리고 이 견해가 주장하는 논리는 토지 소유자의 토지사용이 사회의 공공성을 침해하는 결과를 초래하면 비록 그 토지에 대해서 법적인 권한이 없는 일반 대중이라 하더라도 그러한 사용의 중단을 요청할 수 있는 하나의 근거가 된다.

2. 토지의 공급은 물리적으로 제한되어 있다.

토지는 자연의 선물이며 인간의 창조물이 아니다. 따라서 아무리 많은 비용을 들이더라도 그것의 전체적인 양(量)을 늘릴 수는 없다. 토지의 물리적 공급은 자연이 인류에게 처음 선물한 그때에 비해 더 이상 증가할 수 없는 것이다. 간척사업 등을 통해 토지의 공급을 증가시킬 수 있다고 생각할 수도 있다. 그러나 이것은 수면이 육지로 바뀐 것에 불과하고 토지의 절대량이 증가한 것은 아니다. 굳이 말하자면 토지자원의 용도의 전환이라고 할 수 있다. 이러한 사실이 토지를 다른 재화와 달리 취급하여야 할 유력한 논거가 되는 지에 대한 논쟁을 크게 두 갈래로 나누어 보면 다음과 같다.

시장원리를 강조하는 견해는 토지는 자연자원이기 때문에 물리적으로 보면 그 양이 한정되어 있다고 말할 수 있지만, 그렇다고 하여 이러한 사실이 토지를 다른 재화와 달리 취급하여야 할 확정적 논거는 되지 못한다고 주장한다. 토지의 물리적 양은 제한되어 있지만 용도의 전환을 통하여 가용토지(可用土地)를 증가시키는 것이 얼마든지 가능하다는 것이다. 토지의 공공성을 강조하는 사람들은 다음과 같이 주장한다. 즉, 토지는 인간에 의해 창조될 수 없기 때문에 심하게 훼손되더라도 대체될 수 없는 것이고, 한번 그 용도를 잘못 정하면 이를 되돌리는데 너무 많은 비용이 들기 때문에 일반재화와 달리 취급하여야 한다고 주장한다. 이에 대해 시장원리를 강조하는 견해는 그렇기 때문에 토지도 시장원리에 의해 배분되어야 한다고 주장한다. 즉, 귀중한 자원을 효율적으로 배분하는 것이 문제라고 했을 때, 지금까지 알려진 그 어떤 방법도 시장원리보다 더 효율적으로 자원을 배분하지 못했다는 것이다.

토지의 공공성을 강조하는 견해는 공급이 제한되어 있다는 토지의 특성은 다른 재화와 달리 토지를 특별히 취급하여야 한다는 중요한 논거가 된다고 본다. 핸드폰이나 텔레비전과 같은 일반재화는 부서지거나 망가지더라도 필요에 따라 얼마든지 더 많이 생산할 수 있지만 토지는 한번 망가지면 다시 생산해 사용할 수 없다는 것이다. 그리하여 토지는 심각하게 오염되어 사용할 수 없게 되었다고 하더라도 그것을 대체할 수 있는 토지를 다시 만들어 낼 수는 없고, 결국 오염상태를 제거하여 토지를 원상태에 가깝게 복구시키는 방법밖에 없는데 그러한 과정에서 엄청난 비용과 시간이 소요된다는 것이다. 따라서 토지의 배분을 순수한 시장원리에 그대로 맡길 수 없고 어느 정도 제한을 가할 수밖에 없다고 주장한다.

3. 토지의 가치와 공공투자의 상관관계

현대 사회에서 토지의 가치는 그 토지의 생산력이 아닌 입지적 이점에 의해 결정되는 경우가 대부분이다. 그런데 이러한 입지적인 이점은 일반 국민의 세금에 의해 제공되는 공공투자에 의해 형성되는 경우가 많다. 새로운 도로가 건설되거나, 새로운 공원이 들어서거나, 새로운 전철역이 들어서면 그 주변에 있는 토지의 가치는 큰 폭으로 상승한다. 이와 같은 토지가치의 상승은 어떤 개인의 투자에 의해 이루어 진 것이 아니다. 일반 국민들의 세금에 의해 제공되는 공공투자에 의해 형성되는 것이다. 이러한 점 때문에 토지가 다른 재화와 달리 취급되어야 하는지에 대해서도 견해가 서로 대립되고 있다.

시장원리를 강조하는 견해는 토지가치의 대부분이 어느 개인의 노력에 의해 형성되지 않은 우발이익인 것은 인정하지만 이것이 토지를 다른 재화와 다르게 취급하여야 할 특별한 이유가 되지는 못한다고 주장한다. 이 견해는 우리 사회에는 우발이익이 발생하는 경우가 이외로 많다고 주장한다. 주식의 가격이 갑자기 상승할 수도 있고, 동일 노동이라 하더라도 어떤 산업에 속해 있는가에 따라 임금격차가 발생할 수도 있다는 것이다. 그리고 미국에서의 한 경험적 연구에 의하면, 좋은 외모를 지녔다고 평가된 사람들이 보통의 외모를 지녔다고 평가된 사람들보다 평균 5% 정도 더 높은 임금을 받은 것으로 나타났는데, 이러한 경우들도 모두 우발적 이익의 한 사례라고 할 수 있는데 그 모든 경우에 그 이득을 환수한다면 어느 모로 보나 불합리하다는 것이다. 그리고 표면적으로 보면 우발이익으로 보이는 것도 사실은 이익을 본 사람의 선택에 의해 이루어 진 경우가 많고, 이러한 이익 모두를 우발이익으로 환수한다면 어느 누구도 새로운 정보를 창출하거나 합리적인 결정을 하기 위해 노력하지 않을 것이고 이는 사회 전체적으로 보면 매우 불행한 일이 된다고 주장한다.

토지의 공공성을 강조하는 견해는 개인의 노력에 의하지 않은 우발이익을 적정한 선에서 환수하는 것이 필요하다고 본다. 예를 들어 공공의 투자로 인해 그 주변의 토지가치가 상승했다면 그로 인해 누리게 되는 이익은 개발이익의 한 종류라고 할 수 있다. 이 견해는 이와 같은 개발이익은 어떤 한 개인이나 집단의 노력으로 형성된 것이 아닌 일종의 불로소득이라고 할 수 있고 따라서 특정집단이나 개인이 그와 같은 토지 가치의 상승으로 인한 이익을 독점하는 것은 여러 가지 면에서 불합리하다고 주장한다. 따라서 이와 같은 개발이익을 일정한도까지는 공공으로 흡수하려는 노력이 필요하다는 것이다. 개발이익에 대한 적정한 환수가 이루어 지지 않을 경우, 우리 사회에 불로소득을 추구하는 경향이 더욱 높아질 것이고, 이는 우리 사회의 건전한 생산의식을 크게 저하시킬 것이므로 개발이익의 적정한 환수는 꼭 필요하다고 주장한다.

제4절 토지공개념의 의미와 그의 실천원리를 둘러싼 논쟁

1. 토지소유권 사상의 변화

중세 봉건사회를 거쳐 근대 시민사회가 성립되면서 토지소유권은 전(前)국가적 절대적 권리로 자리 잡게 된다. 이러한 '신성불가침의 권리'로서의 토지소유권의 성격은 「버지니아 권리장전」 제1조(1776년)와 「프랑스 인권선언」 제17조(1789년)에 그대로 나타나 있다. 「버지니아 권리장전」 제1조에는 "재산을 취득하고 소유하는 권리는 모든 사람이 태어날 때부터 자유롭고 독립된 것이며, 인민이 사회를 조직함에 있어서도 계약에 의해 박탈할 수 없다."라고 명시되어 있고 「프랑스 인권

선언」 제17조도 "소유권은 신성불가침한 것"이라고 명시하고 있다.

그러나 그 이후 도시화와 산업화의 진전으로 인하여 토지투기가 일어나고 빈부격차가 심화되면서 사회갈등이 극에 달하게 된다. 이러한 사회현상으로 인하여 토지소유권에 대한 인식변화가 일어나게 된다. 즉 토지소유권도 신성불가침의 절대적 권리가 아니며, 토지소유권도 공공복리에 적합하게 행사되어야 한다는 인식이 자연스럽게 자리 잡게 되었다. 이러한 인식의 변화는 20세기 초 「바이마르 헌법」에 잘 나타나 있다. 「바이마르헌법」 제15조 제3항은 "재산권(소유권)은 의무를 수반한다. 재산권의 행사는 공공복리를 위하여 행사되어야 한다."라고 명시하고 있다.

이와 같은 사상은 그 이후 대부분의 자본주의 국가에서 채택된다. 우리나라도 「헌법」 제23조 제2항에서 "재산권(소유권)의 행사는 공공복리에 적합하게 행사되어야 한다."고 명시하여 이러한 사상을 그대로 반영하고 있다. 우리나라 헌법재판소는 이러한 헌법 규정의 의미에 대해 "사유재산제도의 보장이 타인과 더불어 살아가야 하는 공동체생활과의 조화와 균형을 흐트러뜨리지 않는 범위 내에서의 보장임을 천명한 것으로서 재산권의 악용 또는 남용으로 인한 사회공동체의 균열과 파괴를 방지하고 실질적인 사회정의를 구현하겠다는 국민적 합의의 표현"이라고 설명하고 있다.(헌재 1989.12.12.선고 88헌가13결정) 결국 토지소유권도 타인과 더불어 살아가야 하는 공동체생활과의 조화와 균형을 흐트러뜨리지 않는 범위 내에서만 보장되는 상대적 권리라고 할 수 있다.

2. 토지공개념의 의미

토지공개념의 의미에 대해서는 토지의 공공성에 입각하여 다음과 같이 설명하는 것이 일반적이다. 즉, 토지는 단순한 상품이나 재산증식의 수단이 아니고 인간의 생활과 생산활동을 위해 꼭 필요한 재화이기 때문에 그것이 농지이든 택지이든 그 토지가 가지는 기능·성격·위치 등에 따라 공공복리에 적합하게 이용되어야 하며, 이를 위해 국가는 필요하고도 적절한 규제를 가할 수 있다는 것이다.

우리사회에서 토지공개념이 등장하게 된 배경에는 부동산투기열풍에 대한 전 국민적인 반감이 자리 잡고 있다. 토지를 둘러싼 인간의 소유욕을 충족시켜 가는 과정에서 소위 부동산투기열풍이 휘몰아 쳐 이를 그대로 방치하였다가는 대한민국이라는 공동체 자체의 존립기반이 위태로울 수 있다는 우려 속에 토지공개념이론이 탄생하였던 것이다. 그러나 토지공개념이라는 용어 자체가 법률에 의해 명확히 규정된 것이 아니어서 이에 대해서는 약간의 의견대립이 있다.

먼저 토지공개념이라는 용어 자체에 대해 강하게 부정적 견해를 드러내는 의견이 있다. 토지공개념이라는 용어자체가 초기 사회주의적 발상에 뿌리를 두고 있다는 것이다. 따라서 토지에 대한 사적 소유가 인정되는 자본주의 경제질서 내에서 토지공개념을 남용한다면 그것은 자칫 모든 토지정책을 합리화시키고 정당화시키는 근거로 악용될 수 있다는 것이다. 나아가 토지공개념에 의한 토지소유권제도는 역사적 반동이며 사회주의체제로의 접근을 의미한다고 주장하는 견해도 있다.

그러나 우리나라의 헌법재판소는 다수의 판례를 통해 토지공개념이론 그 자체에 대해서는 별다른 이의 없이 수용하고 있다. 그리고 많은 법이론가들도 토지공개념이론 그 자체에 대해서는 별다른 반대를 보이지 않고 있다. 비록 토지공개념이론이 법적인 개념이 아니고 사회정책적인 도구개념으로 등장한 것은 사실이지만, 이러한 토지공개념이론에 기초하여 일련의 법적인 제도정비가 이루어 졌다는 점에서 이미 토지공개념은 우리 법제도 깊숙이 뿌리잡고 있다는 것이다.

우리의 법제도가 규정하고 있는 규제수단들 중 토지공개념을 도입한 것으로 볼 수 있는 것들 중에서 주요한 몇 가지만 들면 ①「주택법」상의 투기과열지구의 지정 ②「개발이익의 환수에 관한 법률」상의 개발부담금제, ③「국토의 계획 및 이용에 관한 벌률」상의 개발제한구역의 지정 ④「국토의 계획 및 이용에 관한 벌률」상의 토지거래허가제, ⑤「주택법」상의 분양금상한제 ⑥「구 토지초과이득세법」상의 토지초과이득세제, ⑦「구 택지소유 상한에 관한 법률」상의 택지소유상한제 등이 있다.

3. 우리나라의 법제도에 나타난 토지공개념의 실천원리

제4절 제2항에서 살펴본바와 같이 토지공개념은 부동산투기에 대한 전 국민적 반감을 바탕으로 하여 등장하였다. 그리고 토지공개념이론이 지향하는 목표는 크게 '토지자원배분의 형평성', '토지이용의 효율성', '토지거래의 정상화'등 세 가지로 요약할 수 있다. 이러한 목표를 달성하기 위해 많은 제도들이 등장하였다. 그러나 아래에서는 '토지공개념 관련 3법'으로 지칭되는 「구 토지초과이득세법」, 「구 택지소유상한에 관한 법률」, 「개발이익의 환수에 관한 법률」에서 각각 규정하고 있는 토지초과이득세제, 택지소유상한제, 개발부담금제 등에 대해

서만 살펴보기로 한다. 그 이유는 토지공개념의 이념을 실천하기 위해 등장한 수많은 제도들 가운데 유독 토지초과이득세제, 택지소유상한제, 개발부담금제 등에 관해 찬반 논쟁이 치열하게 전개되었기 때문이다. 즉 다른 제도들보다 찬반 논쟁이 더 치열했다는 것은 그만큼 그러한 제도들이 우리의 생활에 더 많은 영향을 미쳤음을 의미하는 것이고 우리는 이러한 제도들에 대해 살펴봄으로써 토지공개념에 대한 이해의 완성도를 한층 높일 수 있다고 믿기 때문이다.

아래에서는 그와 같은 논쟁들을 토지공개념의 실천입법에 대해 반대하는 견해와 찬성하는 견해로 크게 두 가지로 나누어 살펴보기로 한다.

1) 토지초과이득세제

「토지초과이득세법」은 각종 개발사업 기타 요인으로 개발지역 주변의 일정토지의 가격이 상승함에 따라 그 토지의 소유자가 얻는 토지초과이득을 조세로 환수함으로써 조세부담의 형평성과 토지가격의 안정 및 토지의 효율적 이용을 도모하기 위해 제정되었다.

<그림 1-6>에서 보는 바와 같이 토지초과이득세는 토지의 매도 전인 보유단계에서 부과된다는 점에서 양도소득세와 구별된다. 양도소득세는 부동산을 매수하여 보유하다가 매도하는 과정에서 시세차익이 존재하면 그 시세차익에 대해 부과하는 세금이다. 이에 반해 토지초과이득세는 지가상승을 기대하여 보유하고 있는 토지(유휴토지 및 비업무용 토지)의 가격이 각종 개발사업이나 사회·경제적 요인으로 인해 정상지가 상승분을 초과하여 상승하는 경우 그 소유자가 얻는 초과 지가상승이익의 일정부분에 대해 (아직 매도 전인)보유단계에서 세금으

로 환수하는 제도이다.

「토지초과이득세법」은 1989년 12월 30일에 제정되었고, 1994년 7월 29일 헌법재판소의 헌법불합치결정으로 인하여 1994년 12월 22일 전면개정 되었다가 1988년 12월 5일에 폐지되었다.

토지초과이득세제에 대해 이를 반대하는 견해와 찬성하는 견해로 나누어 보면 다음과 같다.

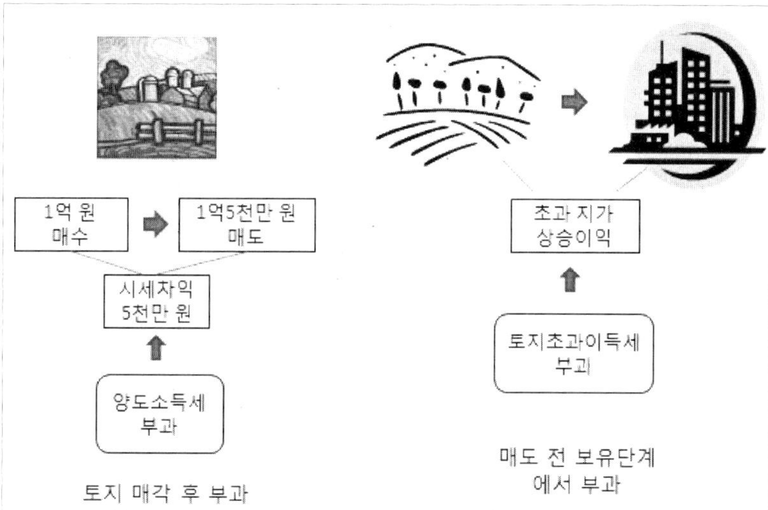

<그림 1-6> 양도소득세와 토지초과이득세

① 반대하는 견해

토지초과이득세를 반대하는 측에서 내세우는 논거는 여러 가지가 있으나 가장 강력하게 내세우는 논거는 아직 실현되지 않은 이익에 대해 세금을 부과하는 것은 불합리하다는 것이다. 미실현이득에 대해 과세함으로써 원본이 잠식될 가능성이 매우 높다는 것이다.

토지초과이득세는 특정지역의 지가상승률이 전국 평균지가 상승률의 1.5배를 초과하면 부과된다. 따라서 특정 지역의 지가상승률이 위와 같은 일정한도를 넘어서면 토지초과이득세가 부과되지만, 반대로 그 지역의 지가가 하락하는 경우에는 그 지가하락분에 대해서는 보상해 주지 않는다. 이렇게 되면 원본이 잠식될 가능성이 매우 높다. 원본이란 자산의 상대적 가치를 의미하는데, 순수하게 조세 등의 요인에 의해 비교시점에서 자산의 상대적 가치가 기준시점에 비해 떨어지면 원본잠식이 있다고 한다.

예를 들어 설명하면 다음과 같다. 일정한 단위로 구분되지 않고 무한하게 펼쳐져 있는 토지에 대해서는 권리를 행사할 수 없다. 따라서 「지적법」에서는 토지를 인위적으로 일정한 단위로 분할한 후 그와 같이 분할된 토지 각각에 대해 하나의 지번을 부여하고 있다. 이와 같이 인위적으로 분할되어 지번이 부여된 하나의 토지를 '일필의 토지'라고 하고, 토지를 구분하는 단위로 '필지'라는 단어가 사용된다. 어떤 한 필지의 토지가 있다고 가정해 보자. 그리고 그 토지의 가격이 2000년에서 2003년 사이에 1000만 원에서 1200만 원으로 올라 60만 원의 토지초과이득세를 과세하였는데, 2005년에는 그 토지의 가격이 다시 1020만 원으로 하락하였다고 가정해 보자. 이와 같은 경우 2005년의 토지의 실질적인 가치는 1020만 원에서 세금 60만 원을 뺀 960만 원에 불과하다. 이렇게 되면 원본잠식이 생기게 된다. 세금이 원본을 잠식할 정도가 되면 어느 모로 보나 그 정도가 너무 지나쳐 불합리하다는 것이다.

② 찬성하는 견해

토지초과이득세를 찬성하는 측에서는, 먼저 「토지초과이득세법」의 입법목적은 여전히 타당하다고 주장한다. 즉 부동산투기과열의 해소와 지가의 안정, 이를 통한 토지의 효율적 이용이라는 「토지초과이득세법」의 본질적 부분은 여전히 타당성을 지니고 있다는 것이다.

그리고 미실현이득에 대한 과세 역시 입법자가 채택할 수 있는 정책수단의 하나라고 주장한다. 즉 과세대상인 자본이득의 범위를 양도소득세의 경우와 같은 실현된 소득에 국한할 것인가 혹은 토지초과이득세와 같이 미실현이득을 포함시킬 것인가의 여부는 여러 가지 상황을 고려하여 판단할 입법정책의 문제일 뿐 조세법률주의에 본질적으로 위배된다고는 말할 수 없다는 것이다. 「토지초과이득세법」에 대해 헌법불합치결정을 내린 헌법재판소도 미실현이득에 대한 과세 역시 입법자가 채택할 수 있는 정책적 수단의 하나임을 인정하고 있다. 참고로 미실현이득의 과세에 대한 헌법재판소의 결정을 간략하게 소개하면 다음과 같다. "과세대상인 자본이득의 범위를 실현된 소득에 국한할 것인가 혹은 미실현이득을 포함시킬 것인가의 여부는 과세목적·과세소득의 특성·과세기술상의 문제 등을 고려하여 판단할 입법정책의 문제일 뿐, 헌법상의 조세개념에 저촉되거나 그와 양립할 수 없는 모순이 있는 것으로는 볼 수 없다."(헌재 1994.7.29.선고 92헌바49·52(병합) 결정)

2) 택지소유상한제

「택지소유 상한에 관한 법률」에서 규정하고 있는 택지소유상한제는 일정규모 이상의 택지를 보유하는 경우 그 택지의 소유자에게 최고 11%라는 초과 소유 부담금을 부과하는 제도이다. 택지소유한도에 대해서는 서울시와 광역시는 660㎡, 시군 지역은 990㎡, 읍면 도시계획구역은 1,320㎡로 각각 규정하고 있다. 「택지소유 상한에 관한 법률」은 1999년 4월, 헌법재판소에 의해 헌법불합치 결정을 받았다.

택지소유상한제에 대해 이를 반대하는 견해와 찬성하는 견해로 나누어 보면 다음과 같다.

① 반대하는 견해

택지소유상한제가 헌법에 위배된다고 주장하는 측에서 내세우는 가장 주된 논거는 '과잉금지의 원칙'이다. 과잉금지의 원칙이란, 국민의 기본권을 제한하는 경우 목적이 정당하다고 하더라도 그 목적달성을 위한 방법이 적정하여야 하고 그로 인한 피해 역시 최소화될 수 있도록 하여야 한다는 원칙을 말한다. 어떤 경우라도, 그리고 누구라도 위의 택지소유상한을 초과하는 경우 최고 11%라는 고율의 세금을 부과하는 것은 과잉금지의 원칙을 위반하여 위헌이라는 것이다. 만일 중과세율 11%에 해당하는 경우 9년만 지나도 토지가치의 거의 100%를 세금으로 징수하는 셈이 되는데, 이는 짧은 기간에 재산을 거의 무상으로 몰수하는 것과 같은 효과를 가지므로 그 침해의 정도가 너무 심하다는 것이다.

② 찬성하는 견해

택지소유상한제를 찬성하는 견해는 먼저, 「택지소유 상한에 관한 법률」에서 규정하고 있는 택지의 소유 상한 한도가 필요한 정도를 넘는 과도한 것이 아니라고 주장한다. 즉, 동법 제정 당시의 심화된 택지부족현상, 주택의 열악한 수급상황, 부동산투기로 인한 부의 집중, 무주택자의 상대적 소외감 등 여러 요인을 고려해 볼 때, 동법에서 규정하고 있는 택지소유한도는 택지의 원활한 공급과 국민주거생활의 안정이라는 입법 목적을 실현하기 위한 불가피하고 합리적인 수단이라고 볼 수 있고, 결코 필요한 정도를 넘는 과도한 제한이 아니라는 것이다.

그리고 헌법재판소의 결정이유를 자세히 검토해 보면 헌법재판소도 택지소유상한제도 그 자체에 대해서는 합헌성을 문제삼고 있지 않음을 알 수 있다고 주장한다.

3) 개발부담금제

「개발이익의 환수에 관한 법률」에서 규정하고 있는 개발부담금제는 각종 개발사업의 시행으로 인하여 발생하는 개발이익을 사업시행자로부터 환수하여 토지투기를 방지하고 토지의 효율성을 촉진하는 것을 그 목적으로 하고 있다. 예를 들어 임야를 개간하거나 농지를 개발하여 택지를 만드는 경우 토지의 가치가 상승한다. 이러한 토지가치 상승분의 일부를 개발이익으로 간주하고 그 개발이익의 50%를 개발부담금으로 징수하는 것이 개발부담금제도이다.

1989년 12월 30일에 국회를 통과한 토지공개념관련 3개 법률, 즉 「택지소유상한에 관한 법률」, 「개발이익환수에 관한 법률」, 「토지초과이득세법」 중 아직까지 살아남은 것은 「개발이익환수에 관한 법률」이 유일하다.

개발부담금제에 대해 이를 반대하는 견해와 찬성하는 견해로 나누어 보면 다음과 같다.

① 반대하는 견해

개발부담금제도에 대해 반대하는 견해는 개발부담금이 경제적 효용성이 없다고 주장한다. 즉, 재산세나 양도소득세를 제대로 적용하는 경우 굳이 개발부담금을 부과할 이유가 없다는 것이다. 개발로 인해 토지가격이 상승하였는데 그 토지를 팔았다면 양도소득세를 부과하고, 팔지 않고 갖고 있다면 재산세를 부과하면 된다는 것이다.

그리고 개발부담금제는 전문투기꾼에 대해서는 별 효과가 없고 정상적으로 개발사업을 하는 개발업자에 대해서만 부과되는 불합리한 결과를 초래한다고 주장한다. 개발부담금은 개발사업을 하는 사업자에게 부과되므로 개발사업 전에 이미 이익을 챙겨 떠난 투기꾼에게는 전혀 효과를 발휘하지 못한다는 것이다.

② 찬성하는 견해

개발부담금제를 찬성하는 견해에서 가장 주된 논거로 제시하는 것은 불로소득의 환수이다. 즉 불로소득적 개발이익을 토지소유자나 개발업자에게 귀속시키는 것은 사회적 불평등을 초래할 뿐만 아니라 토지를 매개로 가진자와 가지지 못한 자 사이의 소득격차를 심화시키게 되므로 이를 환수하여 공공의 몫으로 할 필요성이 있다는 것이다. 그리고 공공시설의 건설·정비에는 막대한 재원이 필요한데, 이러한 재원을 조달하기 위해서도 개발이익을 환수하여야 할 필요성이 있으며, 개발이익의 공공환원으로 투기적 토지 취득 및 지가 상승이 억제될 수 있다고 주장한다.

4. 토지공개념의 이념이 반영된 외국의 주요 제도들

토지의 공공성에 입각하여 토지가 공공복리에 적합하게 이용되도록 국가에서 필요하고도 적절한 규제를 가하고 있는 것으로 볼 수 있는 외국의 제도들 중 그 주요한 몇 가지만 들면 다음과 같다.

영국은 "공공의 목적을 위하여 필요한 땅을 제 때 이용할 수 있다"

는 원칙 아래 개발권의 국가 귀속, 개발허가제, 토지 강제매수권, 개발과징금, 신도시 지정 및 토지수용제 등이 시행되었다. 프랑스는 개발이익이 발생한 경우 그 전부 또는 일부를 공공단체로 흡수하는 토지세제상의 제도, 공공시설이나 토지의 정비가 필요한 경우 그 비용의 전부 또는 일부를 수익자인 토지소유자로부터 회수하는 제도 등이 시행되었다. 그리고 1950년대 후반부터 심각한 도시용 토지부족을 해결하기 위해 시가화지구 제도나 토지거래개입구역 제도, 토지선매제, 토지수용제 등을 시행하고 있다. 미국은 재산세를 부과할 때 토지에 대한 세율을 건물 등에 대한 세율보다 높게 정하는 토지·건물 차등세제를 두고 있다. 이 제도는 넓은 의미의 개발이익 환수제도에 해당한다. 토지에 대해서는 세율을 높게 정하고 건물 등에 대한 세율은 낮추어 줌으로써 토지를 투기목적으로 방치하는 것을 방지하고 민자유치에 의한 재개발을 촉진할 수 있다는 장점이 있다. 미국의 토지·건물 차등세제는 토지투기를 원천봉쇄하고 건설경기를 활성화시키며, 무분별한 도시확산을 막고 도시 외곽의 녹지공간을 보존하는데 상당한 기여를 하였다는 평가를 받고 있다. 독일은 개발이익을 공공으로 환원하기 위해, 개발로 인한 이익을 누리는 자로부터 그 수익에 해당하는 비용을 부담금으로 징수하는 제도와 그와 같은 개발이익을 조세(steuer)를 통해 흡수하는 제도를 두고 있다. 이스라엘은 토지의 처분권과 수익권은 국가가 가지고, 경매방식에 의해 최고 수준의 임대료를 제시하는 사람에게 토지사용권을 부여하는 토지공공임대제를 두고 있다. 이와 같은 토지공공임대제는 토지사용자에게 사용하는 만큼의 사용료를 징수하고 그 수입을 공공을 위해 지출하기 때문에 토지공개념을 실천하는 좋은 수단의 하나라고 할 수 있다. 나아가 개발이익의 환수, 도시계획 기능 제고, 부동산 투기 억제, 사회간접자본 건설 등에 유리하고 토지보유세 강화 정책만큼 조세저항이 강하지 않다는 장점이 있다는 평가를 받고 있다. 싱가포르와 홍콩은 토지공공임대제를 성공적으로 정착시킨 대표적인 나라들이며, 유럽의 네들란드, 스웨덴, 핀란드, 호주 등도 토지공공임대제를 오랫동안 시행하고 있다. 일본은 1960년대부터 토지관련 제도를 정비하면서 도시계획구역 지정, 개발허가제, 토지선매권과 매수청구권, 매수협의제 등을 도입하여 시행하고 있다.

제5절 부동산에 대한 인식의 전환이 필요하다.

오늘날 우리사회는 부동산 소유의 격차와 그로 인한 빈부의 격차, 그리고 지나치게 높은 부동산가격으로 인한 생산 활력의 저하 등 여러 가지 문제를 안고 있다. 이러한 부동산문제를 어떻게 해결할 것인가에 대해서는 각 개개인의 가치관에 따라 다양한 방법론이 도출될 수 있다. 부동산의 특성을 어떻게 파악하며, 부동산을 어떤 원리에 의해 사회구성원들에게 배분하는 것이 타당한가에 대해서는 견해가 대립하고 있다. 또한 우리나라의 고질적인 병폐 중의 하나로 지목되어 온 부동산 투기를 근절하여 토지자원배분의 형평성과 토지이용의 효율성을 높이고 토지거래의 정상화를 도모하기 위해 획기적으로 도입하였던 토지공개념에 대해서도 찬성론과 반대론이 첨예하게 대립되고 있다.

이와 같이 복잡하게 서로 얽혀 있는 부동산문제를 해결하기 위한 첫 걸음은 사회구성원들 간의 공감대를 형성하는 것이 되어야 할 것이다. 그러기 위해서는 무엇보다도 인식의 전환이 필요하다. 부동산은 단순한 재테크의 수단을 넘어 우리 개개인의 생존에 없어서는 안 될 필수적 재화임과 동시에 우리 사회 전체의 번영을 위한 공통의 기반이라는 사실에 대해 전 사회적인 공감대가 형성되어야 한다. 최소한 각종 탈법적인 방법을 동원하는 부동산투기로 인해 국민의 건전한 근로의식이 저하되고 계층 간의 갈등이 심화되는 현상만은 기필코 막아야 할 것이다.

이러한 점에서 세계은행(World Bank)의 정책보고서는 우리에게 시사하는 바가 크다. 2003년 6월에 발표된 「성장과 빈곤 해소를 위한 토지정책(LAND POLICIES for GROWTH and POVERTY REDUCTION)」이라는 정책보고서에서 세계은행은 "땅이 공정하게 분배된 나라일수록 높은 경제성장률을 이루었으며, 제3세계의 빈곤문제를 해결하기 위해서는 빈민층의 땅 소유권 및 사용권을 확고히 보장하는 것이 가장 중요하다."고 지적하였다. 그리고 전 세계 26개국의 토지 분배의 형평성과 지난 40년 간 국내총생산 증가율을 비교 분석한 후 토지문제와 경제성장 사이에는 분명한 상관관계가 존재한다고 결론지었다. 나아가 빈곤층에 대한 토지소유권과 토지사용권 보호를 강화하고 토지거래의 장벽을 완화하면 경제성장이라는 경제적 효과뿐만 아니라 부정부패의 해소, 보건 등 사회사업의 개선·촉진과 같은 정치·사회적 효과도 거둘 수 있다고 주장하였다.

제2장 재테크와 부동산

박 찬 열 · 차 윤 영

제1절 자산의 특성

재태크란 보유 자금을 효율적으로 운용하여 최대 이익을 창출하는 방법을 의미한다. 한자 '재무(財務)'와 영어 '(technology)'의 합성어인 '재무 테크놀러지'를 줄여 만든 말이다. 재테크는 본래 기업 경영에서 사용되던 용어지만, 1997년에 불어닥친 IMF 외환위기 이후 경제에 대한 관심이 높아지면서 자산을 안전하게 불려나가려는 일반 가계에서도 쓰이게 되었다. 일반 가정의 고전적 재테크 방법이던 저축이 2000년대 들어와 연이은 금리인하와 소액 저축 비과세 제도의 축소 및 폐지에 따라 재테크로서 적절한 역할을 할 수 없게 되자 부동산 투자나 특히 고소득층을 중심으로 한 주식과 펀드 투자 등 위험 부담이 높은 재테크 방법이 인기를 끌게 되었다.

재테크를 통한 자산증식방법에는 예금, 주식투자, 채권투자, 파생상품투자, 펀드가입, 부동산투자 등이 있다. 그 외에도 골프 회원권, 미술품, 금 등의 매매를 통해 수익을 올릴 수도 있다. 그러나 이러한 투자는 수요층이 제한적이고 전문성이 요구되기 때문에 전자에 비해 일반화되지 못하고 있다.

재테크를 할 때에는 투자자산의 안전성, 유동성(또는 환금성), 수익성 등을 고려해야 한다. 자산의 수익성(profitability)이란 일정기간 자산을 보유함으로써 얻을 수 있는 수익을 의미하며, 보유기간동안 얻을 수 있는 이자나 배당소득과 자산의 매매를 통해 얻을 수 있는 자본이득(또는 자본손실)이 여기에 속한다.

자산에 투자할 때 사람들은 일정수준의 수익률을 기대한다. 그러나 이러한 기대가 항상 실현되는 것은 아니다. 이를 우리는 자산투자의 위험(risk)라 하며, 위험이 작을수록 자산은 안전하다고 말한다. 위험에는 채무불이행위험(default risk)과 시장위험(market risk 또는 capital loss risk)이 있는데, 채무불이행의 위험은 채권이나 주식의 발행자가 파산할 경우 원리금을 받을 수 없게 되는 위험을 의미하고, 시장위험은 이자율과 같은 금융자산의 가격에 중요한 영향을 미칠 수 있는 변수가 변화하여 수익률이 변할 수 있는 위험을 말한다.

예를 들어 설명하자면 주식투자를 할 때 우리는 배당소득과 자본이득을 기대하는데, 배당소득은 기업이 이윤을 낳을 때 생긴다. 그러나 기업이 항상 이윤을 낳는 것은 아니다. 그리고 주식에 투자할 때 우리는 매수가격(즉 사는 가격)보다 매도가격(즉 파는 가격)이 높을 것으로 기대한다. 그러나 항상 그런 것은 아니다. 만약 매도가격이 매수가격보다 낮으면 우리는 손실(이를 자본손실이라 한다)을 입게 된다. 매도가격이 매수가격보다 낮을 가능성이 높다면 주식투자의 위험이 높다고 말할 수 있다.

한편 주식이나 채권에 투자할 때 우리는 자금이 필요할 때 언제라도 그것을 현금화할 수 있기를 기대한다. 이 때 투자자금의 손실을 최소화하면서 현금으로 바꿀 수 있는 가능성을 우리는 유동성이라 말한다. 만약 채권이나 주식을 매각하고자 할 때 그것을 매입하고자 하는 사람이 별로 없어 가격을 많이 낮추어야 한다면 그 주식이나 채권의 유동성은 낮다고 말한다.

그런데 어느 자산이던지 우리가 원하는 수준의 수익성, 안정성, 유동성을 동시에 충족시켜줄 수는 없다. 따라서 자산에 투자할 때 우리는 어떠한 점을 중시할 것인지는 우선 결정해야 한다. 수익성을 중시한다면 안정성이나 유동성은 어느 정도까지는 포기해야 하며, 안정성을 중시한다면 낮은 수익성을 받아들여야 한다. 이러한 점을 감안하여 작성한 것이 <표 2-1>이다.

<표 2-1> 자산의 안전성, 수익성, 유동성과 투자

수익성	안정성	유동성
<원칙> 나에게 적절한 수익을 가져다 주는가? • 투자를 하는 가장 기본적인 이유는 수익 때문인데, 일정 기간마다 이자를 받는 안정적인 투자는 상대적으로 수익이 적다. 반면 보다 많은 수익은 자산가치 상승에 따른 매매차익에서 비롯된다. • 원금의 안전성만 고려하다 보면 매매 차익이 큰 주식, 부동산 등의 투자에 소홀 하게 되고 결국 큰 수익도 놓치게 된다. 주식 부동산 등에서 적절한 수익을 얻으려면 많은 노력이 필요 하다. • 부동산에 투자할 경우 현지 답사를 수차례 해야하고, 주식에 투자할 경우에는 기업의 영업 상황, 미래전망, 경영자의 경영	<원칙> 손해 볼 가능성이 있는가? • 투자의 거성이라고 손꼽는 미국의 워렌 버핏이 2가지 투자원칙이 있다. 제1원칙: 손해를 보지 않는다. 제2원칙: 제1원칙을 잊지 않는다. • 충분한 안전장치가 되어 있는 투자처를 골라야 한다. • 금융기관을 고를 때도 안전한 지를 따져보아야 하고 주식에 투자하더라도 최소 한 원금은 지켜줄 회사인 지를 따져보아야 한다.	<원칙> 필요할 때 빠른 시간내에 현금화 할 수 있는가? • 생활을 하다 보면 당장 현금이 필요한 일이 자주 생긴다. • 환금성을 가진 재산이 부족 하면 높은 수익이 나는 재산마저 헐값으로 내다 팔아야 한다. 우선 비상시에 대비해 여유 현금을 유지해야 한다. • 금융상품에 투자하더라도 급한 일이 생겨 처분하려고 할 때 제 값을 받고 팔수 있는 투자처를 선정해야 한다. • 급한 경우 손쉽게 대출을 받을 수 있는 금융상품에 가입하는 지혜도 필요하다.

능력 등을 다각도로 점검해야 한다. • 자신이 가지고 있는 재산에서 적절한 수익을 얻기 위해서는 습관처럼 굳어진 투자패턴에서 벗어날 필요도 있다.		

제2절 재테크 상품의 분류

1. 주식

주식(share, stock)이란 주주가 주식회사에 출자한 일정한 지분 또는 이를 나타내는 증권을 말한다. 주식에는 여러 가지 종류가 있는데 이를 살펴보면 다음과 같다.

1) 보통주와 우선주

대부분의 기업 주식은 보통주로 되어 있다. 그러나 이익배당, 잔여재산분배 등에 있어서 우선권을 가지는 주식도 있는데, 이를 우선주라 한다. 우선주는 보통주와는 달리 경영참가권에 제한이 있다.

2) 액면주와 무액면주

주권에 액면금액이 기재되어 있으면 액면주라 하고, 그렇지 않으면 무액면주라 한다. 우리나라에서는 액면주만을 인정하고 있고 있으며, 그것의 역면금액을 상법은 최소 100원으로 규정하고 있다.

3) 기명주식과 무기명주식

주권과 주주명부에 주주의 성명이 기재되어 있으면 기명주식, 그렇지 않으면 무기명주식이라 한다.

4) 신주와 구주

이미 발행되어 있는 주식을 구주라 하고, 회사가 증자나 합병 등등의 이유로 새로 주식을 발행한 후, 최초의 결산기가 지나지 않은 주식을 신주라 한다.

5) 전환주식

전환주식(轉換株式, convertible share, convertible security)이란 주주의 청구에 의하여 다른 종류의 주식으로의 전환이 인정되는 주식을 말한다. 예컨대 우선주를 보통주로, 또는 보통주를 우선주로 전환할 수 있는 주식이 전환주식이다.

6) 자기주식

회사가 자기의 계산으로 자기 회사의 주식을 취득할 때, 이를 자기주식(自己株式)이라 한다. 우리나라 상법 상 주식회사는, 주식을 소각하기 위한 때, 회사의 합병 또는 다른 회사의 영업전부의 양수로 인한 때, 회사의 권리를 실행함에 있어 그 목적을 달성하기 위하여 필요한 때, 단주(端株)의 처리를 위하여 필요한 때, 주주가 주식매수청구권을 행사한 때에 한하여 자기 회사의 주식을 취득할 수 있다. 주식회사가 소유하고 있는 자기 주식에는 의결권이 없다.

2. 채권

1) 채권의 종류

채권은 기업이나 정부가 비교적 장기로 자금을 조달하기 위해 발행되며, 일정기간 후 이자와 원금 지급을 약속한 금융상품이다. 채권은 발행주체에 따라 다음과 같이 분류된다.

① 국채

국가(중앙정부)가 재정정책 집행을 위해 국회의 의결을 거쳐 발행하는 채권으로 정부가 원리금의 지급을 보증하는 신용도가 가장 높은 채권이다. 국민주택채권, 양곡기금증권, 재정증권, 외국환평형기금채권(외평채), 국채관리기금채권 등이 있다.

<표 2-2> 대표적인 국채의 발행조건

구분	발행목적	발행조건	만기(년)	금리(%)	이자지급
국고채권	재정정책필요자금 조달	경쟁입찰	3/5/10	시장금리	6월후급
주택채권	임대주택건설 등 주택시장 안정화	첨가소화	5	3.0	만기일시
외평채권	한국경제홍보, 국가신인도 제고	경쟁입찰	10	시장금리	3월후급

② 지방채

지방자치단체가 지방재정법의 규정에 의거해 필요한 사업의 자금을 조달하기 위해 발행하는 채권을 말한다. 지하철공채, 상수도공채, 도로공채, 지역개발공채 등이 여기에 속한다.

③ 특수채

한국전력(주)나 토지개발공사, 도로공사 등 특별법에 의해 설립된 법인이 관련 법률에 의해 발행하는 채권이다. 특수채에는 토지개발채권, 한국전력공사채권, 기술개발금융채권, 한국도로공사, 고속도로건설채권 등이 있다.

④ 금융채

특수채 중 발행주체가 한국산업은행, 한국은행 등 특수 금융기관인 채권을 의미한다. 금융채에는 통화안정증권, 산업금융채권, 중소기업금융채권 등이 있다.

⑤ 회사채

상법상 주식회사가 기업경영에 필요한 자금을 조달하기 위해서 발행하는 채권이다. 장기시설자금을 조달하거나 이미 발행된 회사채의 상환자금을 마련하기 위하여 발행되는 것이 보통이다. 회사채는 발행회사의 신용도 즉 채권의 원리금을 상환할 수 있는 가능성에 따라 등급이 매겨지는데, 이를 정리한 것이 <표 2-3>이다.

<표 2-3> 회사채의 신용평가 등급

구분	신용등급	등급별 지급능력 설명
투자등급	AAA	원리금 지급능력이 최상급
	AA	원리금 지급 능력이 우수하지만 AAA 채권보다는 다소 떨어짐
	A	원리금 지급능력이 우수하지만 상위등급보다 경제여건 및 환경악화에 따른 영향을 받기 쉬운 면이 있음.
	BBB	원리금 지급 능력은 양호하지만 상위등급에 비해 경제여건 및 환경악화에 따른 지급능력이 저하될 가능성을 내포하고 있음.

투기등급 (투자부적격)	BB	원리금 지급 능력이 당장은 문제가 되지 않으나 장래 안전에 대해서는 단언할 수 없는 투기적 요소를 내포하고 있음.
	B	원리금 지급 능력이 결핍되어 있어 투기적이며 불황시에 이자지급이 확실하지 않음.
	CCC	원리금 지급에 관하여 현재도 불안요소가 있으며 채무불이행의 위험이 무척 커 매우 투기적임.
	CC	상위 등급에 비하여 더욱 불안 요소가 큼
	C	채무불이행의 위험성이 높고 전혀 원리금 상환 능력이 없음
	D	채무불이행 상태에 있으며 원리금의 일방 또는 양방이 연체, 부도상태에 있음.

주 : 한국기업평가의 무보증 선순위회사채 기준임.

2) 채권의 발행조건

채권은 발행주체와 발행목적 등에 따라 발행조건이 상이하다. 여기서는 이자지급방법, 이자의 변동성 여부 그리고 상환기간 등을 중심으로 살펴보기로 한다. 먼저 이자지급방법에 따라 이표채, 할인채, 복리채로 구분된다.

① 이표채

채권의 권면에 이표가 붙어 있어 이자지급일에 일정 이자를 지급받는 채권이다. 대부분의 회사채는 이표채로 발행되며, 일부 특수채와 금융채도 이표채로 발행된다.

② 할인채

액면 금액에서 상환기일까지의 이자를 공제한 금액으로 매출하는 채권이다. 투자자는 액면 금액에서 단리로 선이자를 공제하거나 복리로 공제한 차액으로 매입을 하게 되며, 통화안정증권과 산업금융채권 등 금융채 대부분이 이에 속한다.

③ 복리채

이자가 단위기간 수만큼 복리로 재투자되어 만기 때 원금과 이자가 지급되는 채권이다. 만기일까지 보유하면 이자가 표면수익률에 의해 복리로 계산되어 원리금이 지급된다. 양곡기금증권, 국민주택채권 등과 같은 국공채가 여기에 속한다.

다음으로 채권에 지급되는 이자는 발행시점에서 확정되기도 하고 시장금리가 변동할 때 변동되기도 하는데, 그 내용은 <표 2-4>와 같다.

<표 2-4> 지급이자 기준 채권의 종류

분류명	내용	종류
금리확정부	발행이 확정된 이자금액을 약정한 기일에 지급하는 채권	국내 채권의 대부분
금리연동부	발행시 이자지금액의 가변적 기준을 정하여 그 기준에 의해 약정된 기일에 이자를 지급하는 채권	CD 유통수익률 연동부 채권이 일반적임.

마지막으로 채권은 상환기간에 따라 단기채와 장기채 등으로 구분되는데, 이 중 단기채의 상환기간이 가장 짧다.

<표 2-5 > 상환기간별 채권의 종류

분류명	내용	종류
단기채	상환기간이 1년 이하	재정증권, 통화안정증권, 양곡채
중기채	상환기간이 1년 이하 5년 미만	국민투자채권, 국채기금관리채권, 외국환평형기금채권, 전력공사채권, 회사채
장기채	상환기간이 5년 이상	국민주택채권, 서울도시 철도채권

3. 파생상품

파생상품이란 원자재, 통화, 증권 등의 기초 자산에 근거하여 만들어진 금융상품이다. 파생상품거래는 무엇을 기준으로 하느냐에 따라 다음과 같이 구분된다.

1) 거래장소에 따른 분류

① 장내거래

가격 이외의 모든 거래요소가 거래소의 규정에 의해 표준화되어 있어 시장에서는 가격만 결정되고 대금지급 등은 청산소를 통하여 정해진 방식으로 이루어지는 계약을 말한다.

② 장외거래

고객의 특정힌 요구에 따라 가격뿐만 아니라, 계약단위, 상품의 품질, 인도시기, 대금결제방법 등 모든 조건을 쌍방간에 협의 결정하는 계약으로 선물환, 스왑, 옵션 등이 주로 여기에 해당된다.

2) 거래 형태에 따른 분류

① 선도(Fowards)

약정가격으로 장래의 특정일에 대상상품을 인수도하기로 하는 장외거래를 말한다. 선도계약의 일종인 선물환은 가장 전통적인 파생상품으로 장래의 일정시점 또는 일정기간에 특정통화를 일정환율로 사거나 팔 것을 약정하는 거래이다.

② 선물(Futures)

거래소에서 거래되는 장내거래상품, 통화, 금리, 주가지수 등을 대상으로 표준화된 계약조건으로 매매계약 체결 후 일정기간이 경과한 뒤에 미리 결정된 가격에 의하여 그 상품의 인도와 결제가 이루어지는 거래를 말한다.

③ 옵션(Option)

장래 특정일 또는 일정기간 내에 미리 정해진 가격으로 상품이나 유가증권 등의 특정자산을 사거나 팔수 있는 권리를 현재시점에서 매매하는 거래를 말한다. 리스크는 매수자로부터 매도자에게 전가되며, 옵션매도자는 리스크 부담 대가로 매수자로부터 프리미엄을 받는다.

④ 스왑(Swap)

두 채무자가 통화 및 금리 등의 거래조건을 서로 맞바꾸는 것인데, 외화차입비용 절감을 위해 통화를 서로 교환하는 통화스왑 변동금리와 고정금리 이자지급조건을 일정기간 동안 서로 바꾸는 이자율 스왑 등이 있다.

4. 펀드

사람들은 주식, 채권, 파생상품 등에 투자하고 싶어도 전문지식이 없으면 기대한 수익을 얻을 수 없다. 이에 증권회사나 자산운용회사에서 판매하는 펀드에 가입하기도 한다. 이 때 투자된 자금은 펀드운용회사에서 담당하며 펀드에 가입한 사람은 일정기간 후에 수익률을 배당받게 된다.

펀드는 운용대상과 가입방식에 따라 다음과 같이 분류된다.

1) 운영대상에 따른 분류

① 채권형 펀드

채권형 펀드는 채권 등에 펀드 자산의 60% 이상을 투자하고 주식은 일체 편입하지 않는 펀드이기 때문에 주식형 펀드보다는 원금손실 가능성이 덜하지만 운영하고 있는 채권이 부도가 나거나 금리가 크게 오르면 원금에 손실을 볼 수 있다.

② 주식형 펀드

주식형 펀드는 주식 편입 비율이 60% 이상인 상품으로 고수익을 추구하는 공격적인 투자자에게 알맞은 상품이다.

③ 혼합형 펀드

혼합형 펀드는 주식에 60% 미만만 투자가 되고, 나머지는 채권 등에 투자되어 안정적인 채권의 수익과 주가 상승에 따른 추가 수익을 동시에 추구하는 상품이다.

④ MMF

MMF는 머니마켓펀드로서 자금을 모아 우량채권과 콜론, CP(기업어음), CD(양도성예금증서)와 같은 단기상품에 투자해 생긴 이익을 돌려주는 단기실적배당 상품이다. 다른 투자상품에 비해 단기로 운용가능하며 예외적인 경우를 제외하고는 원금손실의 가능성이 거의 없다.

이외에도 선물이나 옵션과 같은 파생상품에 주로 운영하는 파생상품펀드와 부동산 자산에 운영하는 부동산 펀드, 선박에 운영하는 선박

펀드 등 종류가 다양하다. 또한 펀드는 환매가능 여부에 따라 개방형과 패쇄형, 원금추가불입 가능여부에 따라 단위형과 추가형으로 분류하기도 한다.

<표 2-6> 펀드의 종류와 특징

구분	투자대상	특징
주식형펀드	주식에 60% 이상	고위험 고수익추구
혼합형펀드	주식에 60% 미만	안정성+주식의 추가수익
채권형펀드	채권에 60% 이상	안정적 수익추구
파생상품펀드	선물, 옵션 등 파생상품	구조화된 수익추구
MMF	단기금융상품	단기자금, 수시입출금가능
부동산펀드	부동산	장기투자로 안정적인 수익추구
실물펀드	실물자산(선박 등)	장기투자로 안정적 수익추구
재간접펀드	다른펀드	펀드에 분산투자

2) 가입방식에 따른 분류

① 적립식 펀드

일반적으로 가장 많이 가입하고 있는 형태로 소액을 계속 적립할 수 있는 펀드이다.

② 임의식 펀드

첫 가입금액에 제한이 있는 대신 상품만기가 따로 없어 자유롭게 적립과 환매를 할 수 있는 펀드이다.

③ 거치식 펀드

고객은 목돈을 한 번에 집어넣고, 운용사는 초기에 금액을 한꺼번에 모아 운용하는 펀드이다.

5. 예금과 적금

주식, 채권, 파생상품, 펀드 등은 수익률이 높은 편이다. 그러나 위험도 있기 때문에 안정적으로 자금을 운용하고자 하는 사람은 은행, 상호저축은행, 신용협동조합, 농협, 수협, 새마을금고 등에 예치하기도 한다. 일시에 목돈을 예치하는 것을 정기예금이라 하고, 일정기간 소액의 자금을 예치하여 만기가 되면 목돈으로 찾는 것을 적금이라 한다. 구체적으로 살펴보면 다음과 같다.

먼저 정기예금이 있다. 이것은 예금주는 일정 기간 환급(還給)을 요구하지 않을 것을 약정하고 일정 금액을 은행에 예치하며, 은행은 이에 대하여 일정 이율의 이자를 지급할 것을 약속하고 증서 또는 통장을 발행·교부하는 예금이다. 두 번째로 정기적금이 있는데, 이것은 일정 금액을 계약하고, 일정기간 매월 일정액을 불입하여 기간 만료 후에 계약금액을 환불받는 예금을 말한다. 마지막으로 상호부금이 있다. 이것은 서민 및 영세 상공인이 상부상조(相扶相助)에 의해 필요한 목돈을 조성·사용할 수 있도록 한 예금이다.

예금의 이자소득에는 세금이 부과된다. 그러나 예금을 촉진하고 특정계층의 세금부담을 완화해주기 위해 세금을 우대해주거나 세금을 감면해주는 제도가 있다. 이를 살펴보면 다음과 같다. 먼저 비과세 생계형 저축이 있다. 이것은 만 60세 이상의 개인, 장애인 등에 대해 1인당 3,000만 원 한도 내에서 비과세 혜택이 있는 상품이다. 별도의 비과세생계형이란 금융상품이 있는 것이 아니라 기존의 금융기관에서 판매되는 금융상품을 일정 가입자격요건(만 60세 이상 등)만 충족하면 1인당 3천만 원까지 비과세혜택이 주어지는 저축상품이다. 그리고 비과세상품이 있다. 신용협동조합, 단위농협, 산림조합, 새마을금고 등의 조합원은 1인당 3,000만 원 한도까지 이자소득에 대해 세금이 부과되지 않는다. 그리고 이들의 조합원은 출자금의 1,000만 원 한도 내에서 배당소득이 비과세된다. 그러나 비과세예금과는 달리 예금이 보호되지 않는다.

제3절 부동산 재테크

최근에는 금융자산에 대한 투자와 함께 부동산투자도 활성화되고 있다. 아파트 가격 등이 지속적으로 상승하면서 부동산투자는 항상 성공한다는 즉 부동산 불패의 신화를 이어오고 있다. 그러나 2012년에 접어들면서 하우스 푸어(house poor)라는 말이 매스컴에 보도되고 있듯이 부동산 투자가 항상 높은 수익성을 보장하는 것은 아니다. 부동산투자도 금융자산과 마찬가지로 수익성, 안정성, 유동성을 꼼꼼히 따져봐야 한다. 특히 부동산의 경우 유동성이 금융자산에 비해 현저히 낮으며, 부동산 매매에 따른 수수료도 상대적으로 높기 때문에 부동산 투자에도 신중을 기해야 한다.

1. 부동산 투자의 원칙

우리는 부동산 투자를 할 때 지침이 될 만한 원칙을 나름대로 세워 놓고 그 기준에 맞추어 투자하는 자세를 갖출 필요가 있다. 주식투자를 할 때 목표 투자수익률을 정해놓거나 손절매 시기를 정해 놓듯이 부동산 투자에도 이런 지침을 선정하지 않으면 낭패를 볼 수 있다. 부동산 투자를 할 때 합리적으로 그리고 최선의 결과를 도출하기 위해 투자자는 이른 바 부동산 투자의 6하 원칙을 지켜야 한다.

1) Why(왜－투자 목적이 무엇인가?)

부동산에 투자하고자 할 경우 무엇보다 우선 명확히 할 것은 투자의 목적이다. 즉 아파트를 구입하려 한다면 거기서 거주하기 위한 목적으로 구입하는지, 임대를 통해 수익을 얻으려는 것인지, 노후를 위한 투자인지, 자녀를 위한 투자인지 등을 확실히 할 필요가 있다. 특히 요즘처럼 부동산 시장이 급변하는 시대에서는 목적의식이 없이 투자할 경우에는 큰 어려움을 겪을 수 있다.

2) What(무엇을－필요한 부동산은?)

투자 목적이 정해졌다면 자신에게 필요한 부동산을 구체적으로 정해야 한다. 먼저 아파트, 토지, 상가 등으로 구분하여 생각한 다음에 아파트를 선택했다면 많은 사람들이 선호하는 아파트, 토지지분이 넓은 재건축 아파트 등으로 구체화할 필요가 있다. 만약 상가를 선택했다면 수요층이 두터운 테마상가, 유동인구가 많은 곳의 상가 등으로 구체화하고, 그리고 토지 중 농지를 선택하였다면 농지법 적용에 따라 농지전용허가가 가능하여 개발 가능성이 있는 준농림지역 등으로 구체적인 자료와 정보를 토대로 하여 필요한 부동산을 선택하도록 해야 한다.

3) How(어떻게－투자는 어떻게?)

투자를 실행하고자 할 경우 자신이 보유하고 있는 자금을 점검하여 얼마를 투자할 것인지, 얼마가 필요한지 예산을 세워야 한다. 무리한 대출은 가계에 큰 부담을 안길 수 있으며 부동산 불황 시에 자금압박을 받아 옳지 못한 결정을 할 수 있다. 따라서 부동산투자는 여유자금을 가지고 투자하는 것이 좋다.

4) When(언제－적절한 타이밍은?)

부동산 투자는 타이밍이다. 부동산 시장의 흐름이나 부동산 경기 등을 분석하여 언제 살 것인가, 언제 팔 것인가를 결정해야 한다. 뿐만 아니라 부동산은 투자 후 환금이 필요한 시기가 있으므로 투자 기간을 정해야 하며 그 기간에 맞는 부동산 상품을 골라야 한다. 단기적 투자일 경우는 환금성을 중시하여야 하고, 장기적 투자일 경우는 투자 수익률이 높을 것으로 예상되는 상품이 좋다.

5) Where(어디서－지역선정)

투자 지역을 선정할 때 무엇보다도 중요하게 고려해야 할 기준은 그 지역의 발전 가능성이다. 향후 개발이 추진될 지역, 성장국면에 있는 지역, 인구 유입이 예상되는 지역, 자연환경이 좋은 지역 등은 미래의 투자가치를 높게 해 주는 좋은 요소들이다.

6) Who(누가－누구와 함께?)

마지막으로 혼자 투자할 것인지 함께 투자할 것인지를 따져볼 필요가 있다. 적은 자금을 가지고 투자시기를 놓치거나 무리한 대출에 따른 이자 부담감에 허덕이는 것보다는 공동으로 자금을 모아 투자하면 위험 부담도 줄일 수 있고 수익률도 혼자 하는 것보다 높일 수 있다.

2. 부동산 유형별 투자방법

관심은 가지만 막상 부동산에 투자를 하려면 막막하고 어렵기 마련이다. 특히 부동산은 거래정보가 불투명하고, 유동성이 낮을 뿐 아니라 각종 법적 제약을 많이 받기 때문에 더욱 그러하다. 따라서 급변하는 부동산 시장에서 위에서 언급한 6하 원칙에 맞게 접근하는 것이 안정적이고 성공적인 투자를 가져올 수 있다. 여기서는 부동산 유형별로 투자방법에 대해 살펴보기로 한다.

1) 임대주거용 부동산

주택도 이제 투자 차익 기대보다는 임대 수입 위주로 관점이 바뀌고 있다. 우리나라에는 전 세계에서 유일하게 전세제도가 있는데, 이 제도를 활용하면 투자자의 입장에서는 그만큼 투자비용을 절감할 수 있다. 그러나 은행의 예금이자율이 하락하면서 전세자금으로부터 기대할 수 있는 수입 즉 이자수입은 크지 않게 되었다. 이에 투자자는 월세를 요구하고 있다. 투자자는 세입자의 부담을 고려하여 전세금 인상분을 월세로 전환할 수 있으며, 처음부터 월세를 요구할 수도 있다. 그러나 이 경우에는 투자비용이 상승하는 부담이 있을 수 있다. 최근에는 소형주택이 인기를 끌면서 도시형 생활주택으로까지 투자가 확대되고 있다. 그 만큼 투자비용은 절감될 수 있게 된다. 그러나 주의할 점이 있다.

이런 주택을 소유하게 되면 주택에 대한 1세대 1주택 비과세 혜택을 받을 수 없다는 것이다.

2) 상업용 부동산

상업용 부동산이란 시장점포, 쇼핑센터 점포, 도매시장 점포 등을 가리키며 대개 구분 상가형태이다. 상가는 부동산 규제책에서 제외되어 있고, 저금리와 창업 수요 증가, 신도시 형성 등으로 상권이 확대되고 있는 것이 투자의 긍정적인 요소이다. 그러나 상업용 부동산에 대한 수요는 경기에 민감하다는 특성이 있기 때문에 임대 업종과 임차인이 임대수입에 중요한 영향을 미치게 된다. 요즘 선호하는 업종으로는 은행, 병원, 약국, 커피 전문점, 편의점, 제과점, 아이스크림점 등이 있다. 투자자는 법인을 상대로 한 임대가 임대료 수수 및 관리 차원에서 수월하다.

3) 오피스 빌딩

거액 자산가가 많은 관심을 가질 수 있는 분야이다. 구분 상가 몇 개를 소유하는 것보다 상가 빌딩을 선호하는 것이 수익이나 수익전망에서 유리하다. 왜냐하면 100% 자가 소유에 대한 만족감과 독자 개발의 가치, 투자 차익에 대한 기대 등이 있기 때문이다. 경기 침체로 공실이 늘어날 경우 수익률이 저하될 수 있는데, 공실률은 통상적으로 5%를 넘으면 위험 수위로 평가된다. 따라서 오피스 빌딩에 투자할 경우 임대수요 등에 대한 철저한 분석이 요구된다. 물론 빌딩의 가격전망을 예측하는 것도 중요하다. 매매를 통한 수익의 실현도 중요한 투자매력이기 때문이다.

4) 오피스텔

오피스텔이라는 말은 오피스와 호텔의 합성어로 우리나라에서 주로 쓰이는 용어이다. 용어가 의미하듯이 오피스텔은 주거와 업무를 같이 할 수 있다. 요즘 들어 소액 투자가 가능한 수익성 부동산으로서 인기가 높다. 수익률도 지역에 따라 많은 차이가 있다. 문제는 오피스텔은 임대 수입에서는 비교적 양호한 수준을 유지하고 있지만 특정 지역을 제외하고는 시세 차익을 기대하기 어렵다는 한계가 있다는 점이다. 이와 함께 오피스텔을 주거용으로 사용할 경우 1가구 1주택 비과세혜택을 받을 수 없고 그 결과 매매할 경우 양도소득세를 납부해야 한다는 점에 주의할 필요가 있다.

5) 저장용 부동산(창고)과 산업용 부동산(공장)

물류 창고로 대별되는 저장용 부동산과 공장 등으로 활용되는 산업용 부동산은 수익성 상품 중에서 다소 낯설지만, 높은 수익성을 기대할 수 있다는 매력이 있다. 창고의 임대료 수준은 오피스 빌딩보다 나은 경우가 많기 때문이다. 다만 임차인을 유치하는 측면에서 어려움이 있다는 점은 주의할 필요가 있다.

6) 숙박용 부동산

호텔이나 모텔 등을 숙박용 부동산이라 한다. 숙박용 부동산은 안정적인 수입을 기대할 수 없고, 관리자가 항시 대기해야 하기 때문에 인건비 등의 비용이 과다하게 발생할 수 있다는 문제가 있다. 특히 성수기와 비수기간 수입 차이가 뚜렷해 성수기 수입으로 연간 수익 구조를 예측하는 것이 일반적이다. 이러한 문제가 있지만 임차인만 잘 유지하면 높은 수익성을 기대할 수 있는 상품이라 할 수 있다.

3. 부동산과 세금

수익성 부동산에 대한 투자와 관련하여 주목할 것은 그것을 구매할 때에는 정확한 수익률을 산출할 수 있어야 한다는 점이다. 이는 수익용 부동산에 투자하기 위해 반드시 갖추어야 할 능력이라 할 수 있다. 다른 한편 수익률을 계산할 때에는 수익용 부동산이 수익을 창출하는 만큼 소득세도 고려하고 재산을 소유하게 되므로 재산세도 감안해야 한다. 이와 함께 그것을 매입할 때 납부해야 하는 취득세와 중개수수료와 같은 거래비용도 아울러 고려하여 투자여부를 결정해야 한다. 여기서는 부동산과 관련된 세금에 대해 살펴보기로 한다.

1) 보유 단계별로 부과되는 국세와 지방세

부동산은 보유단계별로 국세와 함께 지방세도 납부해야 하는데, 이를 정리한 것이 <표 2-7>이다. 국세란 중앙정부의 행정관서인 국세청(세무서)과 관세청(세관)에서 부과하고 징수하는 세금을 말하며, 국방, 치안, 교육, 지역균형발전 등과 같은 국가전체의 이익을 위해 사용된다. 그리고 지방세는 지방자치단체인 특별시와 광역시, 도와 시, 군, 구의 행정기관에서 부과하고 징수하는 세금을 말하며, 이는 상, 하수도 및 소방 등과 같은 지역주민의 이익과 지역 발전을 위해 사용된다.

<표 2-7> 보유 단계별로 부과되는 국세와 지방세

<table>
<tr><th rowspan="2">구분</th><th rowspan="2">국세</th><th colspan="2">지방세제</th></tr>
<tr><th>지방세</th><th>관련 부가세</th></tr>
<tr><td rowspan="3">취득세</td><td>인지세(계약서 작성시)</td><td rowspan="3">취득세</td><td rowspan="3">농어촌 특별세(국세)
지방교육세</td></tr>
<tr><td>상속세(상속받은 경우)</td></tr>
<tr><td>증여세(증여받은 경우)</td></tr>
<tr><td>보유세</td><td>종합부동산세
(일정 기준금액 초과시)
농어촌특별세
(종합부동산세 관련부가세)</td><td>재산세</td><td>지방교육세
공동시설세
도시계획세</td></tr>
<tr><td>처분시</td><td>양도소득세</td><td>지방소득세(소득분)</td><td>해당없음</td></tr>
</table>

2) 부동산 취득시 내야 하는 세금

부동산을 취득한 후 등기하면서 내야 하는 세금으로는 먼저 취득세가 있다. 부동산 취득이란 부동산을 매매, 신축, 상속, 증여, 교환 등의 방법에 의하여 유・무상으로 취득하는 것을 말한다. 이와 같이 부동산을 취득하게 되면 그 취득한 사실을 제3자에게 알리고 권리를 보장받기 위해서 반드시 등기를 하여야 하는데, 이때 등기에 따르는 절차가 바로 취득세・등록세의 납부이며 이것을 납부해야만 비로소 부동산의 주인이 된다.

부동산을 취득한 사람은 취득세와 함께 농어촌특별세와 지방교육세를 납부해야 한다. 그리고 매매계약서를 작성할 때 인지세를 납부해야 한다. 부동산을 증여 또는 상속받았을 경우에는 증여세와 상속세를 납부해야 한다. 한편 부동산 취득에 소요된 자금의 출처를 소명하지 못할 경우에는 증여세를 납부해야 한다.

3) 부동산 보유시 내야 하는 세금

종전에는 보유한 부동산에 대하여 건물은 재산세가 토지는 종합토지세가 과세되었다. 그러나 2005년부터는 주택은 건물과 토지를 통합하여 재산세와 종합부동산세가 과세되고 일반건물은 재산세만 과세된다. 토지는 종합합산대상 및 별도합산대상로 나누어 재산세와 종합부동산세가 과세된다. 재산세에는 지방교육세 · 지역자원시설세, 종합부동산세에는 농어촌특별세가 덧붙여 부과된다.

4) 부동산 양도시 내야 하는 세금

마지막으로 보유 부동산을 처분할 때는 국세인 양도소득세를 납부해야 하며 이에 따른 지방세인 지방소득세 소득분도 함께 납부해야 한다.

양도소득세란 자산에 대한 등기 또는 등록에 관계없이 매도 · 교환 · 법인에 대한 현물출자 등으로 인하여 그 자산이 사실상 유상으로 이전되는 말한다. 양도소득이라 함은 토지 · 건물 · 부동산에 관한 권리 등 자본적 자산의 가치가 상승함으로써 발생하는 소득을 말하며 일반적으로 자본적 자산의 시가 또는 처분가액에서 그 취득가액 등 필요경비를 공제한 차익이 양도소득이 된다.

제2편 주거용 부동산

제3장 주거용 부동산의 변화

임 순 애

제1절 우리나라 주거형태의 변화과정

1. 시대상을 반영하는 주거의 형태

주거형태를 살펴보면 그것은 먼 과거로부터 현재까지 놀라울 정도로 그 당시의 시대상을 잘 반영하고 있음을 알 수 있다. 원시부터 현재까지 우리의 주거가 어떻게 변화되어 왔는지 아주 간략하게 살펴보자.

언제부터 한반도에 사람들이 살기 시작하였는가에 대해서는 학자들간에 다툼이 있다. 그러나 적어도 구석기시대부터 한반도에 사람들이 살기 시작했다는 것은 분명해 보인다. 구석기시대의 사람들은 주로 나무열매를 따 먹거나 사냥을 하거나 물고기를 잡아 생활하였다. 이러한 식량채집생활로 인해 한 장소에 정착하지 못하고 이동생활을 하였다. 그에 따라 주거의 형태도 그냥 노천에 거주하거나 동굴에 살거나 또는 강가에 막집을 지어 생활하는 형태였다. 그러나 신석기 시대부터는 본격적으로 농사를 짓기 시작하면서 자연스럽게 한 장소에 정착하게 된다. 정착생활을 함에 따라 인간의 주거 형태는 비약적으로 발전하였다. 구석기시대의 주된 주거형태였던 동굴을 점차 벗어나 땅이나 조개무지를 파고 그 위에 둥글거나 네모진 움집을 짓고 살았다. 그리고 <그림 3-1>에서 보는바와 같이 추위를 피하기 위해 집안에 화덕이 들어오고 식량이나 농기구를 보관하기 위한 장치들이 발명된다. 또한 청동기시대에 접어들면서 농사를 짓는 도구의 재료들이 돌에서 금속으로 바뀌었다. 그에 따라 생산이 비약적으로 늘어났다. 당연히 집의 규모가 커지고 농작물을 저장하는 장소는 집밖으로 이동한다. 신석기시대와 청동기시대에는 땅을 밑으로 파서 집을 지었으나 철기시대로 접어들면서 땅위에 집을 짓게 된다. 집의 구조는 더욱 단단해지고 난방을 위해 온돌이 등장한다.

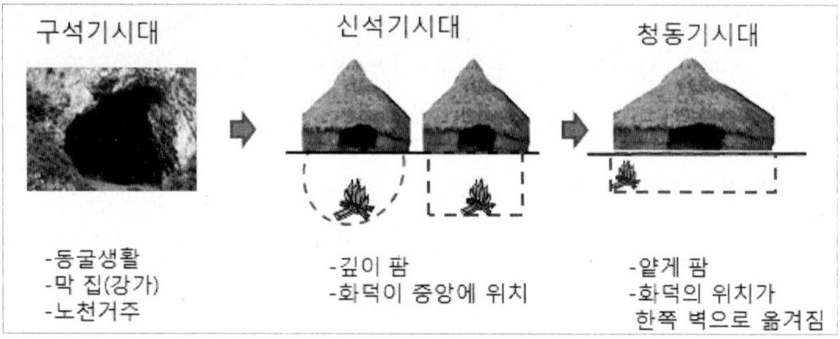

<그림 3-1> 구석기~청동기시대의 주거 형태

삼국시대와 고려시대를 거치면서 지배체제가 정비되고 사회의 구성원들은 크게 지배층과 피지배층으로 양분된다. 지배층은 규모가 큰 기와집에 살고 피지배층은 그보다 못한 초가집에 살게 된다. 그 이후 조선시대에는 엄격한 유교문화가 지배하였다. 조선시대의 엄격한 신분제도는 주거의 형태에 큰 영향을 끼쳤다. 각 신분에 따라 주택의 크기와 모양이 엄격하게 제한되었다. 특히 엄격한 남녀의 구별은 주택 내에서 남자의 생활공간(사랑방)과 여자의 생활공간(안방)이 분리되는 결과를 초래했다.

1876년 강화도조약이 체결된 이후 우리나라는 일본 및 구미열강과 수호통상조약을 체결하게 된다. 그에 따라 자연스럽게 외국인 거주지역이 등장하고 그들의 건축양식은 우리의 주거생활에 어느 정도 영향을 미치게 된다. 특히 일본식 주택이 많이 지어져 그 중 몇 개는 지금까지도 전해져 내려오고 있다. 특히 1942년 설립된 조선주택영단(대한주택공사의 전신)은 표준설계도와 시멘트 기와, 콘크리트 기초, 철망식 벽체, 유리 창문 등의 새로운 건축자재, 대규모 주택단지와 집합주택의 대량건설 등을 제시함으로써 주거형태에 대한 우리의 인식을 변화시키는데 일조를 한다.

1945년 해방과 함께 우리는 새로운 희망에 부풀지만 그것도 잠시, 6.25전쟁으로 우리의 주거는 폐허로 변한다. 그 이후 도시화와 산업화로 인해 주택의 수요가 급증하는데, 이러한 변화에 발맞추어 아파트라는 새로운 주거 형태가 1950년대 말에 출현한다. 대부분의 13평(약 43㎡)이나 17평(약 56㎡)의 소형으로서 5층 규모로 지어졌으며, 난방수단은 주로 연탄보일러형태를 취하고 있었다. 엘리베이터가 없어 겨울이면 연탄배달부가 계단을 통해 연탄을 배달하는 풍경이 자주 목격되었다. 아침 · 저녁으로 손수 연탄을 갈아야 하는 등 지금으로 보면 불편하기 짝이 없는 것이었지만 그 당시에는 나름 '신세대 신주거'의 상징이었다. 1970년대로 접어들면서 아파트는 10층이상으로 고층화 되고 대규모로 변모한다. 그리하여 '아파트 단지'라는 말이 새로이 등장한다. 하나의 아파트 단지 안에 여러 동이 동시에 건축되었으며 아파트 주민을 위한 상가가 따로 형성되었다. 평형 또한 20평(약 66㎡)에서 42평(약 139㎡)까지 대형 평수가 도입되었다. 요즘에는 30평(약 99㎡)이 그리 큰 아파트가 아니지만 그 때 당시는 매우 큰 아파트에 속했다.

그래서 "대체 돈이 얼마나 많길래 30평짜리 아파트에 살지? 나처럼 17평 아파트에 사는 사람은 거기 들어갔다가 현관문을 못 찾아서 나오지도 못하겠다."라는 우스갯소리를 종종 하기도 하였다. 1990년대 초반 신도시 건설과 함께 아파트는 더욱 고층화, 고급화・대형화된다. 2000년대에 접어들면서 한 동의 아파트 안에 상업시설과 주거시설이 동시에 들어서는 주상복합 아파트가 등장하고 아파트의 고층화는 더욱 진전되어 50층이 넘는 초고층 아파트가 속속 들어서게 되었다. 이와 같은 아파트의 초고층화는 조망권을 중요시하는 요즘 사람들의 선호가 반영된 결과라고 하겠다.

위에서 살펴본 것처럼 주거의 형태는 그 시대의 사회 변화와 구성원의 삶의 방식에 따라 변화 되어 왔다고 할 수 있다.

2. 최근의 주거형태

주거용 부동산에 투자하여 남보다 높은 이익을 실현하기 위해서는 주택의 흐름이 어떻게 흘러가고 있는지 정확하게 파악하고 있어야 한다. 여기서는 우리 주변에서 흔히 볼 수 있는 단독주택과 아파트에 대한 선호도가 어떻게 변해 왔는지 살펴보고, 나아가 미래의 주거형태는 어떠한 변화가 있을지에 대해 간략하게 살펴보기로 한다.

1) 단독주택에서 주상복합아파트까지

주변에서 흔히 볼 수 있는 주택의 형태는 크게 단독주택, 일반아파트, 주상복합아파트 정도이다. 얼마 전까지만 하여도 우리에게 가장 친숙한 주택의 형태는 단독주택이었다. 그러나 어느 순간 아파트가 그 자리를 대신하고 있다. 이는 통계상으로도 명확하게 나타나고 있다. 2011년 7월에 통계청이 발표한 자료에 의하면, 2010년 11월 1일 현재 아파트에 거주하는 가구 수는 816만 9000가구로 전체 가구의 47.1%를 차지하고 있다. 이에 비해 단독주택에 거주하는 가구 수는 686만 가구로 전체 가구의 39.6%를 차지하는데 그치고 있다. <그림 3-2>에서 보는바와 같이 1980년대에는 단독주택이 전체가구의 거의 90%를 점유하여 대부분의 주택이 단독주택이었다. 30여년이 흐른 지금은 아파트가 전체 가구수의 거의 50%를 차지하고 있다.

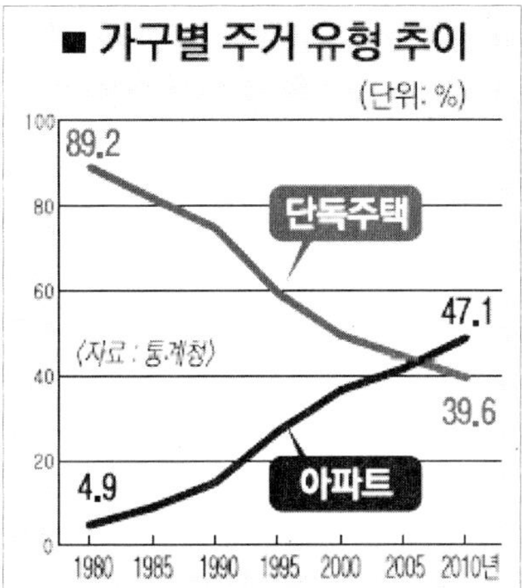

<그림 3-2> 가구별 주거 유형 추이

자료 : 통계청, 서울신문(2011.7.8)에서 재인용

왜 이러한 변화가 생겼을까? 우리나라의 특수한 환경인 좁은 국토라는 요인뿐만 아니라, 주거의 편리성을 추구하는 사람들의 기호 등이 이러한 변화를 이끌어 낸 주된 원동력이라고 할 수 있다.

1950년의 6.25사변으로 인해 우리의 국토는 거의 전부 파괴되다시 피 하였다. 전쟁이 끝난 후 가장 시급한 일은 생활의 기본이 되는 주택을 복구하거나 새로 짓는 일이었다. 그리고 그 이후 급속히 진전되는 도시화와 산업화로 인하여 주택의 수요는 폭발적으로 증가하였다. 이러한 상황 하에서 열악한 주택보급률을 획기적으로 끌어올릴 수 있는 방안이 절실하였는데, 이에 가장 잘 부합하는 것이 아파트였다. 아파트는 단독주택에 비해 동일한 면적의 토지위에 더 많은 주택을 비교적 단기간에 지을 수 있다는 장점이 있다. 이러한 연유로 인해 아파트는 자연스럽게 우리의 생활 속에 진입하게 된다. 그리고 우리나라는 인구에 비해 국토가 매우 좁은 국가이다. 자연히 땅값이 비쌀 수밖에 없다. 특히 기반 시설이 잘 갖추어진 도심에 위치한 땅의 가격은 매우 높다. 이러한 곳에 단독주택을 소유한다는 것은 굉장한 재력을 가지지 않고는 불가능한 일이다. 자연히 가구당 소요되는 토지의 면적이 적은 아파트를 건축하게 된다. 그렇게 보면 왜 우리나라의 도심에 위치한 주택의 대부분이 단독주택이 아닌 아파트인지 쉽게 이해할 수 있을 것이다.

아파트는 단독주택보다 많은 사람들(특히 주부들)에게 선호되고 있다. 아파트는 층간 소음문제나 사생활 보호 등 여러 가지 문제를 지니고 있다. 그럼에도 불구하고 왜 이러한 현상이 발생하고 있는 걸까? 우선 관리비가 적게 든다. 날씨가 추운 나라나 더운 나라는 각각 그 기후에 맞게 주택의 형태가 발달해 왔다. 그런데 우리나라는 사계절의 변화가 뚜렷하기 때문에 주택의 구조를 어느 한쪽에 맞출 수가 없다. 따라서 여름에는 냉방비가 겨울에는 난방비가 많이 들게 된다. 그런데 아파트는 맨 위층과 맨 아래층을 제외하고는 앞면과 뒷면을 제외한 윗면과 아랫면, 그리고 왼쪽 면과 오른쪽 면을 이웃집과 접하고 있어 냉·난방비를 절약할 수 있다. 그리고 단독주택은 그 구조상 끝없이 수리를 하지 않으면 안 된다. 이에 비해 아파트는 단독주택에 비해 유지·보수비가 더 적게 든다. 보안에 있어서도 아파트가 단독주택에 비해 훨씬 유리하다. 그리고 아파트가 단독주택에 비해 선호되는 가장 큰 이유는 주부들이 사용하기 편리한 구조로 되어 있다는 것이다. 이와 같은 관리비의 문제, 보안상의 문제, 구조상의 편의성 때문에 아파트는 짧은 기간 동안 급속하게 증가하여 이제는 단독주택을 압도하게 되었다.

주거의 편의성을 추구하는 사람들의 욕구는 주상복합아파트라는 새로운 개념의 아파트 형태를 낳게 된다. 주상복합아파트는 한 동의 건물 안에 주거기능과 상업·업무기능이 다 들어있는 형태이다. 주상복합아파트가 출현한 후 그 인기는 하늘을 찌를 만큼 높았다. 대부분 고층으로 지어지는 관계로 조망이 탁월하고, 한 단지 내에서 쇼핑과 의료·금융서비스를 모두 받을 수 있는 소위 '원스톱 라이프스타일'이 가능하여, 한동안 주상복합아파트는 많은 사람들의 선망의 대상이 되었다.

그러나 주상복합아파트도 시간이 흐르면서 많은 단점들을 드러내게 되었다. 우선 고층으로 건축되는 관계로 건축비가 많이 들어 분양가가 주변 일반 아파트보다 훨씬 높다. 그리고 30층 이상의 초고층인 탓에 창문이 일반아파트와 다른 폐쇄형인 경우가 대부분이어서 자연환기가 불가능해 강제환기시스템을 설치해야 하는데 이러한 환기시스템은 시간의 경과에 따라 여러 가지 위생상의 문제점을 드러내게 된다. 무엇보다도 관리비가 일반 아파트보다 훨씬 많이 드는 것이 가장 큰 단점 중의 하나이다. 여러 가지 단점들이 나타나면서 주상복합아파트의 인기가 예전만 못한 것이 사실이다.

2) 새로운 주거개념

지금까지 주거의 발전 형태를 보면 '단독주택→아파트→주상복합아파트'로 흘러 왔음을 알 수 있다. 그러면 앞으로의 주거형태는 어떻게 발전될까? 미래의 주거형태를 예측하는데 있어서는 크게 두 가지를 고려하여야 한다. 하나는 주거의 편의성을 끝없이 추구하는 인간의 본성이다. 다른 하나는 에너지의 고갈과 지구온난화라는 위기에 직면해 있는 우리의 현실이다.

① 복합단지

복합단지는 흔히 '단독주택－아파트－주상복합아파트'를 잇는 4세대 주거공간으로 불린다. 주거 외에 업무, 상업, 문화 등 상호보완이 가능한 용도를 합리적인 계획에 의해 서로 밀접한 관계를 가질 수 있도록 연계 개발하는 복합용도개발 개념을 도입한 새로운 형태의 주거양식이라고 할 수 있다. 한 단지 안에 주거, 상업, 업무, 교육, 공공기능이 압축되어 있기 때문에 문을 나서면 대형백화점과 대형할인점을 비롯한 쇼핑시설과 비즈니스시설, 그리고 다양한 문화시설과 교육시설 등의 혜택을 누릴 수 있어 현재로서는 가장 완벽한 주거형태라고 할 수 있다. 이러한 복합단지 개발은 편리한 주거환경을 요구하는 수요자의 욕구를 충족시킬 수 있는 한편, 도시 개발용지 부족과 구도심 공동화문제를 한꺼번에 해결할 수 있는 대안으로 떠오르고 있다.

복합단지에 부유층이 몰리는 것은 전 세계적인 흐름이 되고 있다. 일본 도쿄의 롯폰기 힐즈(Roppongi Hills), 독일의 미디어파크(Media Park), 프랑스 파리의 라데팡스(La Defense), 미국의 블룸버그타워와 타임워너 센터(Time Warner Center) 등이 대표적인 사례로 꼽힌다. 우리나라에서는 이 중에서 특히 일본의 롯폰기 힐즈가 자주 언급되고 있다. 롯폰기 힐즈는 일본 도쿄 미나모토구 롯폰기에 위치한 복합단지로서 장장 17년의 공사기간을 거쳐 2003년에 완성된 도심재개발 사업의 하나이다. 롯폰기 힐즈 안에는 초고층아파트, 오피스, 영화관, 호텔, 쇼핑센터, 식당가 등이 밀집해 있어, 폼 나게 일하고, 놀고, 먹고 생활하는 것이 이 단지 안에서 모두 가능하도록 되어 있다. 이곳에 하루 동안 모여드는 인구만 약 10만 명 선인 것으로 알려져 있다.

<그림 3-3> 롯폰기 힐즈

자료 : 위키백과

우리나라에서는 경남 창원시 의창구에 위치한 더 시티7이 일본의 롯폰기 힐즈를 벤치마킹한 복합단지로 유명하다. 연 면적 43만m²에 오피스텔, 각종 쇼핑몰, 특1급호텔, 트레이드센터, 교육문화센터 등의 시설이 들어서 있다. 그리고 부산의 해운대구에 위치한 센텀시티도 대표적인 복합단지의 하나로 언급되고 있다.

그러나 복합단지도 몇 가지 문제점들이 지적되고 있는데 그것들을 들어보면 다음과 같다. 먼저 복합단지는 그 개념상 대규모의 용지를 필요로 하는데 그와 같은 용지 확보가 그리 간단한 문제가 아니라는 것이다. 또한 복합단지는 장기간에 걸쳐 사업이 진행되는 관계로 사업이 완성될 때 까지 어떤 변수가 발생하여 사업의 진행이 방해받을지 알 수 없다. 그리고 일본의 롯폰기 힐즈처럼 복합단지가 극소수의 부유층을 위한 주거단지로 전락할 가능성이 있다는 것이다.

② 타운하우스(town house)와 그린홈(green home)

주거의 새로운 경향으로 타운하우스를 들 수 있다. 영국에서 태동한 타운하우스는 아파트와 단독주택 장점을 취한 구조로 2~3층짜리 단독주택을 연속적으로 붙인 형태를 말한다. 우리나라에서는 커뮤니티 시설을 갖춘 고급 연립주택 단지나 단독주택 단지를 일컫는다. 타운하우스는 단독주택과 아파트의 장점을 겸한 것으로 2~3층의 단독주택이 10~100가구씩 모여 정원과 담을 공유하며 창과 문은 주택의 전면과 후면에 배치하여, 저밀도 집합주택이나 아파트의 층간소음, 화장실 배수음 등의 문제가 적고, 공동야외식탁이나 테니스장, 수영장 등의 레저시설을 설치해 입주민 커뮤니티 형성이 용이하다. 또한 개인의 프라이버시를 보호하면서 동시에 방범 · 방재 등 관리의 효율성을 높인 주거형태이다. 국내에도 웰빙 붐을 타고 틈새시장으로 개척되면서 많은 주택전문가들은 10년 후 아파트 '대항마'가 될 주거유형으로 저밀도 공동주택인 타운하우스를 꼽았다.

한편 에너지위기와 지구온난화가 낳은 신 주거개념인 그린홈을 들 수 있다. 세계적인 석유기업 영국 석유기업(BP)이 2009년 6월에 내놓은 '세계 에너지 통계자료 2008'에 의하면 2007년 말을 기준으로 전

세계의 석유는 약 41년 후면 전부 고갈된다. 천연가스도 61년 후면 완전히 고갈된다. 이와 같은 화석연료의 고갈은 인류의 생존자체에 대한 중대한 위협이 되고 있다.

또한 화석연료의 대량소비로 인한 온실가스배출의 증가는 지구온난화현상을 초래하였는데, 이러한 지구온난화현상을 그대로 방치할 경우 지구평균기온의 상승에 따른 기상재해의 증가와 자연생태계의 변화 등으로 막대한 경제적 손실이 발생하고 그 손실규모는 시간이 갈수록 큰 폭으로 증가할 것으로 예상된다. 한편 <그림 3-4>에서 보는 바와 같이 전 세계적으로 보면 2005년 현재 세계 에너지의 38%를 건물이 소비하고 있는 것으로 나타나 최종에너지 소비 중에서 가장 많은 비중을 차지하고 있다.

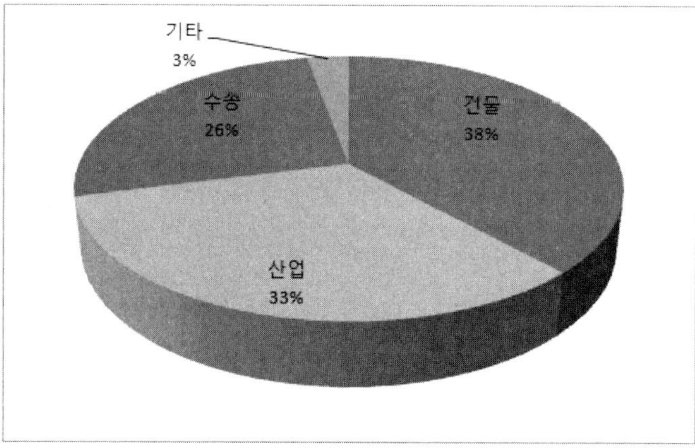

<그림 3-4> 글로벌 부분별 최종 에너지 사용 비율

자료 : 이승언(2009) "기후변화 대응 건물 에너지 정책의 국제적 추세와 방향", 한국친환경설비학회제도 및 기술발전 심포지엄

인류의 생존을 위협하는 위와 같은 에너지 고갈의 문제와 지구온난화현상에 대응하여 화석연료의 사용을 최대한 억제하여 온실가스의 배출을 최소화하도록 고안된 주거의 형태가 그린홈이다.

선진국에서는 그린홈의 대중화를 목전에 두고 있다. 먼저 독일에서는 난방에너지의 90% 절감이 가능한 주택이 건립되어 보급 중에 있다. 영국의 경우는 2016년부터 모든 신축주택에 대해 이산화탄소 제로 주택(Zero Carbon Home)을 의무화하는 정책을 추진하고 있다.

우리나라도 향후 그린홈이 대대적으로 보급될 예정이다. 20011년 6월 8일에 열린 제11차 녹색성장위원회 보고대회에서 지식경제부와 국토해양부는 2020년까지 그린홈 200만 가구를 보급한다는 계획을 발표하였다.

그린홈이 우리사회에 주된 주거형태로 뿌리내리기 위해서는 여러 가지 난관을 극복하여야 한다. 그 중에서 가장 큰 난관은 비용문제이다. 업계에 따르면 기존 주택 대비 에너지 사용량을 60% 이상 절감하려면 전용면적 85㎡ 기준으로 공동주택의 총분양가가 2억 원일 때 분양가의 20%인 4천만 원가량 분양가격이 더 상승할 것으로 추산된다. 이와 같은 비용문제를 어떻게 극복하느냐가 그린홈의 보급·확대에 대한 가장 큰 난관이 될 것으로 생각된다.

제2절 주거용 부동산의 종류

주거용 부동산은 사람이 거주하면서 생활하는 시설물을 말한다. 이러한 주거용 부동산으로는 아파트, 단독주택, 오피스텔, 다세대주택,

원룸, 도시형생활주택, 빌라(맨션, 연립), 전원주택, 펜션 등 여러 가지가 있다.

이 절에서는 주거용 부동산을 단독주택과 공동주택으로 크게 둘로 구분하고 나머지는 기타로 나누어 살펴본다.

1. 단독주택

단독주택은 하나의 세대가 하나의 건축물 안에서 독립된 주거생활을 영위할 수 있도록 지어진 주거의 한 형태이다. 공동주택에 비해 상대적으로 개인의 취향에 맞는 주거계획을 세울 수 있는 장점이 있다. 단독주택은 다시 단독주택, 다중주택, 다가구 주택, 공관 등으로 나누어진다. 여기에서는 공관을 제외한 단독주택, 다가구주택, 다중주택 등에 대해 살펴보기로 하자.

단독주택은 우리가 일반적으로 생각하는 단독주택을 생각하면 된다. 단독주택은 개별적인 택지안에 대문과 정문이 들어서는 3층 이하의 건물이다. 크기에 관계없이 1세대로 취급하는 특징이 있으며, 가족 수는 문제 삼지 않는다.

다가구주택은 다중주택과 가장 크게 구별이 되는 것으로 독립된 주거형태를 갖추고 있다는 점에서 다중주택과 구별된다. 주택으로 쓰이는 층수(지하층은 제외 함)는 3개층 이하이다. 한 동의 건물 내에서 주택으로 쓰는 바닥면적(지하주차장 면적은 제외)의 합계가 660㎡ 이하이고 19세대 이하가 거주할 수 있도록 되어 있는 구조이다.

다중주택은 학생 또는 직장인 등의 여러 사람들이 장기간 거주할 수 있는 구조로 되어 있지만, 독립된 주거형태를 갖춘 것은 아니다. 고시원을 생각하면 된다. 고시원은 원래 각종 고시 및 시험을 준비하는 장기 수험생들을 주 대상으로 하는 주거시설이나, 수험생 이외의 사람들도 비용이 다른 주거 시설보다 싼 까닭에 많이 찾고 있다. 다중주택은 일반적으로 3개층 이하로 연면적이 330㎡ 이하이다.

2. 공동주택

하나의 건축물 안에서 각각 독립된 주거생활을 영위하는 각 세대가 건축물의 벽, 복도, 계단이나 그 밖의 설비 등의 전부 또는 일부를 공동으로 사용하는 구조로 되어 있는 주택을 공동주택이라고 한다. 주택법에서는 이러한 공동주택의 유형으로 아파트, 연립주택, 다세대주택, 기숙사 등을 들고 있다. 여기서는 그 이외에도 도시형생활 주택, 오피스텔, 주상복합시설 등에 대해서도 살펴보기로 한다.

다세대주택은 한 건물에 다수의 세대가 거주할 수 있도록 주거공간이 별도로 분리되어 있다. 다세대주택은 주택으로 쓰이는 층수가 4개층 이하이고 1개동의 연면적은 660㎡ 이하(지하주차장 면적은 제외)이다. 연립주택은 주택으로 쓰이는 층수가 4개층 이하이고 1개동의 연면적은 660㎡(지하주차장 면적은 제외)를 초과하는 공동주택을 말한다.

아파트는 주택으로 쓰이는 층수가 5개층 이상의 모든 공동주택을 말한다. 기숙사는 학교나 공장에서 학생이나 종업원을 위해 사용하는 것으로 공동취사는 가능하나 개별취사는 불가능하며 독립된 주거의 형태를 갖추지 아니한 것을 말한다.

3. 기타

도시형생활주택은 도시지역에서만 허용되는 1~2인 가구를 위한 소형주택을 말한다. 세대수는 300세대 미만이며 도시형생활주택의 유형으로는 단지형 연립주택, 단지형 다세대주택, 원룸형 주택 등이 있다.

오피스텔은 오피스와 호텔의 합성어로 사무실을 주로 하고 일부 숙식을 할 수 있는 건축물이다. 주거로 사용되는 부분이 50%미만이어야 한다. 그리고 주택으로 등록되지 않기 때문에 1가구2주택에 해당이 되지 않으며, 건축법상 업무시설로 분류된다. 그러나 오피스텔을 사실상 주거용으로 사용하고 있으면 세법상으로는 주택으로 다루어짐을 주의하여야 한다. 따라서 오피스텔 외에 다른 주택을 소유하고 있으면 다주택자로 인정되어 오피스텔을 매도할 때 양도소득세가 중과될 수 있다. 또한 다른 주택 없이 주거용으로 사용하는 오피스텔 한 채만 보유하였다가 매도하는 경우 3년 보유 등 비과세 요건을 구비하면 양도소득세 비과세혜택을 받을 수도 있다.

주상복합시설은 주거공간과 주거 외 시설(상업, 업무, 서비스)이 복합된 건물을 의미한다. 도심에 위치하여 교통이 편리하고, 내부에 문화·오락·편의·상업시설 등이 들어서 생활이 편리하다. 그러나 도심의 교통체증과 교육 및 놀이공간의 부족 등으로 주거환경이 안 좋은 단점도 있다. 주상복합시설은 도심공동화 현상을 막고 도심 내에 직장을 갖고 있는 사람들에게 주거공간을 제공한다는 점에서 그 의의가 있다. 도심 인구가 많이 증가하고 도시중심지역에 아파트 개발이 어려워 주상복합시설은 앞으로 확대될 것으로 예상된다.

제3절 재테크와 주거용 부동산

로버트 기요사키와 샤론 레프트가 쓴 『부자 아빠 가난한 아빠』라는 책이 한때 크게 유행한 때가 있었다. 그 책에서 강조하였던 핵심 중의 하나는 "부자가 되려면 부동산에 관심을 가져라." 라는 것이다. 주식투자의 귀재인 피터린치도 "최소한 내 집 마련 후 주식에 투자 한다." 라는 원칙을 강조하였다.

부자 중에서 부를 축적하기위한 목적으로 부동산을 배제한 사람이 아무도 없다. 따라서 우리는 평소 부동산 관련 지식을 끝없이 연마하고 나아가 실전에서도 강해질 수 있도록 항상 우리 자신을 단련하여야 할 것이다.

일반적으로 부동산에는 크게 두 가지가 있다. 일반적으로 땅이라 말하는 토지와 그 토지에 고정되어 벽, 지붕, 기둥이 있는 공작물인 건축물을 말한다. 여기에서는 이해를 쉽게 하기위해 주거용 부동산과 상업용 부동산, 토지에 한정해서 살펴보도록 한다.

1. 주거용 부동산과 토지

아래의 <표 3-1>에서 보는바와 같이 주거용 부동산에 투자하는 경우와 토지에 투자하는 경우를 비교했을 때, 주거의 용도로 사용하면서도 투자의 목적도 동시에 달성할 수 있다는 점이 주거용 부동산의 가장 큰 장점이라고 할 수 있다. 그리고 토지에 투자하기 위해서는 매우 까다로운 권리분석이나 수익성분석이 필요한데 비해 주거용 부동산의 경우에는 비교적 권리분석이나 수익성 분석이 쉬운 점도 장점이라고 할 수 있다. 부동산 권리분석은 부동산소유권의 내용이 어떻게 이루어지고 있는가를 판정하는 것을 말한다. 부동산소유권은 누구에게 있고 어떠한 내용을 지니는가 하는 것을 알기 위한 일련의 과정이기도 하다. 부동산권리분석에 관한 여러 정의에서 공통적인 점을 추출하면, 대체로 안전한 부동산활동을 목적으로 부동산권리에 대한 상태나 흠을 정확히 인식하기 위한 작업이라 할 수 있다

수익률에 있어서는 토지에 투자하는 경우가 주거용 부동산에 투자하는 경우보다 더 유리한 것으로 알려져 있다. 하지만 주거용 부동산의 경우 토지보다 매도하기가 훨씬 수월하기 때문에 환금성의 측면에서는 주거용 부동산이 훨씬 더 유리하다고 하겠다.

<표 3-1> 주거용 부동산과 토지 투자의 비교

구분	주거용 부동산	토지
특징	• 주거목적과 투자의 목적을 동시에 달성할 수 있다. • 권리분석과 수익성 분석이 용이	• 투자목적이 대부분 • 투자에 적합한 양질의 토지를 찾는 것이 어렵다
수익률	• 보통	• 더 높다
안전성(환금성)	• 유리	• 불리

2. 주거용 부동산과 상업용 부동산

주거용 부동산을 구입할 때, 시세차익도 매우 중요하게 생각하지만 대부분의 경우 주거용 부동산을 구입하는 근본적인 목적은 주거의 용

도로 사용하기 위함이다. 이에 반해 상업용 부동산은 보통 소비자를 상대로 서비스, 재화 등 모든 경제적 가치를 지닌 것들에 대한 상행위가 이루어지는 부동산을 말한다. 상가가 대표적인 상업용 부동산이다. 그렇다면 상가는 어떤 목적을 가지고 구입할까? 임대수익이 목적인 경우가 많다. 물론 상가를 구입하여 직접 그 상가에서 사업을 할 수도 있겠지만 사업하는 사람들의 대부분은 다른 사람의 상가를 세를 주고 빌리는 경우일 것이다.

이해를 쉽게 하기 위해 아파트를 예를 들어 설명해 보자. 아파트는 그 규모나 모양이 정형화되어 있는 경우가 대부분이다. 그래서 아파트는 초보자나 비전문가도 현재 가치나 미래가치를 파악하기가 쉽다. 그만큼 투자하기가 용이한 것이다. 그러나 상가는 그 용도가 다양이다. 그래서 상가의 현재가치나 미래가치를 분석 · 평가하는 것은 매우 어렵다. 상가에서 높은 임대수익을 올리거나 상가에서 직접 사업을 하여 높은 수익을 올리기 위해서는, 나아가 차후 매도시 높은 시세차익을 실현하기 위해서는 입지조건을 포함한 상권이 좋아야 한다. 그런데 일반 사람들이 이러한 상권을 분석하는 것이 결코 쉽지 않다. 그만큼 투자시 위험부담을 감수하여야 한다는 것이다. 따라서 상가는 아파트에 비해 투자가 쉽게 이루어지지 않지만, 그 대신 수익률은 상대적으로 높다고 할 수 있다.

토지에 투자하는 경우와 마찬가지로, 수익률의 측면에서는 상가가 주거용 부동산에 비해 유리하고 환금성의 측면에서는 상가가 주거용 부동산에 비해 유리한 것으로 알려져 있다.

주거용 부동산에 투자하는 경우와 상가에 투자하는 경우를 요약하여 정리하면 <표 3-2>와 같다.

<표 3-2> 주거용 부동산과 상업용 부동산 투자의 비교

구분	주거용 부동산	상업용 부동산
특징	• 주거목적 • 규모나 모양이 정형화되어 있다 • 투자가 쉽다	• 임대수익이 목적인 경우가 대부분 • 용도가 다양하다 • 상권분석이 어렵다 (투자가 쉽지 않다)
수익률	• 보통	• 높다
환금성	• 유리	• 불리

제4절 주거용 부동산의 투자 포인트

주거용 부동산은 상가나 토지에 비해 투자하기가 비교적 쉽고 용이하다. 주거용 부동산 투자시의 고려해야할 부분이 많이 있겠으나, 이 절에서는 투자 포인트를 단순화하기 위해서는 세 가지 정도만 소개한다.

1. 부동산의 종류와 경제 상황에 맞는 적절한 전략을 구사하여야 한다.

아파트의 경우 역세권, 미래 발전가능성이나 단지 조망권 등 입지여건이 좋은 것을 골라야 하며 아파트 단지의 규모나 브랜드 등 입지여건 등도 신중하게 고려하여야 한다. 단독주택의 경우에도 입지여건을 면밀하게 조사한 후 투자하여야 한다.

오피스텔이나 원룸의 경우에는 투자대비 임대수익률을 우선 고려 대상으로 삼아야 한다. 정기예금의 이자율은 대체적으로 4% 이상을 얻을 수 있는데, 부동산에 투자시 최소한 정기예금 이상의 수익을 얻을 수 있어야 한다.

부동산 경기가 불황일 때는 오피스텔, 도시형생활주택 등을 포함한 소형 위주로 투자하는 전략을 수립하는 것이 유리하다. 다만 소형평형의 과열현상으로 공급이 많아지면 본격적인 입주 시기에 가격이 하락할 수 있어 중형아파트의 희소가치가 부각될 수도 있음을 유념하여야 한다.

2. 부동산 순환 사이클을 고려하여야 한다.

부동산경기는 호황기, 후퇴기, 불황기, 회복기를 주기적으로 반복하는 특징을 지니고 있다. 그 각각의 단계에 따라 가격과 거래량이 차이를 보이고 각각 다른 특징들이 나타난다. 주거용 부동산에 투자할 때도 이와 같은 부동산 순환 사이클을 잘 활용하여야 한다.

부동산 순환 사이클을 잘 설명하는 이론으로 '벌집순환이론'이 있어 소개하면 다음과 같다. 벌집순환모형(Honeycomb Cycle Model)은 주택시장의 외부환경이 일반적인 경기 사이클과 비탄력적인 주택공급의 영향을 받아, 주택시장 내부의 거래량과 가격의 관계가 <그림 3-5>와 같이 일정한 육각형의 패턴을 나타내면서 시계 역방향으로 변동・순환한다는 이론이다.

벌집순환모형은 주택시장의 수급에 대하여 1차 시장과 2차 시장으로 구분한다. 주택거래는 2차 시장에서 더 빈번할 수 있기 때문이다.

1차 공급자는 수요자가 아닌 건설업체 또는 주택을 팔고 다시 구매하지 않는 공급자를 말하며, 1차 수요자는 자기 주택을 팔지 않고 새로 또는 평생 처음 구매하거나 외부로부터 진입하는 경우이다. 그러므로 1차 수요와 공급은 서로 독립적이며 그 차이에 의해 시장변동이 일어난다. 2차 수요자와 공급자는 동일 시장 내에서 자기 주택을 팔고 다른 주택을 구매하는 경우로서 수요자인 동시에 공급자이다. 그래서 2차 수요와 공급은 동일한 양으로 일어난다고 가정하며 가격보다는 거래량 변동이 크다.

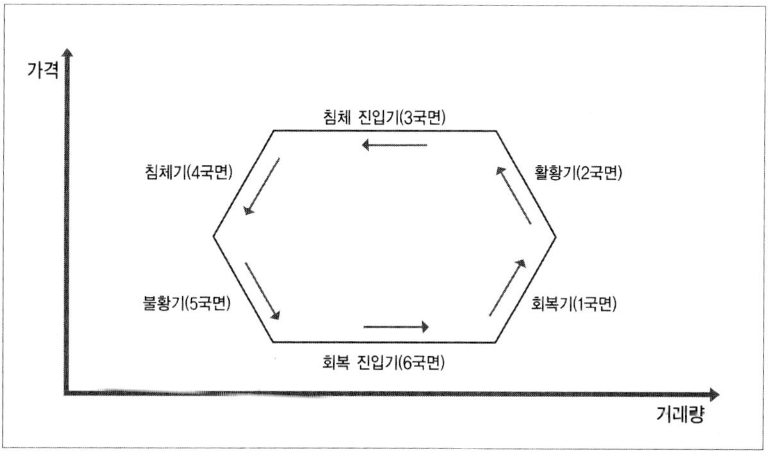

<그림 3-5> 벌집순환모형

벌집순환모형에 의한 주택시장의 순환은 6개 국면으로 나타나는데 각 국면은 주택시장의 내·외부환경, 1·2차 시장(공급의 시차, 공급자와 수요자의 반응), 거래와 가격의 관계를 통해 주택시장의 전환점 예측을 설명 할 수 있다.

제1국면(회복기)은 경제의 전망이 밝은 국면이다. 신규 진입자로 1차 시장의 수요는 증가하므로 거래량이 늘어나고, 공급자는 공급을 늘리기 원하지만 공급의 비탄력성으로 인해 공급이 탄력적으로 증가하지 않는다. 이로 인해 가격이 상승한다. 2차 시장에서는 공급자가 늘어나 거래는 늘어나지만 가격에는 영향을 미치지 못한다.

제2국면(활황기)에서는 가까운 미래에 대해 부정적인 전망이 증가한다. 건설업의 불투명한 전망으로 1차 시장공급자는 착공을 줄이기 시작하고 거래량도 줄어들지만, 가격이 오르기 전 시장진입을 원하는 1차 수요는 계속 증가하여 가격은 상승한다. 2차 시장의 참여자들은 불안한 경제전망 때문에 이사계획을 연기하게 되어 거래량은 축소된다.

제3국면(침체 진입기)에서는 거래량은 추락하고 가격상승은 정지하며 경기는 나쁘게 전망된다. 1차 수요는 증가를 멈추거나 떨어지기 시작하며 1차 공급자는 신규공사를 멈추며 시장에 진입할 필요성을 느끼지 않는다. 그러나 생산의 지체효과 때문에 이미 착공되었던 주택의 공급은 계속되며 1차 공급량은 수요보다 더 높거나 같아진다. 한편 2차 시장의 수요와 공급은 하락하고 거래규모도 줄어든다.

제4국면(침체기)은 제1국면의 반대 국면으로 모든 가계가 경제적인 슬럼프에 빠져 있으며 가격과 거래량이 모두 줄어든다. 1차 공급자는 경기전망을 더욱 어둡게 보고 전보다 공급을 더 줄이지만 완공된 물량이 수요 감소보다 커 가격은 하락하며 1차 수요의 감소는 빠르게 진행된다. 2차 시장의 거래량도 하락하고 경직된다.

제5국면(불황기)은 경제적 낙관론이 대두되면서 주택시장의 외부환경에 대한 전환점으로 가격은 하락하나 거래량은 증가한다. 1차 시장은 신규공사를 착공하지만 아직 수요보다 공급이 많아 가격하락은 지속된다. 2차 시장은 제3국면에서 금융에 의해 집을 샀던 대출만기로 거래량이 증가하면서 가격이 떨어진다.

제6국면(회복 진입기)은 경기가 회복세에 진입하여 가격은 안정되고 거래량도 증가한다. 1차 수요는 증가하나 1차 공급이 아직 높은 수준에 도달하지 않았기 때문에 가격은 안정되어 있다. 2차 수요는 연기되었던 이사계획을 실현하기 위한 수요로 거래량이 증가한다. 경기가 계속 좋아진다면 소비자의 안정적 전망에 의해 1차 수요가 증가하고, 생산주기 때문에 1차 공급이 바로 증가할 수 없어서 가격은 다시 오르기 시작할 것이다.

지금까지 벌집순환모형이론을 통한 부동산 순환 사이클을 살펴보았고, 이를 요약하면 <표 3-3>과 같다.

<표 3-3> 벌집순환모형의 해설

주택경기	일반경기	지표방향	수급요인	정부정책과 금융현상
제1국면 (회복기)	경기호조	거래량↑ 가격↑	• 경기호조로 실수요 증가	• 규제완화책 유지 • 주택담보대출 확대
제2국면 (횔횡기)	둔화조짐	거래량↓ 가격↑	• 가격상승 지속으로 가수요 가세 • 매도자의 가격 상승기대로 매물 감소	• 저수위의 부동산시장 안정대책 발표
제3국면 (침체진입기)	경지침체 가시화	거래량↓ 가격보합	• 경기침체와 실수요 감소로 수급 균형 • 현재가격에서 매도사와 매수자 공방	• 후속안정책 발표 • 가격안정과 규제책으로 담보대출 억제
제4국면 (침체기)	경기침체 본격화	거래량↓ 가격↓	• 제1-2국면(상승기) 분양물량의 입주 시작으로 공급과잉 • 불황심화로 실수요와 가수요 위축	• 규제 수위조절 및 부분적인 완화책 발표
제5국면 (불황기)	경기저점 탈피조짐	거래량↑ 가격↓	• 가격하락세 유지로 수요위축세 지속 • 제3분기(침체기) 분양물량 감소에 따른 입주물량 감소와 현재 주택가격에 대한 바닥인식으로 조금씩 거래 성사	• 건설경기 회복을 위한 규제완화책 발표

제6국면 (회복진 입기)	경기회복 가시화	거래량↑ 가격보합	• 경기회복으로 실수요 증가 • 현재가격 수준에서 거래량 증가	• 규제완화책 확대 • 신규담보대출 재개

주 : 이때 순환의 단계별 기간이 어느 정도일지는 부동산 전반적인 흐름에 의해 결정된다(정부정책, 건설경기, 국내·외 경기 등을 고려하였다).

3. 사고파는 시점이 중요하다.

1) 적절한 구입 시기란 부동산 가격이 바닥이 보일 때이다.

부동산의 바닥징후는 부동산 침체가 계속되다가 가격이 더 이상 내려가지 않을 때이다. 또한 미분양 부동산의 급증에 따른 부정적인 뉴스가 연일 계속되고, 법원 경매 물건이 증가하며 분양권의 프리미엄이 마이너스로 돌아서고 건설사 부도 및 분양 일정이 연기되고 정부에서 부동산 활성화 정책을 발표하는 시기이다

그리고 부동산의 바닥탈출 시기는 부동산 전문가들 간에 바닥논쟁이 화두가 되고, 금리인하 및 경기선행지표 및 무역흑자 소식 및 신규분양공급의 청약 열기 보도와 낮은 예금금리로 인해 예금보다는 실물투자로 자금이 이동하는 시기이다. 이로 인해 부동산 거래도 조금씩 증가하는 시기이며 풍부한 유동성으로 인해 투자심리가 살아나는 시기로써 주거용 부동산 구입의 적기이다.

2) 무릎에서 사서 어깨에서 팔아라

매도 시기는 분양시장이 활성화 되고 건설인·허가 신청이 많아지고 분양 공급이 늘어나며 분양권에 프리미엄이 과다하게 오르고 누구나 투자 하고자 할 때이다. 또한 실수요시장은 가수요의 발생으로 인해 1

세대당 2~3채의 청약 현상이 발생하는 가수요시장으로 전환되며, 투기과열 현상이 언론에서 연일 기사화되고 정부의 부동산규제정책에 관한 관심이 최고점에 달하는 시기이다. 이 시기 이후에는 부동산 거래가 줄어들고 정부가 부동산규제정책을 발표하며 미분양이 발생하고 거래가 거의 정지 상태에 이르고 부동산의 가격은 하락하기 시작한다.

매도 시기와 관련된 가장 중요한 원칙은 "무릎에 사서 어깨에 팔아라"이다. 최고점에 팔면 수익이 최고가 되겠지만, 거래량이 급감하여 매도시기를 놓칠 경우 손실을 볼 수도 있다. 실수요시장에서 가수요시장으로의 전환될 때, 즉 누구나 분양 받고자 하는 현상이 일어날 때 적절한 매도시점으로 판단하면 될 것이다.

제4장 아파트

황 두 환

제1절 아파트의 등장과 시장동향

1. 등장배경

우리나라에 아파트가 등장하게 된 배경을 보면, 산업발전에 따른 도시 확대와 인구증가, 그리고 그로 인한 사회변화 등이 자리잡고 있음을 알 수 있다. 산업이 발전함에 따라 인구의 도시집중화 현상이 심화되었고 이로 인해 도시의 주거공간이 부족하게 되었다. 그리하여 좁은 땅에서 많은 사람들이 거주할 수 있는 주거공간인 아파트가 등장하게 되었다.

1970년대 박정희 정권은 경제개발로 인해 서울의 인구 유입이 급증하게 되자 대규모로 아파트건설을 추진하였다. 1970년 후반부터 1986년 아시안게임, 1988년 서울올림픽 등을 거치면서 서울 강남일대가 주된 주거벨트로 형성되었다. 강남의 아파트 가격이 폭등하면서 아파트 투자로 인한 시세차익이 저축으로 모은 것의 수십배가 되는 현상이 자주 발생하였다. 이 당시 사회 전반에 만연하였던 아파트 투자 열기는 이러한 현상의 당연한 결과물이라고 하겠다.

주거형태는 초가집에서 '양옥단독 → 빌라 → 연립 → 아파트'로 변화되었다. 아파트가 등장하게 된 주된 이유는 인구의 증가, 경제발전으로 인한 삶의 질의 향상, 가족 구성원의 변화, 공동체보다는 개인을 중시하는 삶의 태도의 변화, 편리성과 보안성 등에 대한 욕구, 복잡한 도시 구조와 한계적인 토지 등 이러한 모든 상황을 충족시킬 수 있는 주거 트랜드로 아파트가 대안이 될 수밖에 없었기 때문이다.

1990년부터 2007년도까지 주거 형태별 가격 상승률을 보면 아파트는 75% 상승하고 연립은 15% 상승하였으나 단독은 7% 하락하였다. 안전성과 환금성이 용이한 아파트가 전체 주거형태 중에서 차지하는 비중은 약 53%를 넘고 있다. 아파트는 주거의 대다수를 차지하고 있으며 주거의 편리성이 뛰어나며 수요와 공급이 원활하게 이루어지고 있고, 주거 선호도에서 1위인 만큼 앞으로도 가장 손쉽게 구입할 수 있는 주거용 부동산이 될 전망이다. 즉, 수요와 공급에서 타 주거용 부동산보다 아파트의 선호도가 높다는 의미이며, 시세의 형성 파악도 쉬워 환금성이 높기 때문에 아파트 투자의 안전성이 높다 하겠다. 아파트는 대단위 위주로 개발되고 첨단시스템 및 홈네트워크 등 편리성을 갖추고 있으며, 관리사무실을 통한 건물유지 및 보수등도 타 주거용 부동산에 대한 아파트의 장점이라 할 수 있다.

단독이나 연립주택 같은 경우 완공 후 5~6년만 경과해도 매매가격이 상승하기보다는 가격이 정체되거나 하락하는 경우가 대다수이며 재개발 등이 이루어지기 전까지는 가격이 계속 하락하는 현상을 보인다. 이에 비해 아파트는 가격하락이 거의 없고 대부분 주변의 신규 공급가격이 높게 형성됨에 따라 가치가 동반 상승하는 현상이 나타난다. 이와 같이 아파트는 주거의 편의성과 투자가 동시에 가능하다고 할 수 있겠다.

투자 측면에서도 아파트는 비교적 투자하기 쉬운 편이다. 부동산에 투자할 때는 현재가격과 미래가격 예측이 중요한데, 아파트 가격은 공인중개소사무소나 은행 홈페이지, 국토해양부 홈페이지 등에서도 실거래가를 조회할 수 있어 가치파악이 쉽다. 미래 가치도 주변의 환경변화 즉, 개발여부, 인구증가율, 주거선호지역 등의 변화를 통해 다른 부동산에 비해 비교적 쉽게 분석할 수 있다.

2. 아파트시장 동향

아파트시장은 양극화 현상을 보인다. 양극화란 주거선호지역과 그렇지 못한 곳 사이에 아파트 가격과 사회적 인프라의 격차가 심한 것을 말한다. 지역별로 보면 학군이나, 교통, 생활편의시설이 좋은 곳과 고소득자가 많이 사는 곳에서는 가격이 오른다. 특히 고소득층이 많이 주거하는 곳은 소비가 많아 쇼핑몰을 비롯한 상업시설과 스포츠시설 등 편의시설이 잘 갖추어져 있어 일반적인 지역의 아파트보다 가격상승폭이 높은 것이 현실이다.

한 지역만이 아니라 지방자치단체별로도 양극화 현상이 발생되고 있다. 예를 들면, 울산, 거제와 같이 소득수준이 높은 지역은 산업체도 잘 운영되어 세금이 늘어 주민 편의시설, 공원 등이 잘 가꾸어져 살기 좋은 곳으로 변모하고 이는 삶의 질의 향상과 동시에 부동산 가격의 상승을 초래한다.

또, 아파트는 중소형 평형이 강세를 보이는데, 부동산 경기에 따라 중소형 평형 또는 대형 평형이 강세를 나타나는 경우도 있다. 일반적으로 부동산 경기가 호황일 때는 평형에 관계없이 전반적으로 오르지만 대형 평형의 상승폭이 더 크며 부동산 경기가 하락 추세인 경우는 중소형 평형이 강세를 보이는 것이 일반적인 현상이다.

과거 일부 계층에서는 넓은 규모의 집을 소유하고자 하는 욕구가 있었으나 최근에는 IMF 및 세계금융위기 등으로 소득과 가족 구성원이 줄어듦에 따라 실질적인 규모의 평수를 결정하는 추세로 중소형을 선호하는 경향이 뚜렷하게 나타나고 있다. 또 중소형의 경우 수요자의 폭이 넓고 거래가 활발하여 환금성도 뛰어난 편이다.

아파트 가격의 하락과 상승은 공급물량과 밀접한 관련이 있다. 실물경기가 좋아져 경기가 활성화되면 그 지역에 아파트 공급물량을 증가시키게 되고 초기에는 분양이 잘 되어 가수요가 증가한다. 그러나 차츰 분양공급이 수요에 비해 증가될 경우 수요자 부족에 따른 분양 저조로 이어지고, 가수요자의 계약물량은 매매 과정에서 프리미엄이 점점 사라져 이후에는 역프리미엄까지 생겨난다. 즉, 2~3년 뒤 입주물량의 과다로 인해 가수요자 간의 매매경쟁과 대출이자 증가 등으로 인해 가격은 더욱 하락하고 투자금액의 손실이 발생할 수도 있다.

우리나라의 인구 증가율은 둔화되고 있고 2020년 이후는 인구가 감소될 것으로 예상된다. 저출산에 의해 유소년의 인구는 감소하는 반면, 평균수명의 증가로 인해 고령인구는 급속히 증가될 것으로 예상된다.

인구감소 추세와는 달리 가족 구성원수의 감소로 인해 일반가구 수는 늘어나고 있다. <그림 4-1>에서 보면 인구증가율은 감소추세를 보이고 있다. <표 4-1>의 인구 및 가구 수 변화를 보면 여성의 사회진출에 따라 결혼 연령이 높아지고, 이혼, 고령화 등과 가족 구성원의 다양화로 인해 1~2인 가구 증가가 예상되어 소형 주택 수요는 증가 될 것으로 예상된다. <그림 4-1>과 <그림 4-2>를 비교해보면 가구증가율은 둔화되고 있지만 인구증가율 보다는 높게 나타난다.

결론적으로 1인~2인가구의 증가로 인해 단독주택이나 연립주택보다는 오피스텔, 아파트, 원룸, 도시형생활주택을 자가 거주나 전세보다는 월세 위주로 점유하는 형태가 늘어날 것으로 보인다. 이에 따라 중대형 수요는 감소하고 소규모 형태의 주택이 증가할 것으로 예상된다.

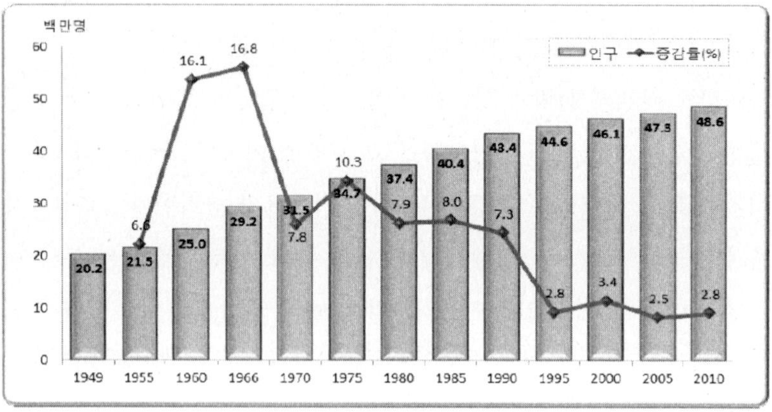

<그림 4-1> 연도별 총조사 인구 및 증감률

자료 : 통계청(2011), "인구주택총조사 전수집계결과[인구부문]", 보도자료(2011.5.31)

<표 4-1> 인구 및 가구 변동 추이(1980-2010) (단위 : 천 명, 천 가구, %)

조사연도	인구		가구		가구당 거주 인원
	인구수	증가율	가구수	증가율	
1980년	37,436	-	7.979	-	4.6
1985년	40,448	8.0	9.582	20.1	4.2
1990년	43,411	7.3	11.361	18.6	3.8
1995년	44,609	2.8	12.975	14.2	3.4
2000년	46,136	3.4	14.391	10.9	3.2
2005년	47,279	2.5	15,988	11.1	2.9
2010년	48,580	2.8	17,574	9.9	2.7

주 : 증가율은 5년 전 자료에 대한 비율이다.

자료 : 통계청(2011), "인구주택총조사 전수집계결과[가구・주택부문]", 보도자료(2011.7.7)

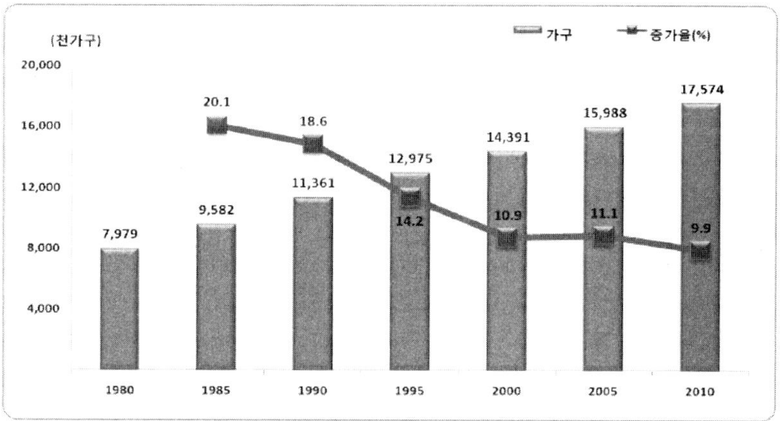

<그림 4-2> 연도별 총조사 가구 수 및 증가율(1980~2010)

자료 : 통계청(2011), "인구주택총조사 전수집계결과[가구 · 주택부문]", 보도자료(2011.7.7)

제2절 투자 대상별 구분

1. 일반 아파트

산업발전에 따라 경제활동이 빈번한 곳은 인구집중이 심화되어 출퇴근이 용이한 곳, 특히 버스, 전철 등 대중교통이 잘 발달한 지역의 아파트를 선호하게 된다.

최근에는 조망권도 아주 중요시 되고 있는데 같은 단지에서도 호수공원, 바다, 산 등을 조망할 수 있는 동 · 호수와 그렇지 않은 동 · 호수 간에, 그리고 같은 층이라도 조망이 좋은 동 · 호수와 조망이 안 좋은 동 · 호수와의 가격이 10% 내외로 차이가 발생되고 있다. 이는 거주자의 소득이 높거나, 비싼 아파트 일수록 또 계획된 신도시 선호지역 아파트일수록 더욱 더 뚜렷하게 나타난다.

입지가 좋은 아파트에서도 단지 규모가 클 경우 선호도가 높다. 단지규모가 클수록 관리비도 일반적으로 저렴하고 단지 내 녹지공간이 넓어 쾌적한 아파트 단지가 조성될 수 있다. 대단지 아파트는 규모가 큰 만큼 생활 편의시설과 스포츠센터, 커뮤니티시설, 단지 내 공원 등이 잘 갖추어져 있으며, 지역 내 랜드마크 아파트로 평가받아 비교적 매매가격이 높고 매매도 쉽게 이루어지는 편이다.

투자 시 교육환경과 주변 환경이 아주 중요한데 아파트 주변의 교통과 편의시설(백화점, 운동시설, 병원 및 기타)등이 잘 갖추어지고 학교와 학원 등이 인접해 있는 아파트가 선호도가 높다. 이와 달리 주변에 유흥가 및 혐오 시설 등이 있을 경우 아파트 가치는 하락하기 때문에 이러한 환경요인은 아파트 가격에 중요한 영향을 미친다.

아파트 주변에 동사무소나 구청, 경찰서 등과 상업시설이 있으면 각종 행정업무 등을 수월하게 볼 수 있고, 요즘에는 공공시설물 중 주민을 위한 운동 및 문화시설 등이 설치되어 있어 생활에 편리할 수 있으며, 상업시설이 근접해 있어 아파트 가치도 상승하게 된다.

아파트의 브랜드도 투자 시 고려사항 중 하나인데 아파트 회사의 브랜드 가치는 기업 이미지에 따라 소비자의 신뢰성이 달라 진다. 브랜드 가치가 높은 아파트는 가격상승도 상대적으로 높으며 신규분양 경쟁률도 다르게 나타나고 있다.

아파트를 분양 받을 때 평면도 중요 하게 고려하여야한다. 실제 거주할 공간으로서의 생활의 편리성과 방의 크기 및 수납공간, 통풍 등을 잘 살펴보아야 하고, 평면을 볼 때 전용면적과 서비스 면적 크기 및 활용도를 잘 체크해야한다.

예를 들면 3Bay 보다는 4Bay가 서비스 공간이 더 넓게 나와 상대적으로 더 선호되고, 마감재도 미적 감각을 잘 살린 인테리어가 선호도가 높다.

2. 재건축 아파트

도시정비사업에 관하여 연구하고 공부해야 할 내용이 너무 많지만 그 중 기본적으로 알아야할 내용을 살펴보기로 하자.

우리가 살고 있는 집이 오래되어 건물에 금이 가거나 수도, 가스배관 및 보일러 등이 고장이 나면 수리하거나 교체를 해서 사용할 수 있지만, 일정한 시간이 경과되면 더 이상 수리만으로는 집의 기능을 유지할 수 없게 된다. 도시의 인구증가로 인해 주택이 급격하게 증가하면 주거지역의 도시기반시설인 도로, 상하수도 등이 열악하게 되어 일정구역을 재정비해야 할 필요성이 발생한다. 이와 관련하여 도시정비사업의 발생 배경과 종류 및 방법 등을 살펴보기로 하자.

1) 도시정비사업의 의의 및 탄생배경

위에서 일부 언급한 바와 같이 주거하고 있는 집들은 오래 사용하다보면 노후화가 될 수밖에 없고 이는 주거하는데 불편할 뿐만 아니라 위험하여 열악한 환경이 조성될 수밖에 없다 그리고 산업이 발전됨으로써 인구가 증가하게 되고 이는 주택의 증가를 가져와 급격한 도시의 팽창은 결국 상하수도 및 도시기반시설 부족을 야기 시킨다. 해결 방법은 상·하수도, 도로 등의 확장이나 증가 등이 있는데 기존의 집을 그대로 유지하면서 도시기반시설을 확충하는 것은 곤란할 수밖에 없기 때문에 도시는 점점 더 슬럼화 되어 지역경제도 침체될 수밖에 없는 현상이 나타난다.

이러한 낙후된 도시지역에 대한 효율적인 기능회복과 쾌적한 환경조성을 위해 기존 도시를 계획적이고 체계적으로 재정비해야할 필요성이 대두되었다. 기존에는 「주택건설촉진법」에 의한 재건축사업, 「도시재개발법」에 의한 주택 및 도시재개발사업, 「도시저소득주민의 주거환경개선을 위한 임시조치법」에 의한 주거환경개선사업이 추진되었다. 그러나 이러한 개별법으로는 난개발의 우려가 커지게 되자 2003년 7월에 위의 개법 법률들이 「도시 및 주거환경 정비법」으로 통합되어 종합적인 관리와 일관성 있는 '선계획-후개발' 원칙에 준해서 체계적인 도시 관리를 시행하게 되었다. 「도시 및 주거환경 정비법」의 주된 목적은 도시기능 회복과 주거환경, 불량지역을 계획적으로 정비하고 노후화된 불량건축물을 효율적으로 개량하는데 있다.

2) 도시정비사업의 종류 및 방법

도시정비사업의 종류를 보면 첫째는 주택재건축사업으로 정비기반시설은 '양호'하나 노후 · 불량 건축물이 밀집된 지역에서 주거환경개선을 위해 시행하는 사업을 말하며, 둘째는 주택재개발사업으로 정비기반시설이 '열악'하고 노후 · 불량건축물이 밀집된 지역에서 주거환경개선을 위해 시행하는 사업을 말하며, 셋째는 주거환경개선사업으로 도시의 저소득주민이 집단으로 거주하는 지역으로 정비기반시설이 '극히 열악'하고 노후 · 불량건축물이 '과도'하게 밀집된 지역에서 주거환경개선을 위해 시행하는 사업을 말하고 넷째, 도시환경 정비사업으로 상업, 공업지역 등으로서 토지의 효율적인 이용과 도심과 부도심의 도시기능회복이 필요한 지역에서 도시환경을 개선하기 위해 시행하는 사업 등 4가지가 있다.

3. 주택의 재개발과 재건축

1) 차이점

앞에서 도시정비사업의 의미와 방법, 종류, 대상구역 등을 살펴보았다. 이중 일반적으로 재테크의 대상으로 흔히 접하는 주택재개발과 재건축의 다른 점은 무엇인지 알아보자.

재개발과 재건축 모두 도시 성장에 따른 노후화로 주민들이 생활하는데 불편함이 많고 같은 도시 내에서도 지역 간 불균형이 발생함에 따라 이를 개선을 하고자 하는 차원에서 추진된 것으로 주된 차이점을 살펴보면 건물이 노후화되어 불량건물이 밀집되어 있는 것은 공통적이나 재건축은 정비시설은 양호한 반면 재개발은 도로 등 정비기반시설이 열악한 지역이라는 점에서 차이를 보인다. 다시 말해서 건물만 새로 짓느냐 아니면 사업지역 내의 일대 도로 및 기반시설까지 새롭게 짓느냐에 차이가 있다. 또 토지나 건물의 소유자가 조합을 설립하여 민간사업으로 추진하는 방식은 같으나 다음 <표 4-2>와 같은 차이가 있다.

<표 4-2> 재건축과 재개발의 차이

구분	재건축	재개발
시공사 선정 시기	사업시행인가 후	조합설립인가 후
안전진단 시기	조합설립 인가 이전	불필요
조합의 권한	미동의자 매도청구소송	미동의자 토지수용권 부여
정비기반시설 지원 유무	지원 안됨	도로 등 기반시설 일부 지원

2) 투자의 이점

앞에서 언급한 것과 같이 주택재개발과 재건축으로 낡은 단독주택과 오래된 공동주택을 헐고 고층 아파트를 짓게 되면 기존 세대수보다 세대수가 증가하여 기존 조합원 세대가 입주하고도 남는 물건이 발생하고 이것을 일반인에게 분양하게 된다.

일반분양으로 인한 수입으로 개발비용을 충당하게 되는데 여기서 일반분양 수입과 개발비용이 어느 정도냐에 따라 조합원들의 추가 부담금이 결정된다. 대부분 새집을 짓게 되면 건축비용과 토지대 상승에 따라 추가 비용이 발생하게 된다. 개개인이 기존에 가지고 있는 대지지분과 신규로 집을 구입하고자 하는 평수에 따라 분담금 차이가 발생하는 것은 별개 문제로 하고, 일반분양으로 인한 수입으로 전체 개발비용을 충당할 수 없을 때 부족한 만큼은 전체 조합원이 부담하는 것이다. 그럼에도 불구하고 재개발 재건축에 투자를 하게 되는 주된 이유를 살펴보면 다음과 같다.

첫째, 시세가 상대적으로 저렴할 때 집을 사면 재개발 재건축이 진행되면서 집값이 오른다. 이유는 기존의 기반시설과 주거환경이 좋아지고 생활편리성이 향상됨에 따라 새집의 가격이 자연스럽게 오르게 된다.

둘째, 새 아파트를 구입하면 청약경쟁을 해야 하는데 조합원은 이미 입주권이 부여되어있어 경쟁이 필요 없게 된다. 일반적으로 개발 초기 단계에서부터 시세가 오르기 시작해서 개발이 본격화되면 개발단계별로 시세가 오르는 특성이 있다. 이러한 이유 등으로 일반인들의 재테크 수단이 되기도 한다.

개발이 본격화되기 전부터 개발이 진행되는 동안 적기에 낡은 집을 사두면 이후 시세가 뛰어 투자수익을 얻을 수 있다. 물론 재개발 재건축주택을 구입한다고 해서 모두가 투자수익을 올리는 것은 아니다. 조합원들의 이해관계로 인해 조합설립, 정비구역지정, 인허가 등에 보통 6년~10년 이상 소요되어 투자금 대비 이자수익률을 감안했을 때 별로 득이 되지 않을 때도 있다.

3) 수익률 분식방법

우리는 보통 투자 대비 수익률을 감안하여 계산하게 되는데 일반적인 아파트는 구입한 비용에 아파트 시세를 비교하면 쉽게 수익률을 도출해낼 수 있지만 재개발 및 재건축 아파트의 수익성을 분석하기 위해서는 기본적인 사항에 대해서 알아야 한다.

재개발이나 재건축을 추진하면 자기가 소유한 기존 집값(토지)과 새 집과의 차액을 부담하게 되는데 이때 추가 부담금에 따라 수익성이 달라지기 때문에 이와 관련하여 예상수익률을 파악하려면 우선 종전자산과 종후자산, 비례율, 조합원 권리가액, 대지지분, 무상지분율, 용적률, 건폐율 등을 알아야 한다. 이와 관련하여 하나씩 알아보기로 하자.

'종전자산'이란 집을 짓기 전의 가격 즉 토지 및 건축물을 감정 평가한 금액을 말하며 '종후자산'이란 재개발 및 재건축을 시행한 후 분양받는 대지 및 건축물의 평가액을 말한다. 재개발 및 재건축을 통해 얻은 총분양수입(조합원+일반분양)에서 사업을 위해 사용된 총비용을 뺀 것이 총사업이익이 된다. 이 총사업이익을 사업 이전의 건물과 토지 등의 총자산액으로 나누면 '비례율'이 된다. 수식으로 나타내면 다음과 같다.

$$비례율(\%) = \frac{사업을 통해 얻은 총분양수입액(추산) - 총사업비용}{종전토지 등의 소유자 총감정평가액} \times 100$$

이때 비례율이 높을수록 수익률이 좋다. 비례율을 산정하기 위해서는 종전자산가를 감정평가 해야 하는데 사업시행인가일 기준으로 2개 이상의 감정평가 기관에서 감정한 결과를 산술평균한 것이 최종감정평가액이 된다.

종전자산 감정평가금액에 비례율을 곱하면 조합원의 실질적인 권리가액이 된다. 그러면 조합원에게 분양하는 금액에서 조합원 권리가액을 뺀 나머지 금액이 추가로 부담해야할 부담금이 되는 것이다.

예를 들면 조합원 '갑'의 종전자산가액이 2억이고 전체조합원 총자산이 1,000억 원, 총사업비가 1,400억이고 종후자산총액이 2,500억 원이라면 비례율이 110%가 되고 조합원권리가액은 2억2천만 원이 된다. 만일 조합원아파트 분양가격이 2억5천만 원이면 조합원 추가부담금으로 3천만 원을 더 부담하면 된다.

'대지지분'이란 건물이 지어진 대지의 면적을 말한다. 아파트의 경우 공동으로 소유하는 전체 대지면적 중 세대별 주거전용면적 비율로 나누어진 세대당 대지면적을 말한다. 용적률이 높을 경우 대지지분이 적어지며 재건축시 대지지분에 따라 아파트의 가치가 달라진다. 아파트의 경우 대게 층수가 낮고 세대수가 적은 단지는 용적률이 낮아 대지지분이 넓다. 「무상지분율」이란 재건축과 재개발 사업을 할 때 기존 대지지분을 기준으로 조합원들에게 어느 정도의 면적의 집을 추가부담금 없이 부여할 수 있는가를 나타내는 비율을 말한다. 즉 무상지분율에 대지지분을 곱하면 신규분양 면적 중에서 조합원이 무상으로 받는 면적을 알 수 있다. 무상지분율 계산 방법은 다음과 같다. 재개발 재건축을 통해 얻을 수 있는 총분양수입 금액에서 총비용을 공제하면 전체개발이익이 나온다. 이것을 단위 면적당 분양가(즉 평당 분양가)로 나누면 무상지분면적이 나온다. 이것을 전체 대지면적으로 나누어 100분율로 표시한 것이 무상지분율이다. 무상 지분율을 예를 들어 계산해보면 다음과 같다.

기존 대지 면적이 10,000평인 아파트를 재건축했다고 가정해 보자. 분양총수입금액이 2,100억 원일 때 비용 1,000억 원이 사용되었다고 가정하면 전체개발이익은 1,100억 원이 된다. 이때 평당 분양가가 1,000만 원일 경우 전체개발이익 1,100억 원을 1,000만 원으로 나누어 주면 무상지분 면적 약 11,000평이 구해진다. 이렇게 구해진 11,000평을 전체대지면적 10,000평으로 나누어 준 후 100을 곱해주면 무상지분율 110%가 구해진다.

무상지분율이 110%라는 의미는 기존주택 대지지분이 20평일 경우 22평(20평×110%)은 추가부담 없이 확보할 수 있는 것을 말한다. 만약 평당 가격이 동일하고 개발이익이 1,300억 원일 경우 무상지분율이 약 130%정도가 되고 추가부담 없이 확보할 수 있는 면적은 약 26평이 될 것이다.

'용적률'이란 대지면적에 대한 (지상)연건축면적의 비율을 말한다. 용적률은 개발이익의 증감과 밀접한 연관성이 있다. 신규사업지의 용적률이 높아지면 분양면적이 증가하여 개발이익이 많아지고 추가 분담금이 적어진다.

결론적으로 기존 아파트를 매입 할 때는 대지 지분이 많은 아파트 즉, 층수가 낮고 세대수가 적어 용적률이 낮은 아파트가 용적률이 높은 아파트로 개발 될 가능성이 높은 아파트를 구입하여야 높은 수익성을 실현할 수 있다고 하겠다.

제3절 아파트 투자와 금융상품

1. 주택청약제도

1) 개요

기존의 집이나 아파트를 살 때는 부동산 중개소등을 통해서 구입하고자 하는 위치와 평형을 결정한 후 원하는 층수와 적정한 가격을 절충한 후 구입하면 된다.

그러나 신규 아파트(새로운 집)를 구입할 때는 대부분 주택청약제도를 통해서 구입하게 된다. 이때 분양 받는 절차와 자격요건을 국가가 법으로 정해 놓았는데 이를 '주택청약제도'라 한다.

청약제도는 시대별 사회현상을 잘 반영하여 변화해 왔다. 최근에 등장한 청약가점제는 가수요자를 차단하고 실수요자 위주로 청약제도를 개편한 제도이다. 청약가점제는 인구사회지표, 경제지표, 주거수준지표, 가입제도지표 등을 고려한 가점 및 가중치에 의해 산출된 종합점수에 따라 주택분양의 우선순위를 결정하는 제도이다.

주택청약과 관련된 내용을 간단하게 알아보면 <표 4-3>, <표 4-4>와 같다.

<표 4-3> 주택청약과 관련된 내용

구 분	내 용
주택기금	서민들의 내집마련 및 주거의 질 향상 목적으로 주택건설기금을 확보할 목적으로 조성된 자금을 말한다.
국민주택 등	국민주택기금의 자금을 지원받아 국가나 지방자치단체 및 한국주택토지공사(LH공사)또는 지방공사가 건설하는 주택 및 공공임대주택 등 전용면적 85㎡이하인 주택을 말한다.(단, 수도권을 제외한 읍, 면에서는 전용면적 100㎡이하 주택이 해당된다)
민간건설중형 국민주택	국민주택 중 국민주택기금을 지원받아 국가나 지방자치단체, 한국토지공사 또는 지방공사 이외의 민간건설업체가 건설하는 전용면적 60㎡초과 85㎡이하의 주택을 말한다.
민영주택	민간건설업체가 국민주택기금을 지원 받지 않고 분양하는 주택을 말한다.(85㎡ 이하를 국민주택규모 민영주택이라 부르기도 한다)
임대주택	국민주택기금으로 지원을 받아 건설하는 주택으로 국가나 지방자치단체 등에서 주관하면 공공건설 임대주택이고 민간건설에서 임대하면 민간건설임대주택이라 한다.

<표 4-4> 주택별 신청 가능한 통장

구분	국민주택 공공건설임대주택	민간건설 중형국민주택	민영주택	민간건설임대주택
청약통장유형	청약저축 주택청약종합저축	청약예금 청약부금 청약저축 주택청약종합저축	청약예금 청약부금 주택청약종합저축	청약예금 청약부금 청약저축 주택청약종합저축

아파트를 신규로 지어 분양하거나 신축 중에 있는 아파트를 분양할 때는 지방자치단체장으로부터 사업승인인가를 받은 후 입주자를 모집하기 위해서 분양내용을 승인 받게 된다. 이때 분양승인 받은 내용을 일간신문에 광고를 하거나 특정 지정장소에 게시를 하게 되는데 이것을 입주자 모집공고라고 한다.

입주자 모집공고의 주된 내용은 사업주체가 누구인지, 시공건설사가 누구며 어느 위치에 어느 정도의 규모로 누구에게 공급하며, 공급방법과 대상, 공급절차와 청약, 분양가격 등이다.

분양공고 일자가 청약자격과 거주지 주소기준이 되고 기존의 청약저축에서 예금으로의 변경도 입주자 모집공고일 이전까지 되어 있어야 한다.

일반적으로 모집공고일 전, 후로 분양광고를 하게 되는데 시행업체에서는 계약률 제고를 위해 긍정적인 내용 위주로 홍보를 한다. 반면 입주자 모집공고는 지방단체장의 승인을 받은 내용으로 공신력이 있기 때문에 일반 광고보다는 신뢰성이 있고 청약자 입장에서 알아야할 내용이나 주의할 사항 등의 정보 등을 담고 있기 때문에 입주자 모집공고를 꼼꼼히 살펴보아야 한다.

입주자 모집공고는 아파트의 동수 및 층수, 세대수 등과 함께 일반공급 세대수와 특별공급 세대수를 표기하고 있다.

공급대상이란 분양하는 한 세대당 건물과 대지지분을 나타내는 것으로 한 세대당 계약면적은 세대별 공급면적(일반적으로 분양평형을 말함)과 기타공동면적으로 나누어진다. 이중 세대별 공급면적은 주거전용면적과 주거공용면적으로 구분 된다. '주거전용면적'이란 각 세대

현관문 안의 침실, 주방, 거실, 욕실 등을 말하며 현관 전실과 발코니 면적은 서비스 면적으로서 제외된다.

'주거공용면적'은 다른 세대와 공동으로 사용하는 복도, 엘리베이터, 계단, 1층 현관 등을 말한다. '기타공용면적'은 지하주차장, 기계실, 관리실, 경비실, 노인정 등을 말한다.

아파트 구입 후 소유권 이전 시 등기부상에 등재되는 것은 주거전용면적만 등재되고 건축물 대장상에는 아파트 전체면적과 함께 주거전용면적과 주거공용면적이 기재된다.

공급금액은 분양가격으로서 대지비와 건축비로 구성되어 있다. 주거전용면적이 85㎡초과인 경우 통상적으로 부가가치세가 포함되어 있어 취·등록세 납부 시 분양가격에서 부가가치세액 만큼을 공제한 금액이 산출대상이 된다.

최근에는 같은 평형이라도 층별, 향별, 동별에 따라 분양가격을 차등하게 적용하고 있다. 또 분양가격에는 취·등록세, 발코니확장, 샤시 등이 포함되어있지 않다. 계약금, 중도금, 잔금 등 납부 과정을 살펴보면 다음과 같다. 계약금은 전체 금액의 20%(통상 10% 이내)이내로 결정되며, 중도금은 전체 공사비의 50%이상 투입된 때(단, 동별 건축공정이 30% 이상)를 기준으로 전, 후 2회 이상 분할하여 납부한다. 이때 전체공사비 50%란 부지 매입비를 제외한 것을 말한다. 그리고 사용검사일 이후 잔금납부 기간내에 잔금을 납부하고 등기이전을 하면 된다. 간혹 시공 진행상 세대입주는 가능한데 전체 준공이 되지 않아 임시사용승인을 받아 입주하는 경우가 있는데 이때는 전체 분양가에서 10%에 해당하는 금액을 제외한 잔금을 입주일에 납부하고 사용검사일 이후에 나머지 10%를 납부하고 등기이전 한다.

통상적으로 아파트 계약을 하고 나서 중도금을 납부일에 납부해야 하나 기존주택의 처분 및 전세금 등으로 인해 중도금을 현금으로 직접 납부하기가 어려운 경우 시행사에서 금융기관을 통해 중도금 대출을 알선하는 경우가 있다. 이때는 개인이 신용불량인 경우를 제외하고는 시공사의 대출보증으로 대출 받아 중도금을 지불하게 된다. 그리고 분양하는 지역 여건에 따라 중도금 이자를 무료로 하거나 중도금 이자를 시행사에서 먼저 지불하고 입주 시 돌려받는 등 다양한 형태가 나타난다.

아파트를 공급하는 방법은 그 시대의 필요성을 반영하여 다양하게 변화되어 왔다. 특별공급과 일반공급으로 나누어지고 과거 특별공급은 국가유공자 및 해외근로자 등 일부만을 대상으로 시행해 왔으나 고령화 사회와 인구증가율 감소를 우려하여 자녀를 많이 둔 가정에게 우선 공급하는 제도를 도입하게 되었다. 또 저소득 신혼부부들에게도 우선 공급제도를 도입하여 자녀수 증가를 장려하고 있다.

일반순위공급도 청약추첨제와 청약가점제를 병행하고 있다. 과거에는 1순위만 되면 추첨을 통해 당첨여부가 결정되었던 것을 85㎡이하 주택은 청약가점제를 통해서 분양하는 비율이 75%에 달하여 청약가점제를 더 중요시 하고 있다.

이러한 가점제도는 집 없는 서민을 위한 정책으로 도입되었다. 그리하여 무주택 기간과 청약통장가입기간 등이 길고 부양 가족수가 많은 사람들에게 당첨권을 주게 된다. 특별공급과 일반공급을 통해 당첨이 되기 위한 여러 가지 조건들을 자세하게 살펴보기로 하자.

2) 특별공급과 일반순위공급

① 특별공급

특별공급은 일반순위공급 보다 우선시 하기때문에 1회만 청약이 가능하고 향후에는 특별공급에서 제외시키고 있다. 이에 반해 일반공급은 당첨 후에라도 1순위가 되면 청약은 가능하고 투기과열지구의 경우는 5년간 1순위 청약은 배제되나 2순위 청약은 가능하다.

특별공급은 기타특별공급과 다자녀무주택세대주 특별공급, 신혼부부보금자리주택 등이 있다. 분양가상한제가 적용되는 주택을 분양 받은 특별공급자는 주택규모가 전용면적 85㎡ 이하인 경우 수도권에서는 5년 그 외 지역에서는 3년간 분양자격이 없어지고 85㎡ 이상 주택은 각각 3년간 1년씩 분양자격이 부여되지 않는다.

가. 기타특별공급

「주택공급규칙」 제19조(국가 유공자 등)에 해당하는 무주택세대주로서 세대원 전원(분리세대도 포함)이 무주택자여야 하며 단체기관장의 추천을 받아서 신청하면 되고 기타특별공급세대수는 전체 건설세대수의 10% 범위 내에서 공급한다.

나. 다자녀 무주택 세대주 특별공급

인구증가율 감소에 따른 지원혜택으로 만 20세미만 자녀가 3명이상일 경우 우선 혜택을 부여한다. 이때 입양한 자녀도 포함된다. 재혼자로 직계가 아닌 자녀를 부양 시에도 3명 이상이면 우선공급세대자로의 자격이 주어진다. 물론 모집공고일 현재 해당지역거주자이면서 무주택세대주라야 하며 청약통장에 가입하고 해당조건을 갖추어야 한다. 당첨자 선정방법은 아래 <표 4-5>의 배점기준에 따라 자녀수와 영유아수, 세대구성관계, 무주택기간 및 해당지역에 거주기간에 따라 배점을 적용하여 당첨자의 우열을 가리게 된다. 공급세대수는 전체건설 물량의 5%범위 내에서 공급한다.

<표 4-5> 다자녀 특별공급 배점 기준표

<table>
<tr><th colspan="2" rowspan="2">평점요소</th><th rowspan="2">총 배점</th><th colspan="2">배점기준</th><th rowspan="2">비고</th></tr>
<tr><th>기준</th><th>점수</th></tr>
<tr><td colspan="2">계</td><td>100</td><td></td><td></td><td></td></tr>
<tr><td rowspan="4">자녀수(1)</td><td rowspan="2">미성년자녀</td><td rowspan="2">40</td><td>4자녀이상</td><td>40</td><td rowspan="2">자녀(입양아포함)는 입주자모집공고일현재 만20세미만인경우만 포함</td></tr>
<tr><td>3자녀</td><td>35</td></tr>
<tr><td rowspan="2">영유아</td><td rowspan="2">10</td><td>2명이상</td><td>10</td><td rowspan="2">영유아는 입주자모집공고일 현재 만6세미만의 자녀</td></tr>
<tr><td>1명</td><td>5</td></tr>
<tr><td colspan="2" rowspan="2">세대구성(2)</td><td rowspan="2">10</td><td>3세대이상</td><td>10</td><td rowspan="2">세대주와직계존속이 입주자 모집공고일 현재부터 과거3년이상 계속하여 동일한 주민등록등본에 등재-직계존속은 배우자의 직계존속을 포함하며 3세대는 직계존비속으로 구성</td></tr>
<tr><td>2세대</td><td>5</td></tr>
<tr><td colspan="2" rowspan="3">무주택기간(3)</td><td rowspan="3">20</td><td>세대주 40세 이상
무주택기간 10년 이상</td><td>20</td><td rowspan="3">입주자모집공고일 현재 세대주, 배우자, 직계존비속을 포함한 세대원 전원이무주택자이며 무주택기간은 세대주 및 배우자의 무주택기간을 산정</td></tr>
<tr><td>세대주 35세 이상
무주택기간 5년 이상</td><td>15</td></tr>
<tr><td>무주택기간 5년 미만</td><td>10</td></tr>
<tr><td colspan="2" rowspan="4">당해 시·도 거주기간(4)</td><td rowspan="4">20</td><td>10년 이상</td><td>20</td><td rowspan="4">세대주가 당해지역에 입주자모집 공고일 현재로부터 계속하여 거주한 기간
-시는 특별시·광역시기준, 수도권은 서울·경기·인천지역 전체를 당해 시·도로 봄</td></tr>
<tr><td>5년 이상~10년 미만</td><td>15</td></tr>
<tr><td>1년 이상 ~5년 미만</td><td>10</td></tr>
<tr><td>1년 미만</td><td>5</td></tr>
<tr><td colspan="6">(1).(2) 주민등록등본이나 가족관계증명서로 확인 (3)국토해양부 등 주택소유 전산 확인 (4)주민등록 등본이나 주민등록 초본으로 확인</td></tr>
</table>

다. 신혼부부 보금자리주택

보금자리 주택은 공공재정 또는 정부기금을 지원받아 분양이나 임대를 목적으로 공급하는 주택을 위주로 하고 있다. 물론 일반 민영건설에서도 신혼부부 보금자리주택을 공급하고 있다. 정부에서는 보금자리주택공급을 확대해 나갈 계획이다.

자격이 있는 신혼부부라도 다음과 같이 일정소득이하 등 일정조건을 충족해야 한다. 세대의 월 평균소득이 전년도 도시근로자 월 평균소득의 100%(배우자가 소득이 있을 경우 120%이내)이내여야 한다. 단 4인 이상인 세대는 가구원수별 가구당 월 평균소득이내여야 한다.

이때 배우자 소득이 120%이내라도 부부 중 1인이 전년도 도시근로자 평균소득의 100%를 넘지 않아야 한다. 가구당 소득산정대상은 만 20세 이상인 세대원을 말한다. 2010년도 도시근로자 가구당 월평균소득은 <표 4-6>과 같다.

<표 4-6> 2010년도 도시근로자 가구당 월평균소득(통계청 고시)

구 분	2010년도 도시근로자 가구원수별 가구당 월평균 소득		
	3인 이하	4인	5인 이상
도시근로자 가구당 월평균 소득	4,007,671원이하	4,447,007원이하	4,709,765원이하
배우자 소득이 있는 경우 (도시근로자 가구당 월평균소득의 120%)	4,809,205원이하	5,336,408원이하	5,651,718원이하

② 일반순위공급

일반순위공급이란 특별공급을 제외한 모든 사람이 해당 순위에 따라 청약할 수 있는 주택공급이다. 아래 <표 4-7>에 의해 일반순위공급상의 주택청약순위에 살펴보기로 하자.

<표 4-7> 주택청약 순위

<table>
<tr><th>순위</th><th colspan="2">순위 발생 요건</th></tr>
<tr><td rowspan="5">1순위</td><td>청약예금</td><td>가입 후 2년이 경과 된 자(수도권 외 지역은 6개월 이상)</td></tr>
<tr><td>청약부금</td><td>가입 후 2년이 경과되고, 매월 약정일에 납입한 금액이 지역별 해당 예치금액 이상인 자(수도권 외 지역은 6개월 이상)</td></tr>
<tr><td>청약저축</td><td>가입 후 2년이 경과되고 매월 약정납입금을 24회 이상 납입한 자로 납입금액이 해당 예치금액 이상, 최초 입주자 모집공고 전일까지 해당 청약예금으로 전환한 자(수도권 외 지역은 6개월 이상)</td></tr>
<tr><td>주택청약종합저축</td><td>가입 후 2년경과, 매월 적립금액이 지역별 예치금액 이상인 자</td></tr>
<tr><td colspan="2">※ 비투기과열지구에서 공급하는 주택에 청약신청 할 때 청약예금 또는 부금에 가입한 1순위인 자 중 다음에 해당하는 자는 1순위로 청약할 수 없으며 2순위로만 청약이 가능
- 2주택(토지임대부 주택의 경우에는 1주택)이상을 소유한 세대에 속한 자(당첨자와 그 세대원 및 주민등록이 분리된 배우자와 그 세대원 전원)
※ 이에 해당하는 자는 2순위로만 청약이 가능하며, 가점제 적용에 따라 각각의 주택당 5점씩을 가점점수에서 차감함.</td></tr>
<tr><td rowspan="4">2순위</td><td>청약예금</td><td rowspan="4">1순위자 중에서 입주자 모집공고일 현재 2주택이상을 소유한 자 (배우자 세대원 포함)</td></tr>
<tr><td>청약부금</td></tr>
<tr><td>청약저축</td></tr>
<tr><td>주택청약종합저축</td></tr>
<tr><td>3순위</td><td colspan="2">1순위 및 2순위에 해당되지 않는 자</td></tr>
<tr><td colspan="3">1순위 및 2순위자 중 동일 순위 경쟁 시에는 무주택기간, 부양가족 수 및 청약통장 가입기간 기준으로 산정한 가점점수가 높은 순서로 당첨자를 결정한다.</td></tr>
</table>

일반순위공급은 최초 입주자 모집공고일 현재 해당지역에 거주하는 세대주 또는 20세 이상인 자로 해당지역 이외 지역에서 청약예금 가입 후 해당지역에 주거를 이전하는 자는 신청일 현재 해당지역 청약예금 예치금액으로 변경하면 청약이 가능하다. 지역별 청약예금 예치금액은 <표 4-8>과 같이 주택전용면적과 지역에 따라 청약예치금을 달리하고 있다.

<표 4-8> 지역별 청약예금 예치금

주택전용면적	서울 및 부산 광역시	기타 광역시	기타 시·군 지역
85㎡ 이하	300만 원	250만 원	200만 원
85㎡ 초과 102㎡ 이하	600만 원	400만 원	300만 원
102㎡ 초과 135㎡ 이하	1,000만 원	700만 원	400만 원
135㎡ 초과	1,500만 원	1,000만 원	500만 원

청약가점제도는 동일순위 내에서 경쟁이 있을 경우 무주택기간, 부양가족 수 및 청약통장 가입기간을 기준으로 산정한 가점점수가 높은 순으로 당첨자를 산정하는 제도를 말한다. <표 4-9>는 청약가점제를 실시하는 방법과 가점 항목별 점수 및 방법을 나타내고 있다.

<표 4-9> 청약가점제

구 분	내 용
대상지역	청약실시 지역
해당주택	민영주택 및 민간건설중형국민주택(1,2순위 청약자)
가점항목별 점수	무주택기간(32점), 부양가족 수(35점), 청약통장 가입기간(17점)
가점상한	0~84점

<table>
<tr><td rowspan="4">청약대상자</td><td>순위</td><td>가점제</td><td>추첨제</td></tr>
<tr><td>1순위</td><td>무주택자</td><td>1주택보유자(2주택 이상 2순위 신청 가능)</td></tr>
<tr><td>2순위</td><td>2주택이상 감점</td><td>-</td></tr>
<tr><td>3순위</td><td>-</td><td></td></tr>
<tr><td rowspan="3">가점적용방법
(전용면적별)</td><td>85㎡ 이하</td><td colspan="2">일반공급 분양세대의 75% 가점제(25% 추첨제)로 당첨자 선정</td></tr>
<tr><td>80㎡ 초과</td><td colspan="2">• 같은 순위에서 채권매입예정금액이 높은 순으로 당첨자 선정
• 채권매입예정금액이 같을 경우 잔여세대수의 50%를 가점점수가 높은 순으로 당첨자 선정</td></tr>
<tr><td>공통</td><td colspan="2">가점제 낙첨자는 별도 신청절차 없이 추첨제에 의한 당첨자 선정 대상자에 포함하여 추첨</td></tr>
</table>

주택규모에 따른 당첨자 선정방법은 아래 <표 4-10>과 같다.

<표 4-10> 주택규모와 청약통장

<table>
<tr><td colspan="2">구분</td><td>국민주택</td><td>민영주택</td></tr>
<tr><td rowspan="2">85㎡ 이하</td><td>저축종류</td><td>청약저축</td><td>청약예금, 청약부금, 주택청약종합저축</td></tr>
<tr><td>당첨자 선정방법</td><td>순위별</td><td>가점 75% / 추첨25%</td></tr>
<tr><td rowspan="2">85㎡ 초과</td><td>저축종류</td><td>-</td><td>청약예금, 주택청약종합저축</td></tr>
<tr><td>당첨자 선정방법</td><td>-</td><td>1. 채권입찰제 우선적용
2. 가점제 50%, 추첨제 50%
(채권매입금액이 일정한 경우)</td></tr>
</table>

2. 여러 가지 금융상품

주택금융이란 주택을 담보로 금전을 대부 받는 일련의 경제적 법률

행위를 말한다. 사람이 살기 위한 필수요건이 의 · 식 · 주이다. 이중 주거문제는 다른 무엇보다도 경제적으로 큰 비용을 차지하고 있고 사회 전반적으로 관심이 집중되어 있어 정부에서도 주거문제 해결에 많은 고민을 하고 있다.

우리의 거주 형태를 보면 월세나 전세 등으로 임대해서 살거나 아니면 내 집을 구입해서 살게 된다. 이에 따른 자금이 필요하게 되는데 때로는 타인의 자본이 필요할 때도 있다. 주택관련 금융상품에는 어떤 종류가 있으며 어떤 방법으로 자금을 대여받을 수 있는지를 알면 집을 마련하거나 재테크를 할 때 적절하게 활용할 수가 있다.

신혼부부가 결혼을 해서 부모나 친지의 도움으로 전세자금 또는 내 집 마련 자금을 준비할 수도 있지만 대게는 전세를 살다가 내 집을 마련하는 과정을 거치게 되는데 이 과정에서 주택관련 금융상품을 접하게 된다. 전세자금 및 중도금 융자, 담보대출, 모기지론 등 여러 금융상품들이 있지만 그 중 중요한 금융상품 몇 가지만 알아보기로 하자.

1) 전세자금 활용

신혼 초에는 대부분 전세로 살게 되는데 이때 전세자금 대출을 활용하는 것도 하나의 방안이 될 수 있다. 전세자금 대출은 모든 금융기관에서 취급 하고 있지만 그 중 국민주택기금 전세자금이 유리하다고 할 수 있다. 이러한 전세자금도 아래 <표 4-11>에서 보는 바와 같이 근로자서민전세자금 대출과 저소득가구전세자금 대출에 따라 신청대상과 대출금액 및 금리 등 여러가지 조건을 달리하고 있어 본인이 해당되는 곳을 이용하면 된다.

<표 4-11 > 국민주택기금 대출 종류 및 요건

구분	근로자서민전세자금 대출	저소득가구전세자금 대출
신청대상	• 임차보증금 5% 이상 지급 • 만20세 이상 무주택세대주(단독 제외) • 세대주 및 세대원 전원 무주택자 • 최근 1년간 소득이 3천만원이하(신혼 및 예비의 경우 3천5백만원 이하)	• 임차보증금 5% 이상 지급 • 해당 지자체장 추천 • 보증금이 일정금액 이하인 저소득가구 - 수도권 과밀억제권 : 1억원 이하 - 수도권 및 광역시 : 5천만원 이하 - 기타지역 : 4천만원 이하 (만20세미만 3자녀이상은 1천만원추가) • 만20세 이상 무주택세대주 (단독제외/세대전원 무주택자) - 만35세 이상 단독세대 1년간 세대주
대출한도	• 최고 8천만원(전세금 70%이내) 만20세이하 3자녀세대는 1억이내 • 주택금융공사 신용보증서 제출 • 신용보증서 발급이 안 될 때는 신용대출최고 3천만 원 이내	• 수도권과밀지역 : 5천6백만원 (3자녀 이상 6천3백만원) • 수도권/광역시 : 3천5백만원 (3자녀 이상 4천2백만원) • 기타지역 : 2천8백만원 (3자녀 이상 3천5백만원)
대출기간 및 금리	• 2년(최장6년까지 가능) 연4% (노인 부양,다문화가정, 장애인가구 3.5%) • 변동금리 적용	• 15년 원리금균등상환 • 금리 연 2% • 변동금리
대상주택	• 전용면적기준 85㎡이하 주택	• 좌동
신청기간	• 계약서상 입주일과 전입일 중 빠른 날짜로부터 3개월 이내	• 좌동 • 1년 이상 거주 후 보증금 증액은 갱신일로부터 3개월 내
기타	• 예비부부 대출 후 1개월내 결혼	
대출취급기관	• 우리은행, 하나은행, 기업은행, 신한은 행, 농협	

2) 주택구입 자금

새롭게 분양하는 아파트나 기존주택을 구입할 때 100% 본인자금으로 구입하는 경우는 극히 드물다. 특히 신규 아파트를 구입할 시에는 계약 이후 중도금을 납부하게 되는데 이때 시공사나 시행사의 연대보증으로 금융기관을 통해 중도금 대출을 알선하고 있다.

일반적으로 중도금대출은 아파트 분양세대 전체가 대상이고 시공사 보증 등을 통하기 때문에 주택담보대출보다 금리가 저렴하다. 또 중도금대출은 중도금이자 후불제나 무이자 대출 등 분양여건에 따라 그 형태가 다양하다. 입주 시에는 기존주택이나 전세보증금 등으로 중도금이나 잔금을 납부하고 부족할 때에는 아파트담보 대출을 받아 입주를 하게 된다.

중도금대출 외 주택구입자금 대출 중 주택기금에서 취급하는 근로자서민주택구입자금과 생애최초주택구입자금, 일반적인 부동산담보대출, 모기지론 등에 대해서 알아보자

'근로자서민주택구입자금'은 근로자나 서민을 위해 주택구입자금이나 신규로 분양을 받을 시 중도금 등 국민주택기금에서 은행에 위탁하여 대출을 해주고 있다.

자금을 대출받기 위해서는 일정한 요건을 갖추어야 하는데 대출을 받는 본인과 배우자의 합산한 연간소득이 2,000만 원 이하인 세대주(단 단독세대주일 경우 만35세 이상) 또는 세대주로 인정되는 자로서 세대원 전원이 6개월 이상 무주택자라야 한다.

신혼부부일 경우는 부부합산 소득이 3,000만 원 이하로 현재 무주택자이면 대출이 가능하다. 대출한도 금액은 가구당 1억 원 이내 만 20세 미만 3자녀 이상 세대는 1억5천만 원 이내에서 가능하다. 이때 주

의할 점은 실제 매매가격과 담보평가금액 중 적은 금액을 기준으로 대출이 가능하고 중도금융자는 총 분양가격의 70% 범위 내에서 미납 중도금을 초과할 수 없다.

대출이자는 연 5.2%의 금리를 적용받게 되고 다문화가정, 장애인가구는 연 4.7%, 다자녀가구는 4.2%의 금리를 적용받는다.

대상주택은 전용면적이 85㎡이하 주택으로 주택구입가격이 3억 원 이하인 주택이어야 하며 사업계획승인을 받지 않은 다세대주택, 오피스텔, 주상복합아파트는 대출에서 제외된다.

'생애최초 주택구입자금'은 부동산 경기활성화의 대책으로 2010년 3월 22일에 국민주택기금에서 생애 최초로 주택을 구입하는 무주택가구에게 한시적(2011년 말)으로 지원되는 대출을 말하다. 신청자격은 만20세 이상의 무주택세대주로서 부부합산 연간소득이 4,000만 원 이하인 가구이며 가구당 2억 원 한도 내에서 5.2%의 금리를 적용받으며 20세미만 자녀가 3명 이상일 경우 금리를 연 4.7%로 적용하고 있다. 해당되는 주택은 전용면적이 85㎡이하이며 6억 원 이하의 주택이 해당된다. 단 투기지역은 제외된다. 주요 특징으로 대출기간 만료일 이전에 중도상환을 해도 조기상환 수수료가 없다는 점을 들 수 있다. 특별조건으로는 원칙적으로 단독세대는 대출이 불가능하지만 다음 조건에 해당될 경우 대출이 가능하다. 현재는 세대주가 아닌 세대원이지만 1달 이내 결혼해서 세대주가 될 예정에 있거나, 만 35세 미만 단독세대주 중 만 20세 미만 형제자매로 구성된 경우, 만 35세 미만의 미혼자녀가구로서 직계존속을 1년 이상 부양하는 경우에는 대출이 가능하다.

'일반부동산담보대출'이란 금융기관에서 부동산을 담보로 잡고 대출해주는 것을 말하며 각 금융기관마다 상품의 종류 및 조건 등이 다양하다. 아파트, 주택, 토지, 상가, 경매로 구입한 부동산 등 다양하게 많지만 일반아파트담보대출 중 투기지역과 비투기지역에서 보험 가입 시 조건이 다른 형태를 살펴보자.

일반아파트담보대출은 정부에서 정한 담보인정비율 범위 내에서 가능(L.T.V 40%~60% 이내)하고 신청 대상 부동산은 소유권이전이 완료되었거나 준공검사를 받았고 수개월 내(보통3개월)에 소유권보전이 예상되는 아파트이며, 대출기간은 보통 30~35년이다. 대출금리는 금융기관마다 다르며 대출당사자의 신용도 및 금융거래실적 등에 따라 서로 다른 금리가 적용된다.

금리선택 방식은 다양하여 CD연동 고정금리, 변동금리와 COFIX연동 대출과 COFIX혼합 금리 등 다양한 상품이 있고, 금리도 기간마다 변경시기를 달리할 수 있어 본인 여건과 경제현상에 따라 기준금리 변동이 어떻게 변할 것인지에 따라 선택을 달리해야 한다.

예를 들면 기준금리가 계속 내려갈 경우 변동금리가 유리하고 경제활성화로 인해 기준금리 상승이 예상될 때는 고정금리가 유리하다.

'모기지론'은 부동산을 담보로 주택저당증권(MBS: Mortgage Backed Securities)을 발행하여 장기주택 자금을 대출하는 제도를 말한다.

여기서 증권화의 정의를 내려 보면 부동산 대출채권, 리스채권, 신용카드채권 등 다양한 자산을 어떤 장치 즉, 금융기법을 통해 증권의 형태로 변형시키는 것을 말한다. 주택저당증권은 주택을 소유하고 주택자금을 필요로 하는 수요자가 금융기관을 통해 장기저리자금을 빌리면 금융기관은 주택을 담보로 주택저당증권을 발행하고 중개기관을 통해 팔아서 대출자금을 회수하는 제도이다. 이때 중개기관은 증권을 일반 투자자에게 팔아서 그 대금을 금융기관에 지급한다.

모기지론은 주택담보대출과 비슷하게 주택을 담보로 하지만 주택담보대출은 만기 3년을 기준으로 하고 모기지론은 장기로 대출하는 점과 자산을 증권화 하는 차이점이 있다.

모기지론과 반대개념인 역모기지론이란 주택을 담보로 자금을 일시적으로 받지 않고 일정기간 (10년, 20년, 30년) 연금식으로 지급받는 장기주택저당대출을 말한다.

예를 들면 노후에 집은 소유하지만 매월 일정소득이 없는 경우 고령자가 주택에 거주하면서 주택을 담보로 사망 때까지 생활자금을 지급받고 사망하면 주택을 처분하여 대출금과 이자를 상환하는 방식이다. 모기지론을 한국금융공사에서는 보금자리론으로 부르고 있다.

모기지론은 대출 후 안정적인 고정금리를 적용하여 향후 변동금리를 피하고자 할 때 많이 사용된다. 대출대상은 만 20~70세 이하의 무주택자로서 집을 구입하는 자이거나 주택을 구입 후 15년 이내 1주택자 등이다. 대출 금리는 대출일로부터 만기까지 고정금리를 적용한다. 대상주택은 9억 원을 초과하지 않아야하며 대출한도는 담보가치의 70%까지 가능하고 최대 5억 원까지 가능하다.

대출기간은 10년, 15년, 20년, 30년으로 정한다. 상환방식은 매월, 원리금균등상환 방식이며 원금거치 기간은 최대 3년까지 가능하다. 모기지론 또한 금융기관마다 금리나, 기간, 상환방법 등이 서로 다르게 나타난다.

한편 지렛대를 이용하면 적은 힘을 이용하여 물체를 움직일 수 있는 것처럼 부동산에서도 지렛대 원리의 활용이 가능하다. 우리가 집을 구입할 때나 투자를 할 때면 자기자금과 타인의 자금을 이용하여 투자수익을 배가시킬 수 있는 것을 흔히 지렛대의 효과라 한다.

부동산을 구입했을 때의 가격과 처분했을 때의 가격 사이의 차이를 수익금이라 하고 처분금액에 구입했을 때의 가격을 나누면 수익률이 나온다. 물론 보유기간의 소득이익과 구입과 처분 시에 발생하는 비용 등을 가감하여 계산하여야 한다.

예를 들어 여유자금이 있어 3억 원 하는 기존아파트를 구입하기로 했다고 가정하자. 자기자본이 3억이 있고 전세값이 시세의 50%이고, 은행이자가 6%일 경우 1년 후 아파트가격이 10% 상승하는 경우를 예로 들어보면, 자기가 보유한 3억 원으로 집을 두 채 구입할 수 있을 것이다. 이때 수익률이 연 20%인 6,000만 원이지만 은행을 통해서 각 5천만 원씩 타인자본과 전세금을 이용하면 집 세 채를 구입할 수 있고 이때 차익금액은 9,000만 원이고 이때 은행이자 900만 원을 공제 후 수익금은 8,100만 원으로 수익률은 27%가 발생하게 된다.

다시 말해서 3억 원을 통해서 집을 구입할 경우 집값이 10% 오를 경우 전세자금만 이용할 시에는 20%의 투자수익률이 발생하지만 전세금과 융자를 이용할 시에는 27%라는 투자수익률이 발생하게 된다는 것이다. 이러한 레버리지를 이용하면 수익률을 극대화 할 수 있는데 이를 지렛대 효과라 한다.

물론 위의 예는 부동산 가격이 상승한다는 전제로 살펴본 것이고 만약 가격변동이 없다면 은행이자 부분과 구입비용 등의 손실을 가져오게 된다.

제4절 아파트 투자 시 고려사항

우리는 지금까지 아파트가 왜 투자수단이 되고 어느 특정지역의 아파트가격이 더 오르고 또 덜 오르는지, 그리고 상품가치가 높은 아파트를 구입하는 것 등이 얼마나 중요한지를 살펴보았다. 그리고 아파트를 분양 받기 위한 청약자격조건 등에 관하여 공부하였고, 재건축 및 재개발 지역이 어떻게 다르고 이와 관련된 수익률 분석을 통해서 어떤 부동산을 구입하여야 하는지, 도시재개발절차의 진행단계별로 시세가 어떻게 달라지는 등을 살펴보았다. 또 집을 구입하기 위해서는 자기자본 외 타인자본을 활용하는 것도 부동산 재테크에 필수 요소임을 알아보았다.

이번 절에서는 아파트 투자의 실전에서 어느 시기에 구입해서 어느 시기에 팔면 적절한지 즉, 부동산시장의 최저하락시기와 최고 상승시기에는 어떤 시장변화와 정책변화가 있는지를 알아보고 많은 사람들이 부동산 재테크에 성공하려면 반드시 알아야 할 상식과 마음가짐에 대해서도 알아보기로 하자.

부동산 투자수익의 유형 중 대표적인 것이 임대수익과 매매차익이다. 부동산투자는 일반적인 투자보다 투자금액이 크므로 신중한 투자를 요한다.

또 투자기간이 중·장기적인 관계로 미래의 개발계획이나 경제상황, 인구의 변동, 공급물량 등의 변화를 잘 검토해 보아야 한다. 특히, 부동산에 투자할 때는 수요와 공급의 상관관계와 안전성확보, 환금성이 용이한지, 수익이 발생할 수 있는 지역인지, 적절한 투자시기와 부동산

경기순환 사이클이 어느 지점인지 또 기타세금 등을 고려해야만 투자수익은 극대화될 것이고 투자의 실패는 최소화될 것이다.

부동산 가격의 변동에 있어서 부동산 저점이란 부동산 가격이 최저점에 도달했다는 의미를 말한다. 부동산거래 등이 침체되어 가격이 하락한 상태에서 정지되어 있는 상황으로 가격상승 전단계라고 할 수 있다.

부동산가격의 최저점은 일시적 수급불균형으로 인한 요인과 경제침체에 따른 장기적인 요인 등에 의해서 나타날 수 있다.

부동산 가격의 저점에서는 각종 매체 및 언론 등에서 부동산에 대한 부정적인 뉴스가 연일 계속되고 부동산투자와 관련된 서적의 판매가 부진한 가운데 비관론 서적 출판이 늘어나고 또, 미분양 물량이 급증하여 정부에서 부동산 규제완화, 부양정책, 감세정책 등의 여러 가지 정책을 내어 놓아도 시장은 전혀 호전되지 않고 있는 상황이 나타난다. 이때는 기존 아파트 가격은 하락하고 건설사에서는 미분양 아파트를 할인하는 조건으로 분양하게 되고 분양된 개인들의 급매물이 쏟아져 프리미엄은 마이너스가 되고 건설사에서는 신규 분양을 연기하고 건설사의 부도소식 등이 이어지는 현상이 발생 한다.

부동산 경기의 저점에서 벗어나는 시기에서는 정부의 부동산 부양정책 발표가 있게 되고 기존 분양아파트 입주가 시작되고 매물이 없어짐으로써 주택가격이 기존 분양가격수준으로 회복되고, 2년~3년간 신규공급 부족에 따른 분양청약 열기가 살아난다는 보도가 나오며 부동산 전문가들 사이에서는 부동산 저점탈출 논쟁이 화두가 된다.

이 시기에서는 금리인하와 대출의 조건완화, 그리고 경기선행지표의 개선, 무역흑자 및 세계경제회복 등으로 시중의 유동자금이 낮은 예금금리 보다 실물 투자로 유입되면서 부동산의 거래가 점차 늘어나는 추세를 보이게 된다.

1. 일반적 고려사항

아파트 투자에 성공하기 위해서 우리는 어떤 점에 유념하고 관심을 가져야 할까? 흔히들 위기는 성공으로 가는 지름길이라고 한다. 그러나 현실에서도 이런 말을 실천에 옮기는 사람은 극히 드물다.

부동산 투자로 성공한 사람들은 경제 위기가 왔을 때 적극적인 투자를 통해 막대한 수익을 얻는 것을 필자는 많이 보았다. 1998년 IMF 외환위기 때 아파트 가격이 대폭락하여 일반 대중은 아파트 구입보다는 전세를 선호하게 되었고 아파트 시세의 80%까지 전세가격이 치솟는 지역도 생기게 되었다.

정부는 외환위기 극복을 위해 경기회복과 부동산 활성화 정책을 내놓았고 아파트의 경우 취·등록세 감면, 양도소득세 면제, 임대사업자 활성화 등 많은 경기부양책들을 내 놓았다. 이때 필자의 지인은 아파트 1채 값으로 집을 여러 채 구입하여 임대사업을 하였고 IMF 탈출 이후 큰 차익을 얻어 지금은 부동산 부자가 되었다.

필자는 강의를 할 때 집을 구입하거나, 아파트 투자를 통한 성공을 하기 위해서 어떻게 하면 좋을지 문의를 받을 때면 이렇게 말한다. 시장에 가서 콩나물 값을 깎으려고 실랑이 하는 시간이 있다면 그 시간을 아껴서 부동산에 관심을 가져보라고 말한다. 인터넷이나 주변 부동산영업소 등 부동산 관련 종사자들과 만나는 기회를 가지게 되면 자연히 부동산 투자 방법을 알게 될 것이다.

아래에서는 부동산 투자에 성공하기 위해서 기본적으로 숙지해야할 내용을 요약해 보기로 하자.

1) 정치와 경제 현상에 항상 관심을 가져야한다.

특히 부동산은 정치와 연관성이 많다. 과거 대선을 치를 때마다 신도시계획, 행복도시, 혁신지구, 산업단지 조성 등 개발공약을 하게 되고 이에 따라 해당지역의 주변 부동산가격은 상승하였다. 또 경제를 알아야 돈의 흐름을 파악할 수 있기 때문에 최소한 하루의 시작을 신문과 뉴스 등을 접하면서 시작하고 인터넷을 통한 부동산 정보 획득도 게을리 하지 말아야 한다.

2) 인구 변화에 관심을 가져라

부동산이 오르는 이유는 그만큼의 수요가 있기 때문이다. 새로운 산업단지나 특정산업의 활성화 등은 인구의 유입을 가져오고 그에 따라 교통여건이 나아짐으로 인해 자연스럽게 부동산 가격이 오르게 된다. 인구가 감소하는 도시는 수요부족으로 인해 가격이 하락할 수밖에 없다. 인구 증감 및 산업의 발전 등은 각 도시의 지자체 홈페이지나 통계청 자료를 통하여 파악할 수 있다.

<표 4-1>이나 <그림 4-2>에서 한 세대당 거주인원이 줄어들고 가구수가 증가하는 것을 보았다. 세대당 가구 인원이 줄어든다는 것은 방이 많은 대형 평수보다는 중소형 평수의 수요자가 증가한다는 의미이다. 이를 통해 앞으로의 부동산의 변화를 어느 정도 가늠해볼 수 있다.

3) 시대의 흐름에 순응하라

새로운 정부가 생기면 정부정책이 바뀌거나 수정이 되고 그 정부가 추구하는 경제정책 등의 방향을 알면 부동산의 변화를 파악할 수 있게 된다.

4) 부동산 관련 분야 사람과 인적 네트워크를 가져라

부동산관련 분야 사람들은 일반인 보다 부동산 관련 지식과 흐름을 더 잘 파악하고 있어 부동산 투자하는데 길잡이가 되어줄 것이다.

5) 모델하우스와 현장 방문은 필수 조건

부동산 투자를 통해서 성공한 사람들은 남들보다 좀 더 부지런하다. 아파트를 구입하기 위해 모델하우스만 방문해서 모델하우스 내부 직원과 광고물만으로 집을 결정하기 보다는 현장방문을 통해 주변 생활 편의시설, 교통, 조망권, 일조권 등을 탐색해보고 주변 부동산 중개사를 통한 반응 등을 종합적으로 고려하는 것이 반드시 필요하다.

6) 정착보다는 이동이 좋다

부동산도 살아있다. 한곳에서 10년 20년 사는 사람은 대부분 이사를 여러 번 한 사람보다 재테크에서는 손실을 볼 가능성이 많다.

활발하고 장사가 잘 되는 기존의 상업 지역도 새로운 도로시설과 상업지역이 생기면 죽게 된다. 새 아파트는 주거환경이 쾌적하고 생활의 편리성 등 사람의 기호 변화에 부응하지만 기존 아파트는 기호변화에 대응하지 못하게 되어 수요자가 줄어들게 된다.

최근의 주택시장을 살펴보면 재건축단지 등을 제외하면 기존 아파트보다 새 아파트의 가격상승률이 2배 정도이다.

주변의 개발 토지나 새로운 아파트 단지가 들어오게 되면 기존에 살고 있는 아파트 단지의 사람들은 새로운 아파트를 분양 받거나 매입해서 이사를 가게 되고 기존의 아파트 단지는 팔려는 사람들이 많아 가격이 하락 할 수밖에 없다. 이런 현상으로 인해 집이 오래되면 될수록 가격하락률은 높아진다.

최근 신도시 안의 기존주택을 살펴보면 6~7년만 지나면 그것의 가격 상승률이 새로운 아파트의 가격 상승률보다 현저하게 떨어지고 있다. 만약 여건이 된다면 양도소득세 감면시기를 고려하여 새로운 아파트로 이사를 여러 번 하는 것이 재테크에서 유리하다.

2. 매매시기의 선택

부동산 시장의 환경에 영향을 미치는 요인으로는 우리나라 경제뿐만 아니라 해외경제 여건과 시중금리, 인구의 변화, 산업발전, 주택공급 여건, 정부의 부동산정책 등이 있지만 단기적인 요인으로 시중금리가 부동산 시장에 중요한 영향을 미친다. 금리가 하락하면 주택담보에 따른 대출이자의 부담이 적어 주택담보대출의 증가로 인해 주택을 구입하고자 하는 수요가 증가하게 되고 이에 따른 부동산 가격도 상승하게 된다. 반대로 금리가 올라가면 반대현상이 발생한다.

중 · 단기 약 2년~5년의 경우는 주택공급량에 따라 아파트가격 변화가 크게 나타난다. 분양이 잘 되면 분양권 시장에 프리미엄이 형성되고 공급자의 입장에서는 공격적으로 주택공급을 늘려가게 된다. 이때는 실수요자도 있지만 가수요자가 발생되는 현상을 보여 정부에서는 부동산 규제 및 금리인상 등의 조치를 하는 등 부동산시장의 과열현상을 안정시키는 여러 가지 정책을 시행하게 될 것이다.

일정 수요가 넘어서면 미분양 아파트가 발생되고 건설사는 자금 압박에 직면하게 되어 분양조건의 완화 및 가격인하를 시도하게 된다. 이때는 기존의 프리미엄이 없어지고 연차적으로 입주 시기에는 금리인상과 부동산규제로 인해 가수요자는 분양가격 및 계약금을 포기하게 된다. 일반적으로 가수요자는 좋은 층을 보유하고 있는데 좋은 층 가격이 떨어지면 건설사에서 선호하지 않는 층 가격을 대폭 인하하게 되는데 이런 현상으로 인해 아파트 가격 시세가 형성되지 않는 현상들이 발생한다. 미분양이 많이 발생하면 기존 미분양이 소진되는 일정 기간까지 건설사에서는 공급을 축소하거나 중지하게 된다. 이러한 시기가 되면 정부의 부동산규제 완화정책과 부동산 활성화 정책 및 공급 부족이 겹쳐 아파트 시장은 다시 살아나게 된다.

제3절에서는 부동산의 고점과 저점의 징후 현상이 어떻게 나타나는지를 살펴보았다. 아파트를 매수해야할 시기는 부동산경기가 바닥징후를 보일 때이다. 물론 최저점에 매입해서 최고점에 매도하면 매매차익이 크겠지만 지나친 욕심을 부리다 보면 매수시기와 매도시기를 놓칠 수가 있다. 우리는 "무릎에 사서 어깨에 팔아라." 라는 명언을 기억하는 것이 아파트 재테크를 잘하는 지름길임을 알아야 한다.

일반적인 현상을 보면 부동산 활성화 정책과 금리인하, 경기부양책 등이 발표되고 나면 어느 정도 시기가 지나면 미분양 주택이 조금씩 해소되는데 이때가 '무릎'이라 할 수 있다. 주변의 사람들이 아파트를 구입해야 된다고 생각하면 이때는 늦었다고 보면 된다. 즉 일반대중과 반대로 가면된다.

매도 시기는 아파트가 분양이 잘 되고 건설인허가 신청 수가 많고, 분양권 프리미엄이 붙고, 가수요자가 많이 발생되면 어느 정도 팔 때가 되었다고 예상하면 된다. 이때는 언론에서 부동산 과열에 관한 기사가 나오고 정부에서 부동산규제를 검토하게 되며 부동산 거래가 정지되는 현상들이 발생한다.

우리는 본인이 설정한 목표 수익에 도달되면 매도하는 것이 안전하다. 만약 최고점에서 거래가 안 될 때는 시장가격보다 더 저렴하게 매도하는 것이 손실을 적게 보는 방법이다.

제5장 단독주택과 기타 주택

권 미 영

제1절 주택공급의 증가와 단독주택

1960년대 이전은 체계적인 주택정책이 거의 존재하지 않은 시기였다. 한국전쟁 기간 중 소멸된 주택의 복구와 난민용 주택을 건설하는 정도였다. 1962년 '제1차 경제개발 5개년 계획'에 주택문제를 포함하면서 주택정책을 체계적이고 계획적으로 실시하게 되었다. 1960년대 이후 인구와 가구 수의 급증, 경제개발 추진에 의한 급속한 도시화, 농촌에서 도시로의 인구 유입의 급증 등으로 인해 도시지역의 주택난이 심화되었다. 도시민의 태반은 집을 소유하지 못해 일 년에 몇 번씩 이사를 다니는 유랑민 신세를 벗어나지 못했다.

이렇게 1960년대 대도시지역의 심각한 주택부족문제는 택지부족난으로 이어졌고 이를 해결하기 위하여 토지이용의 고도화를 이룰 수 있는 '공동주택(아파트)'의 건설이 불가피하게 되었다. 도시지역의 주택문제를 해결하기 위한 대단위 단지개발은 1960년대 중반 대한주택공사가 개발한 화곡동단지를 시작으로, 이후 1970년대의 반포지구 · 잠실지구 · 둔촌지구, 1980년대의 과천 · 고덕 · 목동 · 상계 등 많은 단지개발이 이루어 졌다. 서울을 위시한 대도시 및 인접교외지역에 '신시가지', '부도심'등의 대단위주택단지가 한국사회의 보편적 주거형태로 정착하게 되면서, 1993년에는 전국의 주택유형별 구분에 있어 신규주택공급 중 아파트가 78%를 차지했다. 지난 1980년대까지만 해도 전체 주택의 90%에 달했던 단독주택은 2005년에는 전체 주택의 25%로 줄어들었다. 이는 아파트가 가지는 편리성과 안정성, 교통, 생활편의시설, 첨단화 등 기능적인 면이 단독주택을 앞섰기 때문이다.

정부의 지속적인 주택보급정책에 따라 우리나라의 주택보급율은 현재 110%를 상회하기에 이르렀다. 주택보급율의 확대에 의한 주택의 양적 문제가 어느 정도 해소됨에 따라 이제는 쾌적한 주거환경과 삶의 질적 향상에 대한 욕구가 꾸준히 증대되고 있는 실정이다. 천편일률적인 아파트와 비교하여 단독주택은 수요자의 취향과 개성에 부합되는 다양한 주거공간을 선택할 수 있고, 자연 지형과 공존할 수 있는 친환경적 개발이 용이하다는 점에서 많은 장점을 가지고 있다. 지금부터 단독주택과 그 외 주거용 부동산에 대해서 살펴보자.

제2절 단독주택과 재테크

1. 단독주택의 유형

단독주택은 단일 가구를 위해서 단독택지 위에 건축된 건축물로 단독주택, 다중주택, 다가구주택으로 나뉜다. 단독주택은 가장 흔한 형태의 주택이며 자신의 소유지 위에 건축된 집으로 다른 사람의 거주지에 달려 있지 않은 주택이다. 다중주택은 학생 또는 직장인 등 다수인이 장기간 거주 할 수 있는 구조로 되어 있다. 그리고 독립된 주거형태의 구조가 아니며 연면적 330㎡ 이하이고 층수가 3층 이하인 건축물을 말한다. 각 주거 구획별로 독립 공간을 확보하되 주거 생활의 일부는 공동으로 영위하며 구분 소유 및 분양이 불가능하다. 다가구주택은 한 채의 건물 안에 여러 가구가 독립된 주거생활을 할 수 있도록 설계된 주택이다. 그리고 층수가 3층 이하로 1개 동의 주택으로 쓰이는 바닥 면적의 합계가 660㎡ 이하이고 19세대 이하가 거주할 수 있도록 한 주택이다. 다가구주택은 독립주택과 마찬가지로 독립공간을 확보하여 주거생활을 할 수 있도록 한 점은 공동주택의 다세대주택과 같다. 그러나 다세대 주택은 구분소유권으로 등기할 수 있으나 다가구 주택은 등기를 하지 않고 전세금을 받고 주택을 임대하는 것이며 구분 소유 및 분양이 불가능하다. 취득, 양도시에는 단독주택으로 구분되어 1가구 1주택 비과세 적용을 받아 세제상으로도 유리하다.

2. 단독주택의 활용

단독주택은 비교적 가족단위의 개체성이 잘 보존될 수 있고, 개인의 취향에 맞게 주거계획을 세울 수 있으며 모든 관리 체계가 주인의 자유의사에 의한다. 또한 이웃에 의한 사생활침해의 염려가 적으며 집안에서의 행동이 이웃에게 피해를 주지는 않을까 하는 등의 걱정을 하지 않고 편하게 지낼 수 있다. 경제적인 측면에서 살펴보면 단독주택은 자산 가치 증식이나 활용도 면에서 유리하다. 단독주택은 단기적인 시세 차익을 기대하기 어렵기 때문에 부동산 투자의 성패는 '언제 사서 언제 파느냐' 보다 '어떻게 활용하느냐'에 달려 있다.

단독주택의 경우 임대수익을 올릴 수 있다. 주택 임대료는 전세 보증금에 비례해서 월 1부 이자를 계산해 월세를 받을 수 있는데 제 2금융권에 목돈을 신탁하는 것보다 훨씬 수익률이 높으며 전세금 인상분을 해마다 월세로 돌릴 경우 고정적인 임대수익을 확보할 수 있다. 바로 이러한 점 때문에 중년층과 노년층에서는 생활비나 학비 보조 수단, 노후 대비책으로 단독주택을 활용하기도 한다. 그리고 금융 실명제 실시 이후 금융자산의 이자 소득에 대해 비교적 무거운 종합소득세가 과세되는 반면 주택 임대료에 대한 과세는 비교적 가볍게 과세되는 편이므로 이러한 점에서도 유리하다고 하겠다.

그리고 준주거 지역이나 일반주거 지역의 경우 2~3층까지 증·개축이 가능해 건물 연면적을 2~3배 정도 넓힐 수 있다. 증·개축을 통해 다가구 주택이나 다중 주택의 용도로 활용하면 고정적인 임대수익이 확보 가능하다. 그리고 재건축이나 재개발의 가능성이 있다. 단독주택은 아파트보다 부실도가 높아 건축 연수가 15년만 되어도 재건축 가능성을 기대할 수 있고, 대지지분이 많아 지주에게 돌아오는 개발 이익도 아파트 재건축에 비해 큰 편이다.

3. 주택재개발과 추진절차

재개발과 재건축 모두 도시 성장에 따른 주거시설의 노후화와 그에 따른 주거의 불편을 해소하고 같은 도시 내에서의 지역 간 불균형을 개선을 하고자 하는 차원에서 추진된다. 건물이 노후화되어 불량건물이 밀집되어 있는 지역을 대상으로 한다는 점에서는 공통적이나 재건축 대상 지역은 정비시설은 양호한 반면 재개발 대상 지역은 도로 등 정비기반시설이 열악한 지역이라는 점에서 차이를 보인다. 다시 말해 건물만 새로 짓느냐 아니면 사업지역내 일대 도로 및 기반시설까지 새롭게 짓느냐에 그 차이가 있다.

재건축과 재개발 중 특히 재개발이 단독주택의 장점으로 떠오르는 것은 첫째, 시세가 상대적으로 저렴할 때 집을 구입하면 재개발이 진행되면서 주택가격의 상승으로 인한 시세차익을 누릴 수 있기 때문이다. 기존의 기반시설과 주거환경이 좋아지면서 새집의 가격이 자연스럽게 오르기 때문이다. 둘째, 새 아파트를 구입할 때 청약경쟁을 해야 하는데 기존 주택의 소유자들에게는 조합원 입주권이 부여되어 경쟁이 필요 없게 된다.

재개발은 많은 시간과 여러 가지 절차에 의해 진행되며 단계별로 시세가 올라가는 경향을 보인다. 그 절차를 살펴보면 <그림 5-1>과 같다.

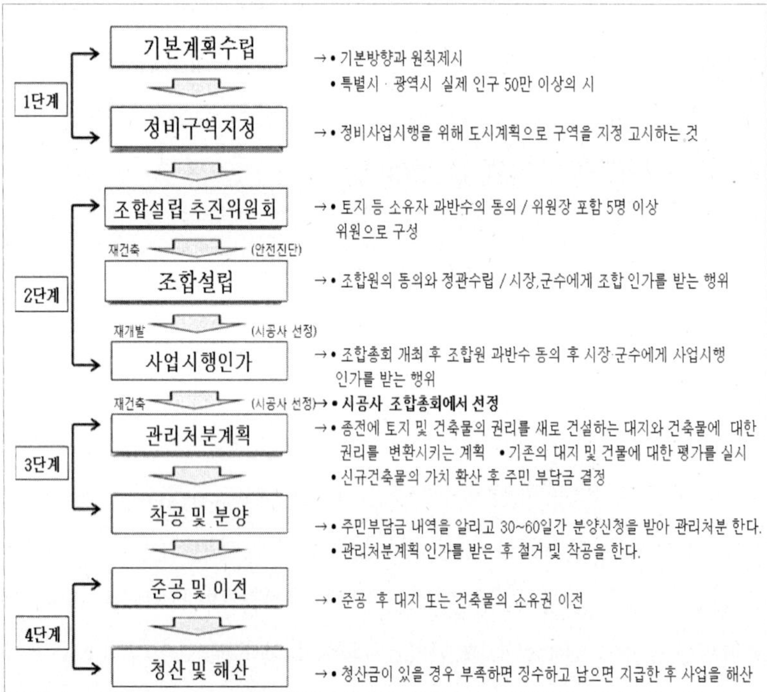

<그림 5-1> 재개발 · 재건축 추진절차

재개발 · 재건축 추진 절차에 따른 가격의 변화를 살펴보면 다음과 같다. 첫째, 집을 지은 지 20년이 경과함에 따라 재개발이 추진될 것이라는 기대 및 소문만으로도 가격이 오른다. 둘째 기본계획수립 후 구역이 지정되는 시점에 가격이 오르게 된다. 정비구역지정 전이 시세가 다소 낮은 편이므로 이때를 투자시점으로 고려해보는 것도 좋을 것이다. 정비구역이 지정되면 주민들로 구성된 조합설립추진위원회가 결성되고 추진위원 회 승인과 안전진단 및 조합설립 등으로 인해 사업전망이 확실시 될 때 주택의 가격이 많이 오른다. 셋째, 주민들의 동의로 조합이 설립된 이후 사업인가 및 시공사가 지정되면 시세가 다시 한 번 더 오르게 된다. 사업인가가 나는 시점이 안정적으로 시세차익을 노릴 수 있는 매수 타이밍으로 보인다. 마지막으로 조합원들에게 동 · 호수가 정해지고 잔여세대를 일반분양하게 되면 시세가 다시 오른다. 일반적으로 일반분양가격은 조합원들 요구 및 시공사 이윤보전 측면에서 조합분양 분양가 보다 대체적으로 높게 형성된다.

4. 택지개발지구 내 단독주택

택지개발지구란 택지개발촉진법에 의거하여 도시지역의 주택난을 해소하기 위하여 주택건설에 필요한 택지의 취득 · 개발 · 공급 및 관리 등에 관하여 특례를 규정함으로써 국민 주거 생활의 안정과 복지향상에 기여함을 목적으로 지정하는 지구를 말한다. 택지개발지구는 토지별로 용도가 구분되어 있어 주거지역, 상업지역 등 해당토지의 용도에 맞는 건축물을 지어야 하며 계획안의 건폐율, 용적률, 기타 건축에 필요한 규제내용 등에 따라 개발하게 된다. 이 택지개발지구 내의 단독주택용지는 대부분의 도시기반시설이 완비되어 있고 교육, 의료 등 편익시설의 이용이 편리하다. 아파트의 편리성과 단독주택의 장점을 동시에 누릴 수 있는 셈이다. 그리고 비교적 단지외곽지역에 위치하여 자연과의 접근성이 뛰어나다는 장점도 함께 누릴 수 있다. 도심지내 단독주택들이 가지고 있는 단점들인 주택의 노후화나 주차 공간 확보의 어려움이나 도로의 폭이 좁고 근린 생활시설과 떨어져 있어 느끼는 생활의 불편함들이 없어지는 것이다.

택지개발지구내의 단독주택용지는 개발 형태에 따라 주거전용 용지와 점포주택 용지로 나뉜다. 주거전용 용지에는 주거 목적의 단독주택만 지을 수 있고, 점포주택 용지는 주택 1층을 상가로 만들 수 있다. 점포겸용 용지의 경우 전체면적 40%까지 상가를 들일 수 있어 투자가치가 높다. 블록형 단독주택지는 택지개발지구 안의 단독주택 용지를 몇 개의 필지로 묶어서 블록 단위로 공급하는 방식이다. 2011년 5월 1일 발표한 <건설경기 연착륙 및 주택공급 활성화 방안>중 '택지개발지구 내 단독주택 가구수 제한 규정 폐지'로 점포겸용, 블록형 단독주택 등의 단독주택 용지의 몸값이 더욱 높아지게 되었다. 정부가 5·1 부동산 대책을 통해 택지지구 내 단독주택의 층수 제한을 완화하고 가구 수 규제를 폐지키로 했기 때문이다. 이번 층수 제한 완화로 2층이 한도였던 택지지구 내 블록형 단독주택은 3층까지, 3층까지로 제한됐던 점포 겸용 단독주택은 4층까지 지을 수 있게 되었다. 또 가구 수 제한도 폐지된다. 현재 블록형 단독주택은 한 필지당 1가구, 점포 겸용 단독주택은 필지당 3~5가구로 가구 수가 정해져 있는데 앞으로는 이런 규제를 받지 않아 투자가치가 더욱 높아질 전망이다.

<그림 5-2> [블록형 단독주택] [점포 주택]

제3절 기타 주택과 재테크

단독주택 외 우리가 볼 수 있는 기타 주거용 부동산으로 타운하우스, 땅콩주택 등을 볼 수 있는데 이러한 주거용 부동산들은 단독주택의 단점들을 어느 부분에서 보완한 형태들이다. 그 외 볼 수 있는 주거용 부동산으로 오피스텔이나 도시형생활주택이 있는데 이 주택들은 소형주택으로 대체될 수 있는 주거용 부동산들이다. '2010 인구주택총조사' 결과에 의하면 2010년 11월 기준 전체 1733만9000가구 가운데 2인 가구 비율은 24.3%(420만5000가구), 1인 가구는 23.9%(414만2000가구)로 2인 이하 가구가 전체의 48.2%를 차지한다. 1990년 이후 가장 주된 가구유형이던 4인 가구 비율은 22.5%(389만8000가구)로 2005년의 27.0%에서 4.5%포인트 급감하면서 1인 가구보다 적어졌다. 평균 가구원 수는 2.69명으로 2005년(2.88명)보다 0.19명 감소했다. 이러한 변화는 부모로부터의 조기 독립, 만혼주의 확산과 이혼율 증가, 안정된 직장생활에 따른 결혼기피 현상 심화, 평균수명의 연장 등에 의한 것이며 이러한 현상은 앞으로도 더욱 심화 될 것 같다. 이와 함께 소형주택에 대한 관심도 함께 높아지리라 여겨진다. 지금부터 기타 주거용 부동산들에 대해 살펴보도록 하자.

<표 5-1> 가구원수별 가구

	2005	2007	2010	2020	2030	2005	2007	2010	2020	2030
계	15 971	16 417	17 152	19 012	19 871	100.0	100.0	100.0	100.0	100.0
1 인	3 187	3 298	3 473	4 109	4 713	20.0	20.1	20.3	21.6	23.7
2 인	3 536	3 693	3 958	4 844	5 583	22.1	22.5	23.1	25.5	28.1
3 인	3 344	3 443	3 595	3 866	3 797	20.9	21.0	21.0	20.3	19.1
4 인	4 314	4 409	4 564	4 746	4 519	27.0	26.9	26.6	25.0	22.7
5 인	1 228	1 230	1 241	1 196	1 075	7.7	7.5	7.2	6.3	5.4
6 인	268	256	244	203	166	1.7	1.6	1.4	1.1	0.8
7 인이상	93	88	77	47	18	0.6	0.5	0.4	0.2	0.1
평균	2.89	2.83	2.73	2.48	2.35					

자료 : 통계청(2010)

1. 타운하우스

1990년대 중반부터 한국에 처음 선보이기 시작한 타운하우스는 1~2층의 단독주택이 10~100가구씩 모여 정원과 담을 공유하는 형태를 이루는 주택군을 말한다. 수직적으로 복층 구조를, 수평적으로는 합벽식 구조를 취하고 있는 저층, 저밀도 공동주택이라고 할 수 있다. 주택의 특성이나 공유시설에 따라 단독주택형, 연립주택형, 골프 빌리지 같은 테마형으로 구분된다. 우리나라의 경우 몇 년 전부터 웰-빙 바람이 불면서 주택시장에서도 전원주택이 새로운 주거 대안으로 떠올랐는데 생활편의, 보안, 사람들과의 단절로 인한 외로움 등이 문제점으로 지적되면서 단독, 전원주택과 공동주택의 장점을 합친 타운 하우스 개념이 각광받기 시작했다.

타운하우스는 획일적인 아파트의 삶에서 탈피해 넓은 정원에서 자연과 어우러진 생활이 가능하고 보안은 물론 개인 사생활도 철저하게 보장됨으로써 일반적으로 사람들이 주거하고 싶어 하는 이상적인 공간에 가깝긴 하지만 그만큼 분양가가 높아지는 등의 문제점도 있다. 은퇴자, 고액자산가 등으로 구매자가 한정된 데다 분양가가 높아 아파트에 비해 투자성이 불투명하다. 그래서 투자를 목적으로 타운하우스를 구매하는 것은 추천하지 않는다.

<그림 5-3> 타운하우스 전경

2. 땅콩주택

땅콩주택이란 하나의 필지에 닮은꼴로 나란히 지어진 두 가구의 집을 말한다. 미국에선 '듀플렉스(duplex)홈'으로 불린다. 저렴한 토지매입가격과 건축비용으로 도시와 가깝고 교통이 발달한 수도권 외곽 지역에 마당이 딸린 이층짜리 내 집을 마련할 수 있다는 것이 땅콩주택의 매력이다. 하지만 땅콩주택에 숨은 불편함도 감안해야 할 듯싶다.

땅콩주택은 한 필지를 갖고 더 세분화해 두 가구로 나눠 서로 반쪽을 갖는 개념이다 보니 프라이버시 침해도 감안해야 한다. 아파트와 같은 방음은 기대하기가 힘들어 사실상 사생활 보호에는 취약할 수밖에 없는 구조다. 그래서 형제자매나 부모, 자식 등 가까운 사이가 아니면 오랫동안 생활하는 데 어려움이 많을 수 있다. 또 재산권 행사에도 제약이 따른다. 하나의 부지 위에 지어진 서로 다른 집이지만, 실제로는 하나의 건물로 지어진 탓에, 두 사람이 절반씩의 비용을 부담한 만큼 토지와 건물에 대한 지분 역시 절반씩 소유하게 된다. 따라서 두 집 가운데 한 집이 주택을 처분할 때나 내·외부 수리를 할 때, 집을 담보로 대출을 받을 때에도 상대방의 동의를 얻어야 하는 재산권 행사에 대한 제한이 따르게 된다. 또한 환금성이 떨어지는 것도 감안해야 한다. 기성복 스타일로 지어지는 아파트와 달리 땅콩주택의 경우 최초 건축주가 자신이 원하는 스타일로 맞춤 설계하는 경우가 대부분이라, 집을 처분할 경우 마땅한 집주인을 찾기가 어려워질 수밖에 없다. 다가구주택이 1가구 다중주택 소유 방식이고 임대차 수익을 보장할 수 있는 수익모델형 단독주택인 반면 땅콩주택은 거주 커뮤니티형 상품인 것이다.

<그림 5-4> 땅콩주택 전경

3. 오피스텔

오피스텔은 사무실과 호텔을 겸한 복합빌딩을 말하는데, 국내에서는 1985년 고려개발(주)이 서울 마포구에 오피스텔로 지은 성지빌딩이 그 효시이다. 오피스텔은 건축법 제2조, 동법 시행령 제3조 4 및 시행령 별표1의 규정에 의해서 법규상으로는 업무시설군에 속하지만 시장에서는 주거와 업무시설로 혼용하여 사용하고 있다.

사실상 주거용 오피스텔인지의 여부는 공부상 용도 구분 또는 사업자 등록 여부와 관계없이 주민등록 전입 여부와 오피스텔의 내부 구조 · 형태, 취사시설 등 거주시설의 구비 여부 및 사실상 사용하는 용도 등을 종합해 판단한다. 해당 오피스텔이 주거용인지 업무용인지 구분하는 기준은 다음과 같다. 당해 오피스텔에 주민등록이 되어 있으면 (전입) 주택으로, 사업자등록이 되어 있으면 업무용으로 구분한다. 그리고 미성년자 자녀와 함께 거주하거나 가스, 전화, 전기료 등 공과금이 청구되거나, 신문·잡지 등을 구독할 경우 주택으로 본다.

현행 법상으로 오피스텔은 건축물 분양에 관한 법률에 의해 업무용으로 사용하는 경우, 주택법의 적용을 받는 일반 건물과는 달리 업무시설로 인정돼 그에 따른 세금 적용을 받는다. 다만, 업무용이 아닌 주거용으로 오피스텔을 사용하는 경우 종합부동산세의 대상이 될 수 있으며, 오피스텔 이외에 다른 주택을 소유하고 있으면 다주택자로 인정되어 처분시 양도소득세가 중과될 수 있다.

<표 5-2> 주거용이냐, 업무용이냐에 따라 달라지는 세금문제

구분	업무용	주거용
주택으로 분류 여부	주택으로 분류 안됨 (1가구 2주택 아님)	주택으로 분류 됨 (기존 주택 있다면 1가구2주택)
부가세 납부 의무	부가세 납부 의무 있음 *일반과세자만 해당	면세사업으로 납부 의무 없음
양도소득세	1년 미만 : 50% 2년 미만 : 40% 2년 이상 : 6~35% (차익에 따라) *중과세 대상 안 됨	3년 보유 *중과세 대상
종합소득세	임대수입에 대한 부가세 신고 매년5월 종합소득세 별도 신고	전세일 경우 부가세 면제, 신고 불요 월세일 경우 종합소득세 신고

오피스텔 구입시 유의사항을 살펴보면 다음과 같다. 사무실이 밀집한 지역의 역세권이나 대학가 인근의 오피스텔이 비교적 투자가치가

높은 편이다. 대형 평형보다는 소형 평형의 임대수요가 많으며 조망이 우수한 고층이 저층보다 선호된다. 오피스텔은 주택이 아니기 때문에 주상복합아파트와 달리 분양보증 대상이 아니다. 따라서 계약시에는 시행자와 시공회사의 신인도를 확인 하는 것이 중요하다. 그리고 주택이 아니므로 다른 주택을 소유하고 있더라도 1가구2주택에 해당되지 않는 것이 오피스텔 투자의 장점이다.

오피스텔은 임대가 얼마나 잘 되느냐에 따라 그 가치가 결정된다고 해도 과언이 아니다. 임대가 잘 되려면 먼저 교통이 편리하고 주변생활시설도 잘 갖추어진 곳이어야 한다. 다음으로 가격이 적당해야 한다. 무조건 가격이 싼 오피스텔을 선호해서는 안 된다. 개별 오피스텔 분양가만을 보지 말고 주변 오피스텔과의 비교를 통해 조건이 좋은 것을 구입하는 것이 현명하다. 그리고 임대로 수익을 얻을 것인지 매매로 수익을 얻을 것인지를 결정한 후 구입 목적에 따라 지역 선정을 달리 해야 한다. 오피스텔 투자는 분양 시기만의 상황으로 판단해서는 안 된다. 입주 후의 상황을 예측해 보고 결정해야 하는데 이때 가장 중요하게 생각해야 하는 것은 공급이 수요에 비해 지나치게 높아 임대나 매매가 되지 않는 지역은 피해야 한다는 것이다. 그리고 오피스텔은 평당 관리비가 일반 사무실관리비와 비슷하므로 같은 평형의 아파트에 비해 2~3배 높은 관리비를 내야 하므로 오피스텔을 구입할 때는 사전에 관리비가 얼마인지도 반드시 확인해야 할 사항이다.

4. 도시형 생활주택

도시형 생활주택은 「국토의 계획 및 이용에 관한 법률」에 따른 도시

지역 내에서 「주택법」 제16조에 따라 사업계획승인을 얻어, 국민주택 규모(1세대당 주거전용면적85㎡이하)에 해당하는 주택을 20세대 이상 300세대 미만의 규모로 건설하는 주택을 말하며, 단지형, 다세대주택, 단지형 연립주택, 원룸형 주택으로 유형을 구분한다(주택법 제2조제4호 및 주택법 시행령 제3조제1항)

도시형생활주택의 도입 배경을 살펴보면 다음과 같다. 1~2인 가구의 증가로 인해 도심에서의 소형 주택에 대한 수요가 급증하고 있는 반면 소형 주택보급은 미비한 실정이다. 각종 건축기준이 강화되면서 주택시장은 주로 대형화 및 고급화가 추진되고 있으며 이와 더불어 도심 등의 재개발, 재건축이 활발해 지면서 1~2인 가구에 적합한 저렴한 소형주택의 공급이 지속적으로 감소하는 추세로 소형주택의 수급불균형의 우려가 있다. 이에 국토해양부는 소형주택의 공급확대를 통한 1~2인 가구와 서민의 주거 안정을 위한 정책으로 2009년 5월에 도시형생활주택제도를 시행하였다.

도시형생활주택은 도시지역에 건설하는 300세대 미만의 공동주택으로서 다음 세 가지의 형태로 분류한다. 첫 번째, 단지형 다세대주택형이다. 세대당 주거전용면적이 85㎡이하의 다세대 주택으로 1동당 연면적 660㎡이하이며 4층 이하이다. 두 번째, 단지형 연립주택이다. 세대당 주거전용면적이 85㎡이하의 연립주택으로 1동당 연면적이 660㎡를 초과하고 4층 이하이다. 세 번째, 원룸형 주택형이다. 원룸은 침실, 주방, 화장실을 기본으로 거실, 베란다가 하나의 독립된 공간 안에 전부 모여 있거나 부분적으로 분리되어 있는 주거형태를 말한다. 도심의 지가와 주택가격이 높아 독신자용의 저렴한 주택으로 개발된 것으로 독신자나 신혼부부가 살기에 적당하다. 크기는 상이하나 보통 화장실

(분리), 싱크대, 에어콘 등이 기본적으로 설치되어 있다. 세대별 주거전용면적은 12㎡~50㎡ 이하이며, 지하층에는 설치되지 않는다. 실질적으로 도시형생활주택 제도 도입의 중심은 이 원룸형 주택에 있다.

도시형 생활주택은 오피스텔과는 적용하는 법이 서로 다르다. 즉, 도시형 생활주택은 주택법의 적용을 받는 주택이다. 그렇기 때문에 1가구 2주택이 될 수 있다. 그리고 전용 60㎡형 미만이라면 취 · 등록세가 면세된다. 다만 기존 주택을 보유한 채 매입한다면 종합부동산세나 양도소득세 등의 부담이 커진다는 게 단점이지만, 20㎡이하의 주택을 무주택자가 취득하였을 경우, 청약자격에 대한 기존의 자격이 그대로 유지된다. 1가구 2주택의 양도세 중과는 2012년 12. 31일 까지는 일반세율로 하지만 2013년부터는 중과대상이 될 수 있다. 그러나 공시가격이 1억 이하라든가 임대사업자로 등록을 한다면 양도세 중과를 피할 수 있다. 도시형 생활주택은 전매제한이 없고 분양권을 전매할 수 있으며, 입주자저축, 주택청약자격 및 재당첨 제한 규정 등이 적용되지 않는다. 따라서 도시형 생활주택에 당첨된다고 해도 다른 주택 청약자격이 그대로 유지된다.

최근 도시형 생활주택 등 수익형 부동산에 대한 관심이 높아지고 있으며 1~2인 가구 증가 추세에 맞춰 정부도 도시형 생활주택과 고시원 등 준주택의 공급을 늘리기 위해 다양한 규제완화와 혜택을 주고 있다. 부동산 투자의 트렌드도 아파트와 같은 '자산증식형'에서 고정적인 임대수익을 낼 수 있는 '임대수익형' 상품에 투자자들의 관심이 몰리고 있다. 최근 사업자 및 주차장 기준 등 규제를 완화한 도시형 생활주택은 1~2인 가구를 대상으로 한 임대사업으로 퇴직을 앞두고 있는 개인은 물론 사업시행을 원하는 법인, 임대관리업에 관심있는 회사, 대출로

자금조달을 하겠다는 은행권 등 다양한 주체들의 주목을 받고 있다.

<표 5-3> 도시형 생활주택, 오피스텔, 고시원 비교

구 분	도시형 생활주택	준주택	
		오피스텔	고시원
용도분류	공동주택	업무시설	제2종 근린생활 시설
근거법령	주택법	건축법	
주택수 포함여부	포함	미포함	
등기여부	구분등기	구분등기(고시원은 지분등기)	
주차기준	60~120m^2당 1대 (주차장 완화구역에서는 200m^2당 1대)	0.5~0.8가구당 1대	134m^2당 1대
건설기준	-전용면적 12~50m^2 -욕실, 주방 설치 가능	-욕실, 주방 설치 가능 -전용면적 85m^2 이하는 바닥난방 허용	-주출입구까지 세번 꺾임 불가 -가로·세로 50cm 창문 1개 이상 설치

도시형생활주택의 투자 포인트를 살펴보면 다음과 같다. 먼저 지하철역, 버스정류장, 철도역 등 주변 접근성이 양호한 지역이 좋다. 1인 가구의 대부분을 차지하는 대학생, 미혼회사원, 사회생활초년생 등은 많이 움직이지만 자가용을 보유하지 않은 경우가 대부분이기 때문에 가능하면 역세권이나 버스정류장 인근 등 접근성이 좋은 곳을 선호한다. 따라서 반드시 역세권으로 선택하여야 한다. 그 다음 상주인구 및 유동인구가 많은 곳이 유리하다. 인구증가율이 감소하는 상황에서는 인구가 사업밑천이다. 인구가 없는 곳에서는 임대사업뿐만 아니라 어

떤 사업도 고전할 수밖에 없다. 도시형 생활주택사업도 기본적으로 사업후보지역 자체의 상주인구가 많은 곳이 유리하다. 거기에다 유동인구까지 많다면 사업성공 가능성은 더욱 높다. 대학상권 지역이나 상업지역도 임대사업에 유리하다. 상업지역은 주거지역보다는 거주환경에 적합하지 않을 수 있겠지만, 사회활동이나 경제활동이 많은 1인 가구들이 주거지역으로 선호하는 곳이다. 일자리가 있고 퇴근 후 자기개발을 위한 학원 등의 시설들이 밀집되어 있기 때문이다.

5. 전원주택

전원주택이란 텃밭과 정원이 딸린 주택을 의미하는데 건축법등에서 정하는 법률적 용어가 아닌 생활용어이다. 전원주택의 변천과정을 살펴보면 다음과 같다. 1970년대 말은 농경사회에서 산업사회로 변화되면서 그 나름대로 부자라고 하면 고향의 향수를 달래거나 부를 과시하기 위한 별장하나 정도는 가지고 있던 시기이다. 1980년대 중반에는 세컨드하우스시대이다. 1985년 무렵 별장을 소유할 수 없었던 중산층에서는 수도권 일원의 유원지 주변이나 농촌에서 농가주택을 수리해 주말주택으로 이용하면서 세컨드하우스란 말로 전원주택을 이야기하기 시작했다. 1990년대는 이 전원주택에 주거와 주말개념이 도입된 시기이다. 이 시기는 부동산 가격의 급상승으로 토지거래허가제가 도입되었던 시기로 이때부터 농가주택은 농민이 살고 있는 집, 전원주택은 도시민이 사는 집으로 구분되기 시작했다. 1993년은 아파트 가격 상승으로 인한 전세대란으로 농가를 구입해 출퇴근하는 사람들이 많아진 시기로서 세컨드하우스에서 주거개념으로 이동해가는 시기라 볼 수 있다. 1996년 이후 전원주택으로 리모델링되었던 농가주택은 기존의 마을 내에 위치하고 있어 도시민들이 주말주택으로 이용하는 데는 문제가 없었으나 주거용으로 사용하기에는 지역주민들과의 이질감으로 불화가 생기는 경우가 많았다. 그래서 농가주택을 찾는 사람들이 외딴터를 선호하게 되었고 현재 전원주택 붐의 밑거름이 되기 시작했다. 2000년에 들어 이제 전원주택은 고향의 향수를 달래는 실버세대들의 것이 아니라 젊은 30, 40대들로 그 수요층이 변해가고 있다. 합리적이고 실용적인 관점에서 전원주택은 충분히 재테크도 되면서 주거욕구도 충족시키는 두 마리의 토끼가 되고 있다. 그렇다면 어떤 전원주택지가 좋을까, 전원주택지로서는 주변 환경과 경치가 좋고 남향으로 앉은 높은 지역에, 뒤에 산, 앞에 호수나 강을 보는 배산임수의 조건이 갖추어진 지역이라면 가장 이상적일 것이다. 그리고 이곳이 교통과 접근성이 좋은 지역이어야 한다. 도시민이 직장을 다니면서 전원생활을 결심한 경우 또는 은퇴자가 노후생활을 하기 위해 전원주택을 구하는 경우 종전에 살던 도시지역과 너무 멀리 떨어지지 않은 지역이 좋다. 그리고 시골의 전원생활을 할 때 고려하여야 할 중요한 사항 중 하나가 안전과 보안문제이다. 가족의 위급 시 전화로 연락하면 달려오거나 갈 수 있는 파출소나 소방서, 병원 등이 30분 이내에 있어야 한다.

제3편 상업용 부동산

제6장 상업용 부동산의 개념과 특성

정 경 환

제1절 유통산업의 발전과 유통업태

유통산업은 경제사회의 발전과 더불어 발전해 왔고, 이러한 유통산업의 발전에 발맞추어 상업용 부동산 또한 그 형태를 달리하며 발전해 왔다. 유통산업과 상업용 부동산은 불가분의 관계에 있어서 상업용 부동산을 살펴보기에 앞서 유통산업의 발전과정과 유통업태의 변화를 검토해 볼 필요가 있다.

1. 경제사회의 발전과 유통

경제사회의 발전단계에 따라 유통의 성격도 변화해 왔는데 여기서는 자본주의 이전의 사회와 이후의 사회로 크게 구분하여 간략하게 설명하기로 한다. 자본주의 이전의 사회는 기본적으로 자급자족 경제이기 때문에 유통이 매우 제한적으로 이루어졌고 대부분 물물교환의 형태를 취하였다. 예컨대 원시경제사회에서는 사람들이 집단공동체 생활을 영위하면서 지냈고, 경작법을 몰랐기 때문에 자연 생산물을 그대로 채취하거나 수렵·어로 생활로 최소한의 물자를 자급자족하였다. 이러한 집단공동체가 발달하기 시작하여 씨족공동체를 거쳐 부족공동체가 출현하면서 부족 간 약탈거래가 행해졌고, 여러 가지 도구나 농사기법의 발달로 생산량이 증대되면서 소비하고 남는 생산물은 다른 부족과 교환하는 물물교환의 협상거래가 행해지게 되었다.

생산성이 향상으로 인한 잉여 생산물의 증가로 교환의 필요성이 더욱 증대되었다. 물물교환은 그 불편함으로 인해 점차 쇠퇴하고 생산물을 가치화한 화폐가 출현하게 되었는데, 화폐의 출현으로 교환거래는 급속하게 발전하게 되었다. 이 시기 우리나라의 유통은 시장(市場)의 기원으로 알려져 있는 신라시대의 경사시(京師市)에서 시작하여 고려시대 중기까지는 상설적인 점포 없이 행상과 소규모 생산자들이 모여 포(布)와 미(米)를 가지고 거래하는 단계였고, 조선시대에 와서야 비로소 상설점포에 해당하는 육의전(六矣廛)을 한양성에 설치하였다.

자본주의 사회로 접어들어 상품생산이 본격화되면서 화폐는 상품의 유통과 경제활동의 매우 중요한 요소로 자리하게 되었다. 오늘날은 전자상거래를 통한 유통정보와 대금 지급방법 및 전자화폐 등이 보편화된 사회이다. 특히 제조·유통·소비가 분리되기 시작하였다. 그리고 소비자들의 소득이 증가하고 욕구가 다양화되면서 생산체제는 다품종 소량생산이라는 유연생산체체(flexible production system)로 빠르게 전환되고 있다.

현대와 같은 정보산업사회에서 유통산업은 정보통신 분야의 하드웨어와 소프트웨어의 비약적인 발전에 힘입어 소비자와 직결되는 각종 가격파괴 및 새로운 창조를 주도하고 있다. 우리는 실질적으로 유통업이 제조업을 리드하는 유통업 우위의 시대가 도래 했다고 말할 수 있다. 정보산업사회의 유통산업은 세계화·다국적화가 급속하게 진행되고 산업 경쟁력과 경제발전을 실제로 뒷받침하는 새로운 서비스 산업으로 각광 받게 되었다.

한편, 유통이란 생산과 소비를 이어주는 중간 기능으로서 생산품의 사회적 이동에 관계되는 총체적인 경제활동을 말한다. 즉, 상품과 서비스(Goods and Service)는 여러 단계를 거쳐 소비자에게 전달되는데, 이러한 과정을 유통(流通)이라 한다. 유통은 생산과 소비 사이에 발생하는 사회적·장소적·시간적 불일치를 해소하고, 생산자와 소비자를 모두 만족시킬 수 있는 매개체 역할을 하고 있다.

유통산업은 생산과 소비를 연결하는 산업을 지칭하며 소유의 이전이 이루어지는 상업적 유통산업과 소유의 이전이 배제된 물적 유통산업으로 구분된다. 상업적 유통산업에는 도·소매업이 있으며, 물적 유통산업에는 운송업, 창고업 등이 있다. 우리나라의 경우 유통서비스라고 하면 상업적 유통을 의미하며 현행 한국표준산업분류에서는 유통업을 별도로 구분하지 않고 관련 산업을 도·소매업으로 분류하고 있다.

2. 우리나라 유통산업의 발전과 유통업태

국내 소매업은 선진국에서 도입된 백화점, 슈퍼마켓, 전문점 등 현대적인 소매 업태들로 한정하면 그 역사가 매우 일천하다고 할 수 있다. 백화점을 기준으로 보면 미국은 1870년대, 일본은 1900년대 초에 최초의 백화점이 등장하였고 뒤이어 슈퍼마켓이나 양판점, 편의점, 할인점, 창고점 등의 다양한 소매업태가 개발되고 이들 업태들이 성장하였다. 한국의 경우 최초의 백화점이 등장한 시기는 1960년대로 보는 것이 적절하다. 뒤이어 1960년 후반에 가서야 비로소 현대식 슈퍼마켓이 설립되기 시작했다. 그리고 1980년대 이전 까지는 여전히 재래시장을 중심으로 한 전근대적인 소매업이 주종을 이루고 있었다. 그러나 1981년 이후 유통시장이 부분적으로 개방되기 시작하여 1996년 UR(우루과이라운드)협상이 타결됨에 따라 완전개방이 이루어져 대형할인점이 급성장하는 등 본격적으로 오프라인 상의 유통시장 현대화가 이루어지게 된다. 한편, 1990년대 중반 시작된 혁신적인 인터넷의 대중화에서 시작하여 최근 스마트폰으로 열풍으로 대별되는 모바일 혁명에 이르기까지의 IT기술의 급부상에 힘입어 온라인 유통시장은 오프라인 유통시장의 매출을 잠식하면서 계속적으로 그 시장점유율을 확대해 가고 있다.

1) 우리나라의 유통산업 발전과정

우리나라 유통업은 대체로 1960년대 후반까지는 재래시장과 소형점포들이 중심이 된 상업형태가 주종을 이룬 시기라 할 수 있다. 특히 이 시기의 소매업은 부정기시장, 정기시장, 상설시장을 중심으로 한 재래시장에 의해 주도 되었다.

1960년대 이후 정부의 적극적인 후원 아래 제조업과 더불어 근대적인 유통업이 비로소 본격적으로 발전했다. 특히 근대적인 유통기구로 백화점, 슈퍼마켓들이 본격적인 성장을 하기 시작했다. 당시 백화점은 일본자본에 의해 1930년 설립된 미쓰코시 백화점을 해방이후 삼성이 인수한 현재의 신세계 백화점과 민족자본에 의해 1931년에 설립된 한국 최초의 백화점인 화신 백화점이 전부였는데 1960년대 후반 이후 미도파 백화점, 롯데 백화점 등이 설립되었다. 백화점의 성장은 산업화에 따른 인구의 도시유입과 국민경제성장에 따른 소득증가가 내수소비로 이어진 것에 기인한 것이다. 이러한 백화점의 성장을 유통의 제1차 혁명이라 부르기도 한다. 한편 1964년 한국 슈퍼마켓이 개점되었으나 제 역할을 하지 못하였고, 1968년에야 오늘날과 같은 슈퍼마켓인 뉴서울 슈퍼마켓이 개점되어 본격적인 역할을 하기 시작하면서 이후 서울시의 아파트 단지를 중심으로 해서 급속하게 확산되었다. 백화점과 슈퍼마켓이 설립되기 시작한 이 시기는 사실상 우리나라에 현대적인 유통업이 도입된 시기라 할 수 있다.

1980년대에 접어들면서 기존 백화점들이 다점포화를 시작하고 대기업인 현대, 선경, 한국화약, LG, 해태 등이 백화점이나 양판점 또는 농수산물 유통에 참여하였다. 이로써 기업형 유통형태가 본격화되기 시작했는데 서구식 쇼핑문화가 확산되고 유통산업 내의 경쟁도 치열해졌다. 한편 1981년부터 우리나라 소매 유통시장이 부분적으로 개방되면서 외국 업체와 제휴한 7-Eleven 그리고 국내업체인 Familymart, LG 25시(현, GS 25시)와 같은 편의점이 출현하였고 이는 유망한 소매 업태로 자리하기 시작했다. 이와 달리 급속한 성장을 하던 슈퍼마켓은 위축되기 시작했다. 매장규모가 작고 현대적인 소매경영기법을 효율적으로 활용하지 못하면서 경쟁업태에 시장을 내어준 것으로 보인다.

1990년대 중반 이후 우리나라 유통업에는 새로운 유통업태가 들어서기 시작했다. 1996년 UR(우루과이라운드)협상이 타결됨에 따라 국내 유통시작은 완전 개방되었으며 정부도 1997년 「유통산업발전법」을 제정하여 유통업 육성에 힘을 기울였다. 이 시기에 소위 '대형마트'라 불리는 파격적인 저가격을 경쟁의 무기로 하는 새로운 업태인 대형할인점과 회원제 창고형 도·소매점이 등장하였다. 이러한 대형마트는 가격 경쟁력을 바탕으로 시장점유율을 확대해 나갔으며 그 결과 기존의 유통업태인 재래시장, 백화점, 슈퍼마켓의 위축은 불가피했다. 당시 우리 경제는 맞벌이 부부의 비중이 늘어나면서 편리한 쇼핑 공간의 필요성 대두되었고, <표 6-1>에서 보는 것처럼 마이카 시대의 도래로 자동차의 보급이 대중화 되면서 대량구매가 가능하게 되었다. 그리고 IMF 이후 합리적인 소비를 추구하며 저가 구매를 원하는 소비 성향이 대세를 이루게 되었다. 이에 잘 부합하는 유통기구였던 대형마트는 그 매출액이 1993년 국내시장에 선을 보인 이후 1995년부터 2000년 사이에 매출액이 15배 이상 성장하는 등 상상을 초월하는 급성장을 이룩하여, 2010년 현재 전체 소매 판매액의 약 12%의 시장점유율을 자치하는 거대한 유통업태로 자리매김하게 되었다. 이러한 대형마트의 성장은 유통의 제2차 혁명이라 불리기도 한다.

<표 6-1> 자동차 등록 현황 (단위 : 만대, 천대, %)

구 분	등록대수(만대)	전년비 증가대수(천대)	전년비 증감비(%)
2001	1,291	855	7.1
2002	1,395	1,035	8.0
2003	1,459	637	4.6
2004	1,493	347	2.4
2005	1,540	463	3.1
2006	1,590	499	3.2
2007	1,643	533	3.4
2008	1,679	366	2.2
2009	1,733	531	3.2
2010	1,794	616	3.6

자료 : 국토해양부, 『자동차 등록현황 시도별 자료』

한편 이 시기의 백화점은 IMF 이후 인수·합병을 통한 대형화와 롯데, 현대, 신세계라는 빅3의 구도를 통해 유통시장을 주도하기도 했으나 강력한 경쟁자인 대형마트의 급성장으로 국내 유통시장은 '백화점 중심'에서 '백화점 대 대형마트의 경쟁국면'으로 전환을 하게 된다. 이러한 경쟁과정에서 백화점은 명품입점 및 VVIP 마케팅 강화를 통한 고급화 전략과 복합엔터테인먼트 쇼핑몰로의 변신을 통한 대중화 전략을 구사하고 있다.

2000년대 이후 유통업의 변화 중 가장 눈에 띄는 것은 온라인 유통업태의 등장이다. <표 6-2>에서 보는 것처럼 오프라인 유통업태들은 그 성장세가 주춤하고 있지만 온라인 유통업태를 포함한 무점포 판매는 급격한 성장세를 보이고 있다. 1990년대 중반 이후 인터넷의 대중화라는 혁신적인 뉴미디어의 확산과 여성의 사회진출 확대에 따른 편리한 쇼핑 추구 및 소비자의 합리적 소비성향에 기인한 저가격 추구성향은 TV홈쇼핑, 인터넷쇼핑몰 등의 새로운 업태의 온라인 소매점을 탄생시켰다. 초기 온라인 쇼핑은 소비자의 신뢰를 얻지 못해 시장점유율이 미약하게 출발했으나 실제 거래 경험을 통한 편리성과 신뢰성을 확보하면서 고속성장을 하기에 이른다. 또한 2000년대 중반에 시행된 대형 오프라인 매장의 셔틀버스 운행금지 조치도 온라인 쇼핑 매출액 증대에 일조한 것으로 파악된다. 온라인 유통시장의 성장을 유통의 제3차 혁명이라 부를 수 있는데 우리나라는 유통의 제3차 혁명이 진행 중이라고 할 수 있다. 오늘날은 '오프라인 유통기구 대 온라인 유통기구의 대결'이라는 새로운 경쟁구도로 나아가고 있다. 그러나 전체적으로 보면 유통업태간 치열한 경쟁이 전개되고 있다고 볼 수 있다.

<표 6-2> 2008~2010년 소매 업태별 판매액 동향 (단위 : 백만 원, %)

소매업태	2008년	비중	2009년	비중	2010년	비중
합 계	241,996,385	100	251,697,903	100	275,853,479	100
백 화 점	19,799,920	8.2	21,783,591	8.7	24,316,754	8.8
대형마트	30,113,812	12.4	31,212,768	12.4	33,733,030	12.2
슈퍼마켓	21,525,393	8.9	22,423,152	8.9	23,821,497	8.6
편 의 점	5,514,930	2.3	6,244,593	2.5	7,342,749	2.7
전문상품소매점 (재래시장 포함)	141,103,212	58.3	142,987,427	56.8	155,544,047	56.4
무점포판매(홈쇼핑, 인터넷포함)	23,939,107	9.9	27,046,361	10.7	31,095,393	11.3

자료 : 통계청(2010), 『연도별 소매 업태별 판매액 동향』을 재구성 함

2) 우리나라의 유통업태

① 잡화점

잡화점(general store)은 식료품 및 각종 생활필수품인 일용잡화를 제한된 지역 내에서 독점적으로 운영하던 가장 오래된 소매상으로서 교통이 발달하지 못하고 경쟁이 제한된 상태에서 그 지역고객이 반(半)강제적으로 유인될 수밖에 없는 구조였다. 점포주의 배타적이고 비효율적인 점포운영과 상품지식의 부족 및 교통의 발달로 서서히 사양길로 접어들게 되었다.

② 슈퍼마켓과 SSM

국내의 경우 1960년대 들어 슈퍼마켓(supermarket; 한국슈퍼마켓(1964), 뉴서울슈퍼마켓(1968))이 처음 등장하였으나 1970년대 들어 정부가 유통산업 근대화를 위해 일정 기준을 충족시키는 슈퍼마켓을

체인업체로 지정해줌에 따라 럭키, 한양, 삼양 등 대기업들이 슈퍼마켓 시장으로 진출하였고, 이로 인해 본격적인 도입기를 맞게 되었다. 1990년대 중반 이후 유통시장의 전면 개방과 편의점, 할인점 등의 새로운 업태의 출현으로 인해 중소 슈퍼마켓들은 경영상의 어려움을 겪고 있다. 슈퍼마켓업체들의 경영 비효율성은 백화점, 편의점 등의 다른 소매 업태들에 비해 평당 매출액, 매출 총이익률 등이 상대적으로 낮은 것에서 잘 나타나고 있다.

최근 들어 대형할인점들이 대규모 부지확보의 어려움으로 인해 SSM(Super Super Market)의 형태로 점포를 확대하는 것도 슈퍼마켓을 위협하는 한 요인이 되고 있다. SSM은 기존 슈퍼마켓과 할인점의 중간 형태를 띤 업태로 고객의 편리한 쇼핑을 위해 100대 정도의 주차공간을 갖춘 1,650~3,300㎡ 규모의 초대형 슈퍼를 말한다. SSM이 매출의 70% 이상을 식품에서 올리려고 한다는 점에서 슈퍼마켓의 강력한 경쟁자로 부각되고 있다고 할 수 있다.

③ 백화점

한국의 백화점(department store)은 1960년대 들어 신세계 백화점과 미도파 백화점이 각각 직영체제를 도입함에 따라 본격적인 도입기가 시작된 이후 지금까지 지속적인 성장을 보이고 있다. 특히 1979년 롯데 명동점의 개점과 서울 강남 백화점의 잇따른 개점은 백화점의 대형화와 다점포화를 가속화 하였다. 소비자에게 백화점에서의 제품구매가 사회적 지위(status)와 관련된 만족을 줄 수 있다는 것이 현재까지 백화점의 주요 경쟁우위의 원천이었다. 예를 들어, 소비자가 동대문 시장에서 의류를 구입하지 않고 백화점에서 구입하는 이유는 이러한 구매가 제품에 대한 높은 신뢰성, AS보장 이외에 사회적 지위에 대한 심리적 만족감을 줄 수 있기 때문이다. 앞으로 백화점과 재래시장 사이에 존재하는 저가격 소구의 양판점, 할인점, 아웃렛 등의 새로운 업태가 지속적으로 성장할 것으로 예상되기 때문에 백화점은 새로운 성장전략을 모색하여야 할 것이다. 이에 백화점은 생존전략으로써 한편으로는 명품입점 및 VVIP 마케팅 강화를 통한 고급화 전략을 구사하고 있으며, 다른 한편으로는 복합엔터테인먼트 쇼핑몰로 변신을 통한 대중화 전략을 구사하고 있다.

④ 편의점

국내의 경우 1989년 올림픽 선수촌에 등장한 7-Eleven이 본격적인 최초의 편의점(CVS : Convenience Store)이고 이후 편의점이 급속한 성장을 이루어 2009년 현재 14,130개의 편의점이 있다. 이들 편의점들은 전통적인 구멍가게를 대체하는 한편 야간에도 제품구입을 가능하게 하고, 도심권내의 구멍가게가 입점하기 어려운 곳에 진출함으로써 새로운 수요를 개발하는 역할을 하고 있다.

⑤ 할인점

국내 최초의 할인점(discount store, 대형마트)은 1993년 11월에 신세계에 의해 출점된 서울 도봉구 창동의 E-마트로 볼 수 있다. E-마트는 점포시설투자와 고객서비스를 대폭 축소하는 대신 식료품과 생활용품을 중심으로 연중 통상적인 소매가격보다 20~30% 정도 할인된 가격으로 판매하는 항시저가격정책(EDLP: Every Day Low Price)을 선택함으로써 가격파괴의 기폭제가 되었다. 국내 할인점시장은 E-마트, 롯데마트, 킴스클럽, 메가마켓 같은 국내업체와 까르푸, 홈플러스, 월마트 등의 외국계 할인점으로 양분되어 치열한 경쟁을 벌여 왔으나 2006

년 들어 까르푸와 월마트가 잇달아 철수함에 따라서 시장 선도기업인 E-마트를 포함한 토종 할인업체들이 할인점 시장을 지배하게 되었다.

국내 할인점업체들은 국내시장에서는 확고한 경쟁우위를 가지고 있지만, 글로벌 할인점시장에서의 경쟁에서는 자금력, 전문지식, 경영노하우, 유통시스템, 그리고 유통전문 인력 등이 외국계 할인점에 비해서는 대단히 취약한 편이다. 따라서 이와 같은 문제점을 극복할 수 있는 국내 할인점의 장기적인 경쟁전략이 필요하다. 한편, 국내에서 다른 유통기구와의 경쟁력확보 차원에서 백화점 형태와 결합된 고품격 할인점으로의 전환을 모색할 필요성이 제기되고 있다.

⑥ 전문점

전문점(specialty store)의 경쟁적 우위는 제품의 전문적인 구색과 서비스의 제공에 있다. 예를 들어, 오디오 구매자들은 백화점이나 가전 대리점 혹은 오디오 전문점 중에서 한 곳에서 원하는 오디오를 구매하게 된다. 이 중에서 오디오 전문점에서 구매하는 소비자들이 전문점을 이용하는 이유는 백화점이나 가전 대리점에 비해 전문점이 깊은 제품 구색을 보유하고 있으며 전문적인 서비스를 제공하기 때문이다. 전문점은 특정한 수요층이 필요로 하는 다양한 제품을 구비하여 일괄구매(one-stop shopping)를 유도하기 위한 것으로 최근에는 신세대, 실버계층, 미시족 등을 주요 목표고객으로 하고 있다.

⑦ 전문할인점

국내의 경우 패션용품, 사무용품, 스포츠용품 등 상품별로 전문할인점(Special Discount Store: Category Killer)이 도입되고 있는데 전자제품 전문할인매장인 하이마트와 전자랜드21, 장난감 전문할인매장인

토이월드, E-마트가 운영하는 스포츠 전문할인점인 스포츠데포 등이 이에 해당하며 매장이 할인점과 비슷하다. 우리나라 소비환경을 살펴보면 다양화·합리화와 효율성 추구의 경향을 띠고 있는데, 이러한 소비환경에서 저가격과 한정된 제품군 내의 깊은 구색으로 특징지어지는 전문할인점의 성공가능성은 높을 것으로 판단된다.

⑧ 온라인 쇼핑

현재 온라인 쇼핑(on-line shopping)은 TV 홈쇼핑, 인터넷쇼핑, 오픈마켓 등의 형태로 운영되고 있는데 이러한 온라인 쇼핑의 주요 경쟁요인은 낮은 구매 정보비용, 상품의 품질 및 가격 비교의 용이성, 저가격 등을 들 수 있다. 이러한 온라인 쇼핑의 경쟁력을 가장 잘 반영한 오픈마켓이 최근 온라인 시장을 점령하고 있다. 오픈마켓이란 판매수수료를 지급한 개인 판매자가 온라인에 직접 점포를 개설하고 상품을 판매하는 형식으로 중간 유통마진을 없애 온라인 쇼핑의 판매방식 중에서도 값이 저렴한 것이 특징이다. 또한 오픈마켓은 마진이 적지만 유통업에 수반되는 막대한 물류비용 부담이 없고, 반품·재고 문제가 발생하지 않는다는 장점이 있다. 이러한 오픈마켓으로는 현재 인터넷상에서 운영 중인 옥션, G-마켓, 인터파크 등을 들 수 있다. 그리고 최근 급격하게 보급된 스마트폰은 트위터나 페이스북 등의 소셜 미디어와 결합하여 모바일 유통의 한 축을 담당함으로써 온라인 유통시장의 점유율을 더욱 확대할 것으로 기대된다.

제2절 상업용 부동산의 개념과 분양

1. 개념

상업용 부동산(commercial/retail property)은 대표적인 수익형 부동산으로서 자산을 보유한 투자자를 위해 외부수익 또는 소득을 일으키는 모든 부동산을 말한다. 즉, 수익을 목적으로 하는 상업 활동에 이용되는 부동산을 뜻한다. 상업용 부동산이 광의의 의미로 쓰이고 있지만, 여기에서는 상업용 부동산 중에서도 매장 또는 점포용으로 사용되는 부동산에 한정한다.

상업용 부동산은 시장참여자가 공급자와 이용자로만 이루어진 주거용 부동산과는 다르다. 이러한 차이점 때문에 시장참여자에 대한 분석은 상업용 부동산을 이해하는 데 중요하다고 할 수 있다. 일반적으로 상업용 부동산에 대한 실무적 접근이나 연구 활동이 대부분 공급자인 시행자에 집중되어 있다. 그러나 거주를 목적으로 하는 주거용과는 다르게 부동산을 통해 수익을 창출해야 하는 상업용 부동산은 타 부동산과 다른 접근을 해야 한다. 상업용 부동산이 타 부동산과 가장 크게 다른 점은 임대되는 경우가 대부분이기 때문에 다양한 업종을 수행하는 임차인이 중요한 구성요소라는 점이다.

임차인은 부동산에 어떠한 매력이 있지 않으면, 해당 부동산에 입점하지 않을 것이다. 상업용 부동산에 임차인이 모이지 않으면, 그 부동산은 가치의 하락으로 인해 존속되지 못할 것이다. 또한, 상업용 부동산은 수익형 부동산의 일종으로 '소매 및 편의시설' 즉, 일반인에게 상품, 서비스, 설비나 시설을 제공하는 업체들이 입주하기 때문에 비록 개인이 소유하고 있지만 보유자가 이용하는 것이 아닌 다수의 일반인이 사용한다. 이때 다수의 일반 이용자들이 상업용 부동산을 많이 이용할수록 그 부동산은 영업도 잘되고, 더불어 부동산의 가치도 올라가기 때문에 이러한 최종이용자 겸 상가 부동산의 소비자인 고객에 대한 생각 역시 중요하다고 할 수 있겠다. 다음의 <표 6-3>은 상업용 부동산의 일종인 상가용 부동산의 시장참여자의 구성원과 각각의 추구이익에 대해 나타낸 것이다.

<표 6-3> 상가용 부동산개발 시 시장참여자의 분류와 추구이익

구분	용지공급자	상가용부동산 공급자	상가용부동산 구매자	상가용부동산 운영자	상가용부동산 이용자
명칭	택지개발 시행자, 토지주	시행자	피분양자	임차인	고객
공급물품 서비스	택지, 상업용지	상가용부동산 건물	구분등기 점포	상품, 서비스	구입 및 이용
공급방식	입찰,수의 계약, 추첨	수의계약	중개업소이용	중개업소이용	자유선택
이론적 배경	신도시개발 택지개발 근린주구 이론	부동산개발 분양 마케팅	입지론, 상권분석, 부동산가치	부동산투자	점포선택이론 소비자구매 선택행동
추구목적	주거안정, 매매차익	시행이익	매매차익 임대운영수익	운영수익	만족
적용법규	택지개발촉진법, 세법	건축물분양에 관한 법률 건축법, 세법	세법	세법	
문제점	계획성부족, 공급이루 고려 없음, capital gain에만 충실	분양에만 집중 공급이후 단절	전매차익 집중상가 활성화에 노력 없음	영업이 잘되는 상가를 구하기 어려움	물품구색, 가격 만족성 부족, 다양한 욕구반영 안됨

자료 : 하권찬(2008), 「상가용 부동산의 분양률과 입점률 영향요인 분석」, 건국대학교 박사학위논문

2. 분양

1) 부동산분양의 개념

한국의 상업용 부동산은 다른 나라와 가장 크게 차이나는 것으로 '분양'이라는 제도를 들 수 있다. 부동산분양이란 분양대상의 건물 또는 토지 등 부동산을 제3인에게 구분 또는 분할하여 매도하거나 임대하는 등의 거래행위를 의미하는 것으로서, 부동산 중개업자의 중개에 의한 부동산의 매매나 임대차와 같은 일반거래와 대비되는 개념이다.

2) 분양대상 권리에 따른 구분

부동산 분양은 분양대상 권리에 따라 '매매분양'과 '임대분양'으로 구분되고 있다. '매매분양'은 분양계약자가 대상 부동산의 소유권을 취득하는 형태의 분양을 의미하며, '임대분양'은 분양계약자가 대상 부동산의 임대권리를 취득하는 형태의 분양을 의미한다. '매매분양'의 경우 분양사업자는 피분양자의 분양대금 납부를 전제조건으로 분양부동산에 대한 소유권보존등기 또는 이전등기의무를 이행해야 한다. '임대분양'의 경우에는 계약내용에 따라 미등기임차권이 부여되는 경우가 대부분이나 임차권설정등기나 전세권설정등기를 하는 경우도 있다. 이러한 분양대상의 권리에 따른 분류는 다음과 같이 세분화될 수 있다.

① 구좌분양

분양대상물의 층 및 건물 대부분의 점포의 크기와 모양이 거의 일률적으로 똑같이 구획되어 있고, 층별로 점포 분양가격도 같기 때문에 호수를 구별하지 않더라도 점포의 크기와 분양가를 알 수 있는데 그 각각의 점포를 '구좌'라고 하며, 일반적으로 테마상가나 쇼핑몰을 분양하는 방법으로 선호되는 방법이다.

② 구분분양(등기분양)

층 및 면적과 업종, 분양가가 각각일 경우, 개별적으로 업종호수가 구분되어져 있는 점포를 분양하는 방법이며, 근린상가나 단지 내 상가의 분양에 많이 사용하는 분양방법이다. 상가를 '등기분양'받는다는 것은 "내 앞으로 상가에 대한 소유권을 취득한다"는 의미이다. 소유권을 가지고 있기 때문에 상가에 대한 재산권 행사를 할 수 있으며, 직접 운영할 수도 있고, 남에게 임대를 줄 수도 있는 권한을 가진다. 법적으로는 개별 등기로서 상가를 계약하면 토지와 건물에 대한 소유권이 피분양자에게 넘어오는 분양방식이다. 등기가 가능하기 때문에 권리확보 면에서 안전하다고 볼 수 있고, 법적 소유권이 있어서 언제라도 매매나 기타 재산권 행사를 할 수 있다는 장점이 있는 반면 여러 사람이 소유권을 갖게 되므로 상가 내에 입점한 점주들 사이에 의견일치가 어렵다는 점과 영업이 안 될 때에는 그 책임을 전부 피분양자, 즉 등기분양자들이 져야 한다는 부담이 있다. 등기분양 받는 것이 유리한 상가로는 단지 내 상가, 근린상가 등이 있다.

③ 지분분양

층이나 전체가 하나의 테마로 운영되어져야 하는 특수성으로 인해 특정 호수로 구분할 수 없을 경우에 전체를 공동지분으로 하고, 개인은 총면적분 대비 개인 지분으로 나누어 수익을 지분별로 배분받는 방식이다. 극장이나 게임존 등의 분양 시에 주로 이용되는 방법이다. 지분분양은 분양의 단위가 작기 때문에 피분양자 입장에서는 적은 자본으로 상가용 부동산을 마련할 수 있다는 장점이 있는 반면에, 전체적으로 영업이 활성화되지 않으면 부동산의 가치상승이 어려운 단점이 있다.

④ 임대분양

상가에 대한 사용권을 갖는 분양방식이다. 즉 시행자 즉, 건물주에게 보증금을 주고 상가의 일부분을 일정기간 사용할 수 있는 권리를 부여받는 것이다. 결국 임대분양은 상가에 대한 실제적인 제반 권리는 건물주가 갖고 있고 임대차계약이 이루어진 계약기간동안 임차인은 임대차상의 권리를 갖는다. 계약기간은 상가에 따라 다르지만 보통 2~5년간이며 임대기간이 끝나면 연장 계약하는 것이 통례이다. 오랫동안 영업을 안정적으로 할 수 있는 권리는 등기분양보다는 다소 떨어지며, 또한 개인의 능력보다도 운영회사의 경영노하우에 따라 상가 활성화의 성패가 달려 있기 때문에 시행사의 능력과 경험 유무가 중요하다. 임대분양의 장점은 사업시행자의 재무구조가 건전하고 마케팅 능력이 있을 때 등기분양에 비해 분양가가 저렴하고 재임대 등으로 고수익을 낼 수 있다는 것이다. 또, 임차기간이 끝나 계약연장을 하지 않을 시 보증금을 돌려받을 수 있기 때문에 원금손실이 없다는 것도 장점이다. 그러나 시행사가 부도가 나거나 사업주체가 바뀌면 권리금은 고사하고 보증금조차 받지 못하는 점이 단점으로 지적된다. 임대분양 받는 것이 유리한 상가는 테마상가나 쇼핑몰, 복합상가 등이다.

제3절 입지상권의 분석

1. 상권과 입지

상권(trading area, market area)이란 점포와 고객을 흡인하는 지리적 영역을 의미하며, 때로는 모든 소비자의 공간선호(space preference)의 범위를 의미하기도 한다. 따라서 상권은 판매액의 비율에 따라 구분할 수 있는데, 대표적인 상품 판매액의 약 70%를 차지하는 지역을 제1차 상권, 다음 25%를 차지하는 지역을 제2차 상권, 그 나머지를 제3차 상권이라 말한다.

최근 들어 입지와 상권에 대한 중요성을 지적하는 목소리가 높다. 창업과 관련한 각종 여론조사에서 알 수 있듯이 성공을 위한 다양한 요소들이 있음에도 불구하고 막상 점포를 개설하고 영업을 시작하면 그 영업의 성공여부가 점포의 입지조건이나 상권으로 귀결되기 때문이다. 무엇보다도 다른 요인들은 점주의 노력여하에 따라 변경이 가능하지만 점포라는 것은 계약기간 내에는 임의로 위치를 변동할 수 없기 때문이다. 이른바 불변자본에 속하기 때문에 점포를 포기하지 않는 한 변화를 도모할 수 없다.

그럼에도 불구하고 상권과 입지에 대해 명확한 구분을 내리기는 쉽지 않다. 자리, 목, 지점과 같이 혼용해서 사용하고 있지만 정작 상권과 입지에 대한 차이를 명확히 설명하기 위해서는 상당한 노하우와 식견이 필요하다. 하지만 이에 대한 충분한 이해 없이는 좋은 점포를 구한다는 것 자체가 무리일 수밖에 없다. 그 이유인즉, 대부분 업종에 대한 충분한 이해가 선행되지 않고 입지조건만을 강조하다 보니 중심일수록, 대로변일수록 좋다는 평가를 내리기가 쉽고 결국 높은 임대료와 권리금을 감수할 수밖에 없다는 것이다. 하지만 영업실적은 전혀 다른 양상으로 나타나기 때문에 외형적 조건이 성공의 잣대가 될 수 없다. 이것이 입지와 상권을 구분해야 하는 근본적인 이유가 된다.

입지는 점포가 소재하고 있는 위치적인 조건을 말한다. 보다 구체적으로 말하면 입지조건을 말한다. 상업 지구에 속해 있는지 아니면 일반주거지에 속해 있는지, 도로와의 거리는 얼마나 되는지, 중심부로부터 얼마나 떨어져 있는지, 가시성은 좋은지, 아파트단지와의 거리는 얼마나 되는지 등이 입지조건을 평가하는 잣대가 된다. 여기서는 지점(point)이 평가척도로 작용한다. 흔히 1급지, 2급지, 3급지로 상권을 평가하는데, 보다 엄밀히 말하자면 입지조건을 구분한 것으로 이해하는 것이 옳다. 급지를 평가하는 척도로는 일반적으로 임대료의 수준을 들고 있다. 임대료의 차이가 발생함에 있어서는 차별적 지대(discrimentary rent)의 원리가 작용하는데, 수확체감의 원리에 따라 중심부로부터 벌어질수록 임대료가 떨어지게 마련이다.

고객의 입장에서는 중심에 가까울수록 접근성이 높아지기 때문에 경쟁관계에 놓여 있는 판매자의 선택은 중심을 향할 수밖에 없다. 결국 점포의 수요와 공급에 영향을 미치게 되며 중심일수록 과수요상태가 형성되고 중심에서 멀어질수록 과공급상태가 형성되기 마련이다. 이러한 원리로 임대료의 차이가 발생하며 바닥 권리금이라는 일종의 프리미엄이 형성된다.

입지조건에 있어서는 외형적인 조건의 가치화가 중요한 변수가 된다. 하지만 업종특성을 제대로 반영하지 못한다는 측면에서 자칫 속단의 빌미를 제공하기도 한다. 이해를 돕기 위해 사례를 들어보자. 대학가에 편의점이 들어갈 자리를 찾는다고 하면, 우선 가장 유동인구가 많은 횡단보도와 버스정류장과 인접해야 하며, 전면이 넓은 실평수 20평 이상의 모퉁이 점포가 최적의 입지조건이라 할 수 있다. 만약 이런 입지조건을 만족할 수 있는 최적의 점포를 구해 입점했다고 했을 때, 성공을 보장할 수 있을까? 성공확률은 반반이다. 성공을 보장하기 위한 전제조건이 있다. 앞서 언급한 조건에 대하여 고객의 니즈(needs)가 변하지 않는다는 전제가 그것이다. 버스정류장이 인접해 있다는 것 자체는 적지 않은 반사이익을 가져다준다. 잠시나마 기다리는 동안 편의점을 방문할 수 있는 기회를 제공하기 때문이다. 하지만 버스노선이 변경되거나 지하철노선이 들어서는 경우에는 상황이 돌변하게 된다. 정체해 있어야 할 인구가 흘러가게 된다. 경기가 어려워져 대학생의 주머니 사정이 빠듯해지는 경우도 편의점의 매출에 영향을 미치게 된다. 만약 요즘 대학생들의 사치풍조를 비난하는 캠페인이 확산된다면 이것 역시 소비패턴에 영향을 주게 될 것이다.

인접점포의 업종변화도 고객의 발길을 돌리는 요소가 된다. 20대를 위한 패스트푸드, 팬시, 주얼리, 편의점과 같은 업종들이 대부분을 차지하다가 음식과 주류관련 업종이 서서히 들어선다면 편의점을 이용하는 시간대와 고객층, 목적이 달라지게 된다. 결국 편의점 역시 자리를 옮겨야 하는 상황으로 몰리게 된다. 이처럼 단순히 미시적인 입지조건만을 따지거나, 정적인 상황만을 전제로 한다면 분명 향후에 발생할 예기치 못한 상황을 극복하지 못하게 된다. 입지조건을 보다 거시적인 측면에서 이해해야 한다는 뜻이다. 고객의 니즈와 이를 둘러싼 환경적인 요인, 경제사정, 접근성, 경쟁업체의 기술 수준이나 마케팅능력, 임대료수준 등 보다 포괄적인 접근이 필요하다는 것이다.

<표 6-4> 입지와 상권의 비교

구 분	입 지	상 권
개 념	대지나 점포가 소재하고 있는 위치적인 조건(Location)	대지나 점포가 미치는 영향권(거래권)의 범위(Trading Area)
물리적 특성	평지, 도로변, 상업시설, 도시계획지구 등 물리적 시설	대학가, 역세권, 아파트단지, 시내중심 상가, 먹자상권, 등 비 물리적 상거래 활동 공간
Key Word	POINT	BOUNDARY
등급구분	1급지, 2급지, 3급지	1차상권, 2차상권, 3차상권
분석방법	점포분석, 통행량 분석	업종경쟁력 분석, 구매력 분석
평가기준	권리금, 임대료(m^2당 단가)	반경거리(250m, 500m, 1Km)

2. 상권의 형태

1) 목적형 상권

고객이 소비의 목적을 정하고 방문하는 상권을 의미한다. 서면을 비롯한 로데오 상권이나 웨딩숍이 몰려있는 상권, 한약방이 몰려있는 상권, 가구전문점이 몰려있는 상권, 주얼리 전문점이 몰려있는 상권 등이 대표적이다.

목적형 상권은 구매빈도가 높지 않지만 방문에 따른 구매율이 높기 때문에 새로운 경쟁자의 진입이 용이하지 않다. 기존 점포들의 텃새가 만만치 않다는 것이다. 또한 경기침체 등 해당상품에 대한 소비가 줄면 상권전체가 심각한 타격을 입기 때문에 스스로의 독자적인 마케팅 전략을 구사하기도 어렵다. 주택가보다는 시내중심을 향하는 특성이 강하고 독립지역 보다는 가격이 저렴하다는 이점이 있어서 원거리 고객의 유입이 가능하다. 낙지골목, 오징어골목, 카페골목, 고기골목과 같이 먹자골목도 일종의 목적형 상권에 속한다. 목적형 상권에 진입하고자 할 경우에는 가급적 동일업종 보다는 비슷한 업종군의 틈새업종을 선택하는 것이 바람직하다.

반면에 비목적형 상권은 역세권과 같이 사전에 구매의사를 정하지 않고 우연하게 구매가 일어나는 상권을 의미한다. 대체로 업종간의 연계성이 높지 않기 때문에 구매목적이 있어도 목적을 제대로 달성하기 어렵다. 때문에 단골을 만들기가 쉽지 않아 가급적 유동인구의 많고 적음에 따라 성패가 엇갈린다. 김밥전문점이나 패스트푸드, 오락게임장, 편의점, 화장품전문점 등이 비목적형 상권에 적합한 대표적인 업종들이다.

2) 중심지 상권

도시의 핵심을 이루는 중심 상권은 역이나 터미널 등 교통 시설이 갖추어져 있고 재래시장과 대형 도매 상가 등이 집중 분포되어 있다. 수많은 점포와 고객이 혼재되어 있어서 경쟁관계 보다는 업종이나 점포의 차별화가 생명이다.

상권은 지리적 근접성을 근간으로 형성된다. 입지이론에서 기초적인 모델로 사용하는 <그림 6-1>의 크리스탈러의 육각형 모형을 보면, 1차적인 전제조건은 각각의 수요자가 시장을 방문하는데 소요되는 최단거리의 중심이 해당 지역상권의 중심축이 된다는 것이다. 각각의 지역상권의 중심축을 연결하면 2차 중심축이 형성되고 다시 2차 중심축을 서로 연결하면 광역화된 도심이 형성된다는 논리이다. 마치 벌집을 연상하게 하는데 최단거리라는 개념이 핵심이다. 명동이나 종로, 강남역과 같은 도심은 다운타운 중심 간의 중심축이 되는 부심 그리고 부심간의 중심축을 연결하여 형성된 도심이 된다.

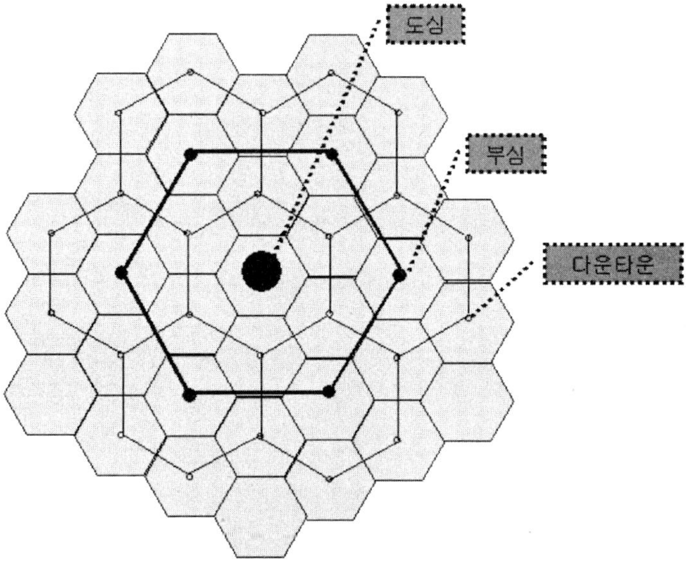

<그림 6-1> 크리스탈러의 육각형 모형

도심은 상업과 업무기능이 가장 잘 발달된 지역이라 할 수 있다. 중심업무지구(CBD: Central Business District)가 여기에 속하는데, 금융시설, 쇼핑시설, 위락시설, 공공시설이 밀집된 지역이다. 전국적인 차원에서 서울은 그 중심에 해당하며 역사적으로도 수도를 어디에 두느냐가 커다란 관심사가 되기도 한다.

인구 10만 이하의 소도시는 시내중심가가 1개의 단핵구조를 가지고 있지만 그 이상의 인구규모가 되면 중핵 내지는 다핵구조로 공간구조가 재편성된다. 예전에는 시내중심가라고 할 수 없었지만 다운타운이 형성되고 부심이 발달하게 되면 자연스럽게 도심의 역할을 하는 중심축이 형성되게 된다.

3) 부심지 상권

도심 집중화현상에 따른 교통난이나 주택난 등을 해소하기 위해서 만들어진 부심(semi-core)은 도심과 다운타운과의 지리적 연결고리 역할을 함과 동시에 소비의 중간단계를 형성하고 있다.

부심이란 일정한 지역독립성을 갖고 있으면서 다운타운(동네상권)에서 구매할 수 없는 상품이나 업종이 존재하고 공공시설과 상업시설, 업무시설이 도심보다는 그 규모가 작지만 그 나름의 기능을 수행하고 있는 공간을 의미한다. 각 자치구별로 일정한 부심이 형성되는 이유가 여기에 있다. 특히 역세권을 중심으로 부심이 형성되고 있다.

도심보다는 방문주기가 빈번하고 유명백화점이나 극장, 금융시설 등이 밀집해 있어서 일정시간 동안 머무를 수 있다. 업종 간 연계성도 동네상권에 비해 높고 업종간의 군락화도 이루어진다. 다만, 고객의 방문목적이나 연령층이 다양해서 입지조건에 따라서 출점 가능업종을 선별하기가 쉽지 않다. 임대료와 권리금 수준 또한 다운타운의 2배 가까이 높아서 사전에 정확한 예측이 필요하다.

제4절 상업용 부동산의 특성

1. 일반적 고려사항

1) 집객(attraction) 시설과 유동인구 동선

현장에서 상권분석을 해 보면 사람들이 일정한 방향으로 움직이는 것을 쉽게 확인할 수 있다. 유동인구라는 의미 자체도 일정한 방향으로 흐르는 인구를 말한다. 여기서 흐름을 정하는 것이 바로 동선이다. 동선이란 움직이는 선, 움직임을 만드는 방향의 의미로서 비슷한 통행방향이 맞물리면서 형성된다. 최종 종착지는 서로 다르지만 어느 기점까지는 동일한 길을 함께 한다는 의미이다.

상권내부를 해부해 보면 대로 이외에도 수많은 이면도로가 존재한다. 하지만 사람들은 일정한 길을 선택해서 몰리게 된다. 통행거리를 최대한 단축시키려는 의지가 있기도 하지만 그밖에 어떤 편익이 이처럼 일정한 동선을 형성하게 하는 것이다. 바로 이점을 간과해서는 안 된다. 쇼핑을 할 때 고객들은 상품이나 서비스를 비교 하게 된다. 물론 가격이 주된 비교대상이 될 수도 있지만 상품의 질이나 점포의 분위기, 주변 환경 등도 함께 고려하게 된다. 여기에 인접점포의 업종연계성도 큰 영향을 미치게 된다. 동일한 업종은 아니더라도 비슷한 업종이 몰려 있는 이유가 바로 여기에 있다.

가능한 한 번의 방문으로도 최대한의 방문목적을 달성하기를 원하는 것이 고객의 심리이다. 예를 들면 저녁에 식사를 하고 간단하게 술을 마시고 2차로 호프를 마신 후 노래방이나 단란주점을 찾게 된다. 그 이상으로 진전되면 유흥주점이나 숙박시설을 찾게 되는데 이런 방식의 소비패턴이 먹자골목을 형성하는 근간이 된다. 가능한 동일 공간 내에서 연관성을 갖는 업종이 몰려 있어야 고객의 방문을 유도할 수 있는 것이다.

이처럼 다양한 업종군(業種群)이 고객의 흐름을 유도하는 것과는 달리 특정 시설물이 고객의 발길을 돌려놓는 계기가 되기도 한다. 예를 들면 유명 백화점이나 할인점이 입점했다든지, 극장이 새로 들어섰다든지, 종합병원이나 학교가 개원이나 개설을 하게 되면 사람들의 발길이 옮겨지게 된다. 동선 자체가 바뀐다는 말이다. 이전에 북적이던 도로가 어느새 한적하게 되고 새로 뚫려진 신작로가 상권의 중심이 되기도 한다. 이처럼 사람들의 유입을 만드는 시설물을 집객시설(集客施設)이라 한다.

집객시설 자체가 신규고객을 창출하기도 하지만 집객시설로 인해 새로운 동선이 형성되면 이로 인한 반사이익이 적지 않다. 새로운 업종군이 형성되어 이전보다 넓은 지역까지 고객이 찾아들고 상권 내 고객뿐만 아니라 외지의 방문객의 층이 훨씬 넓어져 매출향상을 도모할 수 있다. 따라서 가맹점 출점 시 반드시 집객시설의 존재 여부는 물론이고 향후 집객시설의 철수 혹은 진입여부를 예상해보는 노력이 필요하다.

2) 매력요인

부동산 투자대상으로서 상업용 부동산이 지니는 장점은 크게 세 가지로 구분된다. 여기에서는 상업용 부동산의 한 종류인 상가를 예로 들어 설명한다.

첫째, 상가의 임차자가 스스로 갖는 엄격한 시장분석과정이 있다는 점이다. 일반적으로 백화점이나 대형할인점과 같은 앵커테넌트(anchor tenant)는 매우 정교한 소매업으로서, 광범위한 시장분석을 실시한다. 이 점은 규모가 작더라도 상황은 비슷하다고 볼 수 있다. 특히 각 지역에 다수의 점포를 운영하고 있는 대규모 소매기업은 이를 통해 지역별 현황 및 특성에 대한 폭넓은 자료를 수집·분석하므로 어느 시장이 그들의 상가를 받쳐줄 수 있을지에 대해 잘 알고 있다. 즉, 임차자 생각에 안전하다고 판단되었기 때문에 입점한다는 말이다. 따라서 이렇게 백화점 등에 의해 임차된 상업시설은 가장 위험성이 낮은 부동산개발 유형의 하나라고 볼 수 있다.

둘째, 백화점과 같은 앵커테넌트는 상가의 상당부분을 구성하는 넓은 공간을 임차하기 때문에 이들이 임차인으로 들어와 있다면, 해당 상업시설의 투자자에게 재정적인 안정성을 보장해 준다는 점이다. 특히 이들은 광범위하고 치밀한 시장분석을 통해 입지하므로, 일단 입지한 이후 장기간에 걸쳐 임차, 영업활동을 하게 되며, 이들이 입지한 지역 내에 또 다른 점포를 입지시키는 것은 자신의 시장점유율을 낮추는 결과가 되어 그러한 행동을 하지 않으려 한다. 뿐만 아니라 영업활동이 성공적일 때에는 시장을 독점적으로 확보하고 다른 상업시설로부터의 경쟁을 차단한다. 즉, 스스로 진입장벽이 만들어 진다는 것이다.

셋째, 임대조건의 유리함을 들 수 있다. 일반적으로 상업시설의 임대는 순임대차(net lease) 또는 비율임대차에 기반하여 이루어진다. 순임대의 경우 영업경비를 임차자가 직접 지불하는 것이며, 비율임대차는 사전계약내용에 따라 임대인과 임차인이 영업경비를 일정부분 분담하는 것을 의미한다. 이것은 해당 상업시설의 운영과정에서 초기에 고려하지 못하거나 혹은 여건변화로 인해 운영 및 유지관리비 등 영업경비의 상승이 발생하는 경우, 사전 계약조건에 따라 일정분 이상의 영업경비를 임차인에게 전가함으로써 임대인의 수익흐름에서의 위험요소를 상쇄시킬 수 있다는 것이다. 뿐만 아니라 소유자나 운영자가 임차자의 판매액 성장에 따라 일정부분을 공유할 수 있는 비율조항(percentage clause)을 포함한 경우에는 더욱 유리하게 된다. 즉, 기본임대료 외에 임차인의 매출이 일정금액 이상일 경우는 상승분의 일정비율에 해당하는 몫을 추가적인 임대수입으로 현금화할 수 있어 임차인의 영업이익을 자연스럽게 공유할 수 있는 것이다.

3) 위험요인

상업용 부동산의 개발과 투자는 앞서 나열한 여러 매력요인이 있는 상품임에도 불구하고, 다른 부동산유형과 마찬가지로 이에 상응하는 위험(risk)이 존재한다. 이를 크게 구분하여 보면 입지조건, 금융조건, 운영상태 등으로 구분할 수 있다.

① 입지조건

부동산의 특성 중 가장 두드러진 특징은 바로 위치적 고정성이며, 이로 인해 발생하는 것이 입지의 중요성이다. 상업용 부동산의 입지결정에 중요한 것은 충분한 상권수요 확보를 위한 인구규모와 구매력, 소비자 거주지로부터의 거리, 그리고 부지조건 등이다. Jain과 Magajan(1979)은 연구에서 "경쟁전략의 개발과정에서 가격은 경쟁시설과 동일하게 할 수 있으며, 서비스는 확대 및 개선 가능하고, 상품은 동일제품을 만들 수도 있으며, 판매촉진전략은 모방할 수도 있지만, 소매시설의 입지적 유리함은 어쩔 수 없다."라고 언급한 바 있다. 이것은 잘못된 입지가 가져올 수 있는 결정적인 영향의 정도를 충분히 설명하고 있다. 따라서 상업용 부동산의 개발과 투자를 위해서는 치밀한 입지분석을 통해 위험을 최소화하는 것이 필수적이다. 즉, 다른 요소들은 노력 여하에 따라 수정하거나 상향조정할 수 있으나 한 번 결정된 입지는 뒤집을 수 없다는 것이다.

② 금융조건

부동산개발과정에서 많은 투자가들은 자기자본에 의한 보다 높은 수익을 위해 자금조달을 통한 레버리지 효과를 극대화하려 한다. 흔히 상업용 부동산 개발을 위한 초기 건축비용 또는 상업용 부동산의 구입비용은 상당한 규모의 금융기관 대출을 통해 이루어진다. 이러한 금융조달의 조건과 그 양은 상업용 부동산의 운영과 수익구조에 많은 영향을 끼친다. 특히 산업 전반의 경제상황이 양호하여 이자율을 비롯한 금융기관으로의 대출조건이 유리한 경우와는 달리 IMF체제하이거나 2008년 하반기의 국제금융위기 등의 예측하지 못한 경제여건 변화는 개발과정에서의 조달금융비용의 부담을 급격히 상승시킬 수 있다.

뿐만 아니라 상업용 부동산 시장과 직접적으로 연관되어 있는 소매업시장의 성장·쇠퇴, 입지여건에 따른 과잉경쟁의 존재여부는 궁극적으로 대출금의 원리금상환의 원천이 되는 상업용 부동산 유영수익과 밀접한 관련이 있기 때문에 경기의 흐름과 소매업 전반에 대한 깊은 통찰력이 요구된다.

③ 운영상태

적절한 지역분석과 입지분석이 이루어지고, 다양한 자금조달방법과 자금조달기관을 통해 부동산을 매입, 또는 개발 투자한 이후에, 그 다음으로 중요한 것은 안정적인 소득원천을 확보하는 것이다. 특히 임대형 상업용 부동산의 개발이 성공을 거두기 위해서는 상업용 부동산 내 공간을 임차하고 있는 핵심 임차자와의 관계, 핵심임차자와 소규모 임차자와의 관계의 촉진이 중요하다.

먼저 핵심임차자는 소비자 흡입력에 큰 영향을 준다. 특히 백화점과 같이 대규모 공간을 임대하여 고유의 운영형태를 지니는 임차자는 지역 내 소비자뿐만 아니라 그 밖의 소규모 임차자 흡입과 그들의 영업에 많은 영향을 준다. 따라서 이와 같은 앵커테넌트가 사라질 경우 해당 상업시설의 소비자 흡입력은 감소하고, 소규모 임차자의 판매량 감소를 가져올 수 있다. 뿐만 아니라 그로 인해 임차인의 점유공간이 감소하고, 점유공간의 감소로 인해 결과적으로 임대료의 감소를 야기하는 연쇄적인 영향을 줄 수 있다.

일반적으로 시장임대료율은 공간공급의 변동과 공간수요의 변동에 달려 있다. 대상 부동산의 경제적 수명 동안의 시장임대료율의 기대변동과 비기대변동은 대상 부동산에 대한 투자와 관련된 수익과 위험에 영향을 끼친다. 공간수용의 변동은 부동산이 입지하고 있는 지역의 경제기초에 영향을 미치는 수많은 요인의 결과이다. 공간공급의 변동은 개발업자의 공간수요의 증가 기대감 또는 기존 건물에서 개발사업의 수익성을 충족하기에 충분한 임차인을 유인할 수 있다는 믿음의 결과이다. 투자자는 수요와 공급의 변동에 따른 시장임대료율의 변화가 수익성의 변동성과 투자의 소득 잠재력에 어떤 영향을 미치는지를 분석하여야 한다.

4) 투자와 매입절차

상업시설 특히 쇼핑센터와 같이 대규모의 부동산에 대한 투자와 매입은 사전에 면밀한 검토과정이 요구된다. 쇼핑센터 매입을 위한 조사검토는 보통 회계, 재무, 가치평가, 공학, 자산관리, 법률 등 각 분야의 전문가로 이루어진 팀에 의해 수행된다. 여기에는 물론 해당 상업시설

내부의 실무진 등이 포함될 수도 있다. 이때 참여자 각각의 역할은 다음과 같다.

① 회계사

상업시설 매도자의 영업계산서(operating statement)를 검토하고 여러 가지 기록들에 대해 무작위 추출에 의한 검사(spot checks)를 한다. 가령 실사팀은 비율임대료 지불에 대한 예측을 확고히 하기 위해 소매업자의 판매액에 대한 표본검사(sample audit)를 실시하고, 임대가산조항(lease escalation)이 계약과 동일하게 확정되어 있는지를 확인하기 위해서 공용공간의 유지관리비를 검토한다. 또한 대상 쇼핑센터를 전국 또는 지역 평균과 비교하여 소득의 질을 조사한다.

② 엔지니어

상업시설의 물리적 요소를 평가하고 보수가 필요한 부분에 대한 확인 및 소요비용을 추계한다. 이러한 정보는 감정평가사에 의해 비교부동산의 매매사례로부터 수정에 적용되고 소득환원법에서 영업경비에 대한 자료로 사용될 수 있을 뿐만 아니라 기능적 쇠퇴와 이에 대한 복구비용을 추계하는 기본정보를 제공해 줄 수 있다.

③ 자산관리자

자산관리자는 전문가의 도움을 받아 조사검토과정에서 지연된 유지관리와 추가적인 유지비용을 확인하여 상업시설의 유지관리가 미흡한지 등을 조사하여 이로 인한 현금흐름의 손실이 발생하는지의 여부를 파악한다.

또한, 조사기간 동안 해당 상업시설에 대한 임차자의 불만사항과 관심사에 대한 의견수렴을 위해 임차자와의 협의를 가질 필요가 있다.

이때 파악된 불만사항 등은 알려지지 않은 해당 상업시설만의 심각한 문제를 파악할 수도 있기 때문에 중요하다. 자산관리자는 상업시설의 잠재구매자(potential purchasers)에게 해당 상업시설의 영업활동이 효과적이고 상호 상승효과를 지니고 있는지 여부 등을 말해 줄 수 있다.

④ 법률자문가

상업시설 전체 취득과 관련된 모든 핵심서류를 검토하는 역할을 한다. 특히 기관투자가를 위한 내부 자문가는 관할구역의 법률상 규제뿐만 아니라 회사의 정책에 부합할 수 있도록 실사과정을 면밀히 파악할 책임을 지닌다.

⑤ 지역전문가

지역의 건축법 및 용도지역을 조사하고 주차와 기획 규제, 환경적 안정성, 보건법, 위험폐자재 규제 등에 부합하는지와 점유허가(certificate of occupancy) 등을 확인한다. 또 모든 관련 증명서, 허가서, 대상 부동산에 영향을 끼치는 법적 소송 등을 검토한다. 또한 대상 부지에 대한 부동산과세가 지불할 가격에 미치는 영향 등을 포함하는 세금에 관한 자문을 수행하며, 권원보험(title insurance)뿐만 아니라 계약서류와 양도증서(adeed of trasfer)에 대하여 검토한다.

한편으로는, 주요 금융기관에서 실시하는 자산실사(due diligence)과정에 전문가의 도움이 필요하다. 감정평가사는 자산실사의 과정에 참여하여 기여할 수 있는 기회가 주어지므로 이에 대한 관심이 요구된다. 감정평가사는 매입과정 전반에서 밝혀지지 않은 새로운 사실의 존재 여부나 결정된 판단이 각 분야 전반적인 원칙 등에 어긋나지 않는지 등을 판단하기 위해 지속적인 역할을 수행할 수 있다.

2. 매매가격의 적정성 판단

부동산 투자에 있어서 매매가격의 적정성은 매우 중요하다. 투자금액이 많고 적음에 따라 투자수익률이 달라지기 때문이다. 기존 부동산 거래에 있어서는 매매가격의 적정성, 신규거래에 있어서는 분양가격의 적정성이 중요한데 여기서는 분양가격을 중심으로 설명한다. 이하에서 설명하는 분양가격의 적정성 판단은 화폐의 시간가치를 고려하지 않은 비할인법으로 부동산실무에서 개략적으로 분양가격 또는 매매가격의 적정성을 판단하는 방법이다. 분양 가격이 높을 경우에는 예상 수익률 달성이 어려워진다. 즉 분양가격이 높으면 수익률을 맞추기 위해 임대료를 높여야 하는데, 높은 임대료는 임대를 어렵게 만드는 걸림돌이 된다. 결국 분양가에 너무 많은 거품이 끼게 되면 임대가 쉽지 않아서 예상 수익의 달성은 어렵다고 볼 수 있다.

부동산(상가)의 분양가격에 거품이 있는지 없는지에 대한 판단은 '예상 임대료' 검토를 통해서 할 수 있다. 여기서 예상 임대료란 분양가격 대비 전세가격의 비율인 전세가율을 분양가격에 곱하여 산출한 환산보증금을 보증금과 차임으로 각각 나눈 임대료를 말한다. 예상 임대료가 수익률을 쉽게 달성 할 수 있을 정도로 적정하게 책정되었다면 분양가격에 거품이 없다고 할 수 있다. 물론 분양가격의 적정성은 주변의 유사한 상가들과의 비교·검토를 통해 이루어져야 하고 주변보다 분양가격이 높다면 충분한 이유가 있는지를 살펴보아야 한다. 입지나 접근성 또는 가시성의 우위가 없음에도 불구하고 주변보다 분양가격이 높다면 거품이 있다고 할 수 있다.

다음의 예를 통해 상가의 적정 분양가격을 판단해보자.

투자자 김현중씨는 H택지 개발지구의 단지 내 상가 분양가격의 적정성을 검토하기 위해 이리저리 발품을 팔면서 탐문조사를 한 결과 분양받고자 하는 상가와 유사한 인근 지역 상가의 보증금과 월세가 각각 3천만 원과 150만 원 이라는 사실을 알았다.

김현중씨가 조사한 위의 사실을 통해 분양받고자 하는 단지 내 상가의 적정가격을 판단해 보면, 먼저 월세를 1%로 환산하면 1억5천만 원(150만 원÷1%)의 차임에 대한 환산보증금이 산출되고, 다음으로 보증금과 합산하여 총 환산보증금을 계산하면 1억원8천만 원(1억5천만 원+3천만 원)이 된다. 여기에 일반적으로 적용하고 있는 전세가율인 60~70%를 적용하면 대략 2억6천만 원(1억8천만 원÷70%)에서 3억원(1억8천만 원÷60%)이 적정 분양가격이 된다. 물론 부동산의 개별성을 감안하여 약간의 가감을 할 필요는 있다.

상업용 부동산을 소유하거나 운영하는 데 있어 또 하나의 현금흐름은 매각했을 때 발생하게 된다. 이때 부동산을 매각하여 현금을 확보하는 것을 소유자가 일정기간 부동산을 운영한 후 매각함으로써 투자했던 자본의 일부를 다시 되돌려 받는다는 의미에서 '자본환원(equity reversion)'이라고 한다. 상업용 부동산은 대개 한정된 기간 동안만 자산이 운용되기 때문에 마지막 해에 자산을 처분하고 남은 이익은 그 해의 현금흐름에 더해지며, 이때 순 매각수입은 다음과 같이 계산된다.

순매각수입(NSP) = 예상매각가격(SP) - 매각부대비용(SE)

위 식에서 순매각수입(NSP: Net Sale Proceeds)은 예상매각가격에서 매각과 관련된 부대비용을 공제하고 남은 금액을 말한다. 예상매각가격(SP: Selling Price)은 순운영수익을 기준으로 예상이 가능한 매각가격을 뜻하고, 매각부대비용(SE: Selling Expenses)은 중개비용, 변호사비용 등 부동산 처분에 소요되는 부대비용을 뜻한다. 이러한 순매각수입은 결국 최종매각가격이 결정될 때 순운영수익에 의해서 결정되므로, 부동산의 보유자 입장에서 순운영수익의 유지나 상승은 매우 중요하다고 볼 수 있다.

3. 수익률 분석

상업용 부동산은 수익창출을 목적으로 하는 부동산이니만큼 수익률을 분석하는 과정을 통해 충분한 검정을 거친 후 투자해야 그 성공확률을 높일 수 있을 것이다.

상업용 부동산 소유자는 두 가지 방식으로 수입을 얻을 수 있다. 첫째는 소유자 자신의 부동산 자체의 이용을 통해서 수익을 얻는 경우이고, 또 다른 하나는 소유자가 타인에게 부동산을 임대하여 임대료를 통해 수익을 얻는 경우인데, 그 자세한 내용은 다음과 같다.

소유자가 직접 부동산을 이용하는 경우의 수익은 소유자가 직접 운영하는 사업이 잘되느냐가 관건이 될 것이다. 예를 들어 건물주가 자기 건물에서 어떤 영업행위를 위해 직접 점포를 운영한다고 하면, 건물주는 점포가 얼마나 운영이 잘되어 수익을 낼 것인가가 중요한 것이지 건물 자체에서 얼마의 수익이 나오는지는 따질 필요가 없을 것이다. 또한 임대가 실제 일어나지 않고 있어서 임대수익을 알아보기도 어렵다.

소유자가 자신 소유의 부동산을 통해 직접 영업행위를 하지 않고, 임차인에게 모두 임대하여 임대료를 받는다면 부동산 운영수익이 얼마인지를 정확하게 따져볼 필요가 있을 것이다. 또한 임대가 실제 벌어지고 있는 상황이라 알아보기도 용이하다. 이때 임차인에게 부동산을 임대하는 경우 발생하는 임대수익은 임대계약서에 의해 금액이 정해지게 되는데, 이를 계약임대료(contract rent)라고 한다. 계약임대료는 실제 임대시장에서 받을 수 있는 임대료 즉, 시장임대료(market rent)와 같을 수도 있고 그렇지 않을 수도 있다. 왜냐하면 임차인과 임대인 사이의 특수 관계 또는 시점상의 문제 등 다른 이유로 인해 시장에서 형성된 임대료보다 계약임대료가 높을 수도 있고 낮을 수도 있기 때문이다. 여기에서 투자자나 소유자, 임차인 모두 시장임대료와 계약임대료의 차이를 인정해야 한다는 것이다.

투자자들이 부동산에 대한 투자를 고려할 때 재무구조가 안정된 임차인과 장기간 임대차계약이 되어 있는 부동산의 경우, 둘 사이의 계약임대료는 중요한 고려요소가 된다. 이와는 반대로 단기 임대차계약이 맺어져 있거나 현재의 임차인이 조만간 임대차계약을 중도 파기하고 떠나는 경우 또는 임차인이 임대료를 지불하지 못할 가능성이 높다고 판단되는 경우라면 신규임차인을 찾아야 하는 입장이므로 이때 투자자는 시장임대료에 높은 관심을 갖게 된다.

주택시장은 상품의 특성상 지리적으로 투자대상지역이 협소한 반면에, 대규모 고품격의 상업용 부동산 투자는 지리적 투자범위가 지역적, 전국적 또는 국제적으로 광범위하다. 일부 투자자들의 경우 목표수익만 얻을 수 있다고 판단하면 투자대상 부동산이 어느 지역에 위치하고 있는가에 대해 크게 신경을 쓰지 않는 경우도 있다. 일반적으로 대규모 투자펀드, 대형회사 또는 엄청난 부자들은 현재 미국 내 대규모 오피스빌딩이나 쇼핑센터 등에 관심을 가진다. 기타 수익형 부동산의 경우 미국 내 기업이나 개인뿐만 아니라 전 세계 각국의 투자자들이 지분의 일부 내지는 전체를 소유하는 경우도 많다.

이처럼 다양한 시장에 영향력을 행사하는 투자자들이 있는 반면, 아직도 소규모 부동산 시장은 그 상품이 위치하고 있는 시장을 잘 이해하는 지역투자자들이 대부분 투자를 주도하고 있다. 소규모 쇼핑센터, 오피스 빌딩, 아파트 등은 지역사정을 잘 알고, 상품의 로컬 마케팅전략 수립이 용이하며, 해당 지역에서의 네트워크를 잘 갖춘 지역 내 투자자가 가장 유리한 위치에 있기 때문에 그 시장을 장악하고 있는 상황이다. 따라서 수익형 부동산에서 발생하는 현금흐름을 살펴보는 것은 부동산의 가치판단에 있어서 꼭 필요한 일이다.

제7장 근린상가와 단지내 상가

박 병 준 · 조 민 서

근린상가는 우리가 생활하는 일상적인 생활권역에 가까이 인접해 있는 생활밀착형 상가를 말하고, 단지내 상가는 일정규모 이상의 공동주택 건립 시 주민이 편리하게 기본상품을 구매할 수 있도록 하기 위해 설치하는 상가를 말한다. 근린상가와 단지내 상가는 소유자가 직접 장사를 해서 운영수익을 얻을 수도 있고, 임대차 계약을 통해 임대수익을 얻을 수도 있어서 일반인들의 주요 재테크 수단으로 활용되고 있다.

한편, 상가의 종류는 다양한 분류기준에 따라 여러 가지로 나눌 수 있다. 그러나 근린상가와 단지내 상가 외의 기타상가에서는 전문적인 운영 노하우(know-how)가 필요하거나 대규모 자본이 소요되는 등 일반인들이 투자하기에는 어려운 요소들이 있고, 설사 일반인이 접근 가능하다 하더라도 많은 위험요소들이 존재하여 성공적인 재테크가 되기는 무척 어려운 실정이다. 따라서 본 장에서는 근린상가와 단지내 상가에 대해서 주로 검토하고, 기타 상가 중에서는 우리가 흔히 볼 수 있는 복합쇼핑몰, 테마상가, 지하상가, 유통상가에 대해서 간단하게 살펴본다.

제1절 근린상가

1. 개요

근린상가란 '근린생활시설에 속하는 상가'란 의미로 근린생활시설이 입점해 있는 상가건물을 줄여서 부르는 용어이다. 여기서 근린(近隣)이란 일상적인 생활권역에 가까이 인접해 있다는 뜻으로 가까운 이웃을 의미한다. 그리고 근린생활시설이란 건축물 용도분류의 하나로 우리가 살고 있는 지역과 인접해 있어 도보로 접근이 가능한 생활 필요시설로서 슈퍼마켓, 대중음식점, 세탁소, 대중탕, 태권도장, 약국, 학원, 병원 등을 말한다. 따라서 우리가 살고 있는 주거지 주변에 건물형태로 들어선 상가는 대부분이 근린상가라고 할 수 있다. 물론 아파트 등 공동주택의 거주민을 위한 단지 내 상가도 크게 보면 근린상가의 일종이다.

규모는 대부분 4~5층 이하 수준이고 면적이 일정 규모를 초과하지 않는 상가, 즉 한 건물에 입점한 상가의 면적이 1,000㎡(대략 300평 정도)이하이다. 그러나 주변여건 및 상권의 특성에 따라 대형 근린상가가 공급되기도 한다. 일반적으로 전용률은 50~65% 수준이고 그 규모가 클수록 전용률은 낮고 규모가 작을수록 전용률은 높다. 왜냐하면 건물규모가 클수록 그 규모에 맞는 주차장, 엘리베이터 등 각종 공용면적이 증가하여 전용면적이 좁아지기 때문이다.

근린상가를 유형별로 살펴보면 거주인구를 배후세대로 하는 주택가 근린상가, 교통환경의 입지를 기반으로 하는 역세권 근린상가, 그리고 업무시설을 기반으로 하는 오피스형 근린상가, 아파트형 공장의 지원시설 성격을 가지는 지원시설형 근린상가, 대학을 중심으로 형성되는 대학가 근린상가, 풍부한 유동인구를 바탕으로 하는 구도심지역 근린상가, 택지개발지구를 대상으로 하는 택지개발지구 근린상가 등이 있다.

<그림 7-1> 대표적인 근린상가의 모습

근린상가는 생활밀착형 업종위주로 입점되므로 매출의 안정성을 기대할 수 있다. 생활밀착형 업종은 그 종류의 다양성으로 인해 업종 선택의 폭이 넓은 것을 장점으로 들 수 있다. 반면, 백화점이나 쇼핑몰과 같은 충성도가 높은 고객의 수요가 미약하고, 인근 유사업종과 업종의 중복가능성이 높아 독점성이 약하다는 단점이 있다.

한편, 투자의 관점에서 볼 때 소유지분이 낮은 단지내 상가나 쇼핑몰에 비해 근린상가는 대부분 전체 토지와 건물을 동시에 소유하게 되므로 운용수익인 임대료뿐만 아니라 향후 지역 개발호재 등으로 부동산 가격이 상승할 경우 큰 자본이득까지 기대할 수 있다. 이러한 기회요인으로 인해 근린상가가 상가투자에 있어서 선호의 대상이 되고 있지만 다음과 같은 소비자의 소비행태 변화는 주의해야 할 위협요인이다. 첫째 규모의 경제를 바탕으로 저(低)가격을 강점으로 내세우는 대형할인점의 출현과 성장, 둘째 IT산업의 발전과 도로 및 교통의 발달에 힘입은 물류산업의 발전을 결합한 통신판매의 발달과 성장은 소비자들의 소비행태를 대량구매와 저가구매라는 형태로 변화시켰다. 이러한 소비자의 소비행태 변화는 근린상가 입점 업종의 제약요인으로 작용하고 있기 때문에 근린상가 투자에 있어 위협요인이 된다.

공급 측면에서 보면 다른 종류의 상가 공급에 비해 근린상가가 양적으로 풍부하게 공급되고 있으며, 최근 추세는 구도심의 재건축을 통한 공급보다 주요 택지개발지구를 중심으로 공급물량이 증가하고 있다. 이러한 택지개발지구 근린상가는 신흥 상권으로 부상할 가능성이 있는 개발호재 지역을 중심으로 투자가치가 있다.

근린상가의 경우 상대적으로 업종변경이 용이하지만, 「건축법」 제19조의 용도변경에 따른 규제의 대상이 되는 경우도 있으므로 법적인 규제를 검토해야 한다. 건축물의 용도변경은 변경하려는 용도의 건축기준에 맞게 해야 하며, 사용승인을 받은 건축물의 용도를 변경하려면 특별자치도지사 또는 시장·군수·구청장의 허가를 받거나 신고를 해야 한다.

「건축법」상 개별 시설군에 속하는 건축물의 용도를 상위군에 해당하는 용도로 변경하는 경우는 허가 대상이고, 개별 시설군에 속하는 건축물의 용도를 하위군에 해당하는 용도로 변경하는 경우는 신고 대상이며, 동일 시설군 안에서 용도를 변경하려면 특별자치도지사 또는 시장 · 군수 · 구청장에게 건축물대장 기재내용의 변경을 신청하여야 하는데, 대통령령으로 정하는 변경의 경우에는 기재사항 변경신청을 하지 않을 수도 있다. 근린상가 관련 업종과 용도변경 가능성은 상가투자에 영향을 미치기 때문에 이와 관련된 내용을 숙지할 필요가 있다. 내용이 다소 복잡하여 본 장의 마지막에 '<참고 7-1> 건축법상 근린상가 관련 업종'과 '<참고 7-2> 용도변경 관련 건축법 조문'으로 정리해 두었다.

2. 유형과 주요업종

근린상가는 그 상업 활동의 근거가 되는 배후지에 따라서 몇 가지 유형으로 나눌 수 있었다. 근린상가의 유형별로 주요업종은 어떤 것이 있는지 검토함으로써 향후 근린상가 투자 시 해당 상가가 적합한 업종으로 잘 구성되어 있는지 또는 업종 변경을 통해서 상가의 가치를 추가로 상승시킬 여력이 있는지를 알 수 있다. 따라서 이번 항에서는 대표적인 근린상가의 유형과 주요업종을 알아본다.

1) 중심상권

중심상권이란 시내의 중심가를 말하는데 부산의 경우 서면이 중심상권에 해당한다. 시내 중심가는 무엇보다 교통의 편리성이 뛰어나야 한다. 즉 주변지역으로부터의 유입이 편리해야 한다. 지하철, 버스 등 대중교통이 발달되어야 함은 물론이거니와 주요 간선도로와의 연계망도 좋아야 한다. 또한 대규모의 인구유입이 가능한 집객시설도 있어야 한다. 백화점이나 극장, 학원가 등은 물론이고 패션 쇼핑몰, 먹자골목도 인구를 유입하는 요소가 된다.

중심상권은 방문주기가 빈번하지 않기 때문에 일단 방문하면 머무는 시간이 비교적 길다. 한번 방문하면 3~4시간은 기본이다. 이처럼 장시간 동안 체류하기 위해서는 쇼핑의 다양성과 연계성이 충족되어야 한다. 동행인과의 약속을 위해 차를 마시고 쇼핑을 하고 식사를 마친 후, 술자리를 함께 하는 식의 연계성이 있어야 한다는 것이다. 이런 이유로 시내중심가가 주변으로 범위를 확장하게 된다.

단핵구조의 경우 상권 내에 1,000여개가 넘는 점포가 있기 때문에 치열한 경쟁구도가 형성되기도 하지만 배후 수요가 워낙 커서 실제로는 경쟁으로 인한 손실보다는 오히려 집중으로 인한 이익이 더 크다. 매장의 평수도 가급적 규모가 클수록 유리하다. 기업화된 대형서점이 시내중심가에 위치한 이유는 방문인구가 많기도 하거니와 다양한 수요를 만족시키기 위해 상품 종류도 많아야 한다는 점을 감안한 결과이다. 일단 방문하면 재방문까지 시간이 경과되기 때문에 가급적 1회 방문 시에 구매율을 높이려는 시도가 저변에 깔려있다.

한편 다핵구조인 경우에는 상권의 특성이 동일하지 않고 개성화되는 경향이 강하다. 예를 들면 부산 서면상권의 경우 동일한 서면상권이지만, 상권의 한 핵을 이루는 태화 쥬디스 부근은 10~20대를 겨냥한 상권이 주류를 이루는 반면 또 하나의 상권의 핵이라 볼 수 있는 영광도서 부근은 40~50대를 겨냥한 상권이 주류를 이루면서 각각 개성화된다는 것이다. 이러한 중심상권 근린상가의 주요업종은 대략적으로 <표 7-1>과 같다.

<표 7-1> 중심상권의 주요업종

외 식 업	테이크아웃커피점, 패스트푸드점, 파스타전문점, 라면전문점, 중저가돈까스전문점, 분식점, 토속주점 등
소 매 업	메스티지형의류점,*) 의류잡화점, 수제악세서리전문점, 디자인용품전문점, 주얼리전문점 등
서비스업	피부관리점, 네일케어숍(shop in shop), 디지털포토점, 테마노래방, 웰빙헬스클럽 등

주 : *) Massitige란 Mass와 Prestige의 합성어로서 '중저가 고급 브랜드 이미지'를 말한다. 예로는 빈폴 · 폴로 등의 티셔츠, 자라 · 유니클로 · 스파소 등의 여성의류, MCM가방, 루이까또즈 지갑 등이 있다.

2) 역세권

역세권이란 '역이 미치는 세력'으로 90년대 이후 도시계획 차원에서 등장한 용어이다. 특히 대형 쇼핑몰과 민자역사가 결합되면서 역의 기능이 단순한 승하차기능을 넘어서 일정한 쇼핑기능까지 확장되었다. 최근에는 상권의 형성과정에서 지하철이나 철도역이 필수조건으로 인식되는 경우도 있다.

예로부터 "역(驛)주변 식당에서는 먹지 말라"는 말이 있듯이 역에 대한 인상이 그리 좋은 것만은 아니다. 고객으로서의 의미보다는 흘러가는 외지인으로서의 의미가 강하기 때문에 장사하는 입장에서도 단골을 삼기가 어렵다. 이러한 점은 역세권 상권에 대한 부정적 이미지로 역세권 근린상가 투자에서 부정적 요인으로 작용한다.

역세권에서 역은 사람을 이동시키는 기능을 한다. 즉 지하철과 지하철간 환승, 지하철과 버스 및 택시와의 환승을 비롯해 도보에 이르기까지 연결역할을 담당한다. 예전에는 배차시간대가 길었기 때문에 역 주변에서 숙식을 해결하기도 했지만 최근 들어서는 교통시설의 발달로 인해 1시간 이내면 모든 것이 충족된다. 따라서 최근에는 1시간 정도의 식사와 휴식, 그리고 쇼핑기능이 중심을 이루고 있다.

역세권 상권의 경우 쾌적한 쇼핑환경을 충족시키지 못하기 때문에 대부분 고가의 상품보다는 중저가 상품이 판매된다. 고급 여성정장보다는 캐주얼의류나 보세의류가 강세를 보이며, 고급음식점보다는 패스트푸드나 김밥전문점이 성업을 하게 된다. 역을 중심으로 적게는 10~20분, 많게는 1~2시간 정도의 여행을 하는 경우가 많기 때문에 테이크아웃업종도 고려해 볼만하다. 업종 간 경쟁관계가 크지 않고 동질성도 강하지 않기 때문에 초보 창업자가 진출하기에 유리하다. 다만 고객의 니즈(needs)를 파악하기 어려워 수익성을 판단하기 쉽지 않다. 이를 보완하기 위해 역세권 상권분석을 할 때는 우선적으로 유동인구를 파악해야 하고, 또한 업종분포를 살펴서 그 상권에서 호황인 업종을 살펴야 한다. 외식업이나 판매업은 그 상권에 같은 업종이 50~60% 정도 분포되어 있을 때 장사가 잘 되는 것으로 알려져 있다. 30% 안팎에 머무르면 흡인력이 떨어지기 때문에 주의해야 할 필요가 있다. 이에 반해 서비스업은 동종업종의 수가 적을수록 유리하다고 판단할 수 있다.

역세권과 역세권 사이에는 상업면적의 확산으로 인한 동일상권의 형성이 생각보다 어렵다. 배후수요가 크지 않고 업종 간 연계성이 높지 않기 때문이다. 이러한 이유로 개구리널뛰기(frog leaping)식의 상권이 형성되는 것이 일반적이다. 이러한 역세권 근린상가의 주요업종은 대략적으로 <표 7-2>와 같다.

<표 7-2> 역세권의 주요업종

외 식 업	김밥전문점, 패스트푸드점, 아이스크림전문점, 우동전문점, 돈까스전문점, 분식점, 커피전문점, 돈육전문점, 호프집 등
소 매 업	문구/ 팬시점, 주얼리전문점, 캐주얼의류점, 이너웨어전문점, 브랜드화장품전문점, 안경전문점 등
서비스업	당구장, DVD전문점, 기원, 휴게방, 노래방 등

3) 사무실 밀집지역

사무실 밀집지역이란 오피스가 밀집해 있는 지역을 말하며 부산의 경우 중앙동이나 거제리 법조타운이 여기에 해당한다. 사무실 밀집지역에서는 직장인을 상대로 하는 음식점이 가장 잘된다.

사무실 밀집지역에서는 입지도 중요하지만 무엇보다도 음식의 맛이 가장 핵심요소로 작용한다. 맛이 알려지면 소문에서 소문을 통해 손님들이 몰린다. 가정에서는 별 흥미를 느끼지 못하는 메뉴인데도 사무실 밀집지역에서는 별미로 통하기도 한다. 고등어/ 갈치조림전문점이나 청국장, 두부, 라면전문점이 대표적이다. 또한 다양한 메뉴보다는 단일 메뉴로 다른 음식점과 차별화를 둔다면 성공할 가능성이 높다.

직장인은 식사 시간대가 일정하기 때문에 배달형 업종이 아니라면 가급적 점포규모가 큰 것이 좋다. 왜냐하면 낮 시간대에 회전률이 2회를 넘지 못하기 때문에 한 번에 많은 손님을 받아야 많은 매출을 올릴 수 있기 때문이다. 사무실 밀집지역은 1층 점포를 구하기 어렵기 때문에 지하나 2층 이상을 고려해 볼만하다. 반대로 배달을 병행하는 경우라면 소규모점포로도 충분히 승산이 있다.

사무실 밀집지역이라 할지라도 직종에 따라서 직무성향과 소비패턴에 커다란 차이가 있다는 점을 주목해야 한다. 예를 들면 금융업과 지적서비스업이 몰려있는 사무실 밀집지역의 경우 업종의 특성상 조직에의 결속력이 높지 않고 근무여건도 유연하다. 따라서 단체회식 보다는 맛있는 별미를 찾는 점심인구가 많은 편이다. 저녁 시간대에는 배달이나 테이크아웃형 업종이 강세를 보인다. 반대로 조직의 결속력이 강한 업종이 몰려있는 사무실 밀집지역의 경우 회식문화가 잘 발달되어 있다. 낮 시간대 보다는 밤 시간대의 활동력이 강하고 1차 → 2차 → 3차로 이어지는 술 문화가 일반화되어 있다. 이런 이유로 먹자골목이 크고 활동시간대도 긴 편에 속한다. 회식메뉴로 적합한 육류나 해물요리전문점이라면 초기에도 안착할 수 있다. 이러한 사무실 밀집지역 근린상가의 주요업종은 대략적으로 <표 7-3>과 같다.

<표 7-3> 사무실 밀집지역의 주요업종

외 식 업	골뱅이전문호프집, 순대국전문점, 설렁탕전문점, 보신탕전문점, 삼계탕집, 생고기전문점, 삼겹살집, 퓨전횟집, 김밥전문점, 도시락전문점, 부대찌개전문점, 일식집, 도시락이동판매, 중국집, 치킨호프집, 종합분식점, 막걸리전문점, 빈대떡전문점 등
도소매업	문구점, 꽃가게, 화장품, 안경점 등
서비스업	사우나, 스크린골프장, 카센터, 찻집, 당구장, 소호족미니사무실 등

4) 초 · 중 · 고교 부근

초 · 중 · 고교 부근 근린상권은 초 · 중 · 고교를 중심으로 학생들의 욕구에 부합하는 업종들이 자연 발생적으로 들어서면서 형성된 비교적 소규모의 상권이다. 부모님으로부터 용돈을 받아서 생활하는 10대들은 불황에도 소비형태가 변함이 없고, 구매의 반복성이 강하다는 특성을 가지고 있다. 즉 친구가 사면 나도 산다는 식의 동반심리가 강해서 비슷한 종류의 상품을 반복적으로 구매하는 속성이 강하게 나타난다.

아무래도 용돈을 받아 소비를 하므로 고가품보다는 중저가품을 취급해야 하며, 신제품에 대한 정보를 제공하는 등 고객관리가 매출을 향상시키는 최우선 과제이다. 이러한 초 · 중 · 고교 부근 근린상가의 주요업종은 대략적으로 <표 7-5>와 같다.

<표 7-4> 초 · 중 · 고교 부근의 주요업종

음 식 업	라면전문점, 떡볶이전문점, 종합분식점, 김밥전문점, 와플전문점, 순대볶음전문점 등
도소매업	문구점, 멀티팬시점, 교복전문점, 서점, 편의점, 안경점, 미술재료전문점 등
서비스업	인터넷PC방, 만화대여점, 컴퓨터게임장 등

5) 학원가

학원가는 학원들이 밀집해 있는 지역으로 그 상권은 그다지 크다고 할 수 없다. 물론 서울 신림동 고시촌의 경우 그 규모가 꽤 큰 상권으로 볼 수 있지만 대부분은 소규모의 상권으로 형성된다. 부산의 경우

남천동 입시학원가, 서면의 자격증 학원가 등을 들 수 있다. 학원가의 주 고객층은 재수생과 고시생 및 자격증을 준비하는 학생 등 젊은 층이다. 이런 상권에서 업종 선택의 핵심은 재수생 등의 젊은 학생들이 먹고, 마시고, 공부하며, 휴식을 취하는 것에 관한 것을 선택하는 것이다. 적정 업종으로는 학생들의 가벼운 주머니 사정에 맞춰 고급스러운 레스토랑이나 카페보다는 분식점, 즉석 떡볶이 전문점, 튀김 가게 등이 무난하다.

최근에는 야간시간대 주류관련 업종도 성업 중이다. 이와 관련된 편의점이나 노래방 역시 학업의 스트레스를 잠시나마 달랠 수 있는 아이템으로 인기가 높다. 이러한 학원가 근린상가의 주요업종은 대략적으로 <표 7-4>와 같다.

<표 7-5> 학원가의 주요업종

음 식 업	김밥전문점, 종합분식점, 중국집, 라면전문점, 떡볶이, 커피전문점 등
도소매업	문구점, 서점, 팬시점, 편의점 등
서비스업	컴퓨터게임장, 당구장, 인터넷PC방, 노래방, 독서실, 복사전문점 등

6) 대학가

대학가 상권이란 대학가를 중심으로 대학생들의 욕구를 충족시키는 업종들이 자연발생적으로 들어서면서 형성된 상권인데 대학의 특성상 초・중・고교 부근 근린상가보다는 그 크기가 훨씬 크다고 할 수 있다.

부산의 경우 부산대 상권과 경성대 상권이 대표적인 대학가 상권이다.

대학가는 신세대들의 특징을 반영해 각종 이벤트날에 많은 매출을 올릴 수 있는 업종이 적합하다. 일반적으로 박리다매 형식의 운영을 하는데, 학생 수가 적어도 5,000명 이상은 되어야 상권이 안정적이라 볼 수 있다. 친구 및 선·후배 등 네트워크로 인해 한 명이 열 명의 효과를 가져 오므로 고객관리에 철저를 기해야 하고, 특히 단골 학생들이 외상을 요구하는 경우 이에 대한 현명한 대처방법이 필요하다. 또한 대로변 점포가 아니어도 고객 서비스가 좋으면 어디든지 찾아가는 충성도를 지닌 고객층이 대학생이다. 이상의 특징을 가지고 있는 대학가 근린상가의 주요업종은 대략적으로 <표 7-6>과 같다.

<표 7-6> 대학가의 주요업종

음 식 업	골뱅이전문호프집, 순대국전문점, 설렁탕전문점, 보신탕전문점, 삼계탕집, 생고기전문점, 삼겹살집, 퓨전횟집, 김밥전문점, 쌈밥집, 라면전문점, 부대찌개전문점, 일식집, 도시락이동판매, 중국집, 치킨호프집, 종합분식점, 막걸리전문점, 빈대떡전문점 등
도소매업	문구점, 서점, 팬시점, 편의점, 안경점 등
서비스업	컴퓨터게임장, 당구장, 인터넷PC방, 노래방, 복사전문점 등

3. 투자 포인트

부동산 투자에서 가장 기본이 되는 것은 부동산의 가치를 평가하는 것이다. 부동산의 가치를 평가하는 일반적인 방법으로 원가방식, 수익방식, 비교방식 등이 있다. 원가방식이란 비용에 중점을 두고 부동산을 평가하는 방법으로, 해당 건물의 신축·조성·매립 등 재조달(재생산)에 소요되는 원가에 주목하여 해당 부동산의 가격과 임료를 평가하는 방법이다. 건물·구축물·기계장치 등의 상각자산의 평가에 유용하며, 이론적 근거가 있는 객관적인 평가방법으로 평가자의 주관이 개입될 여지가 적은 장점이 있는 반면, 토지와 같은 비상각 자산의 평가에 적용하기는 어려운 단점이 있다. 수익방식이란 수익에 중점을 두고 부동산을 평가하는 방법으로, 해당 부동산에서 장래에 산출될 것으로 예상되는 수익에 착안하여 부동산의 가격과 임료를 평가하는 방법이다. 이론적이고 논리적이며 과학적이어서 가장 객관성이 보장되는 평가방법이라고 할 수 있다. 수익형 부동산의 평가에 유용한 장점이 있는 반면, 비수익성 자산에는 적용이 어렵고, 수익이 동일할 경우 신·구 부동산의 가격 차이를 제시하지 못한다는 단점이 있다. 비교방식이란 시장성에 중점을 두고 부동산을 평가하는 방법으로, 시장성이 있는 적절한 사례를 선택하여 필요에 따라 사정보정과 시점 수정의 과정을 거쳐 해당 부동산의 가격과 임료를 평가하는 방법이다. 부동산 진빈에 적용 가능하고 현실성과 설득력이 있다는 장점이 있는 반면, 거래사례가 없는 경우 적용이 어렵고, 사정보정과 시점수정의 과정에서 평가자의 주관이 개입될 여지가 높다는 단점이 있다.

상가는 수익형 부동산의 범주에 속하므로 위의 방법 중 주로 수익방식에 의해 그 가치를 결정하게 된다. 상가의 가치를 극대화는 방법은 상가의 최유효 이용을 통해 수익창출을 극대화하는 것이고, 이를 달성하기 위해서는 상권과 입지 파악을 통해 해당 부동산에 적합한 최적업종을 선택하는 것이다. 이번 항에서는 상가의 가치를 결정하는 핵심적 요소인 수익성에 직·간접적으로 영향을 미치는 요인들과 관련이 있는 근린상가 투자 포인트를 구체적으로 살펴본다.

1) 입지

입지(location)란 주택, 상가, 공장 등 부동산이 자리 잡고 있는 장소를 말하고, 입지분석이란 경제적 관점에서 입지의 요소를 분석하여 지리적 공간현상을 파악하고 특정 활동을 위한 최적의 입지를 선정하거나 특정 입지의 최적 활용을 모색하는 과정이다. 입지선정이 잘못되면 경영관리 상 노력의 낭비를 가져오거나 많은 노력에도 불구하고 불리한 입지조건을 보완하지 못하여 사업의 실패를 초래할 수도 있다. 이러한 이유 때문에 미국 부동산 마케팅 협회는 "The three most important things about investing in real estate are location, location and location"이라는 문구를 통해 부동산 투자에서 입지의 중요성을 강조하고 있다.

부동산의 한 종류인 상가(점포) 역시 입지조건에 따라 매출액과 순이익 및 임대료가 확연하게 차이가 난다. 해당 부동산이 속하는 지역에서 입지조건이 우월한 중심상권 또는 대표상권에 있어야 유리함은 말할 필요도 없다. 반대로 동일한 상권 내에 있어도 대로변에서 보아 눈에 잘 띄지 않아 소비자의 발길이 단절되거나 외진 느낌을 주어 보행동선이 끊기는 골목상가 등은 피하는 것이 좋다. 왜냐하면 그만큼 공실 가능성이 높아 수익성이 떨어지고 상가의 가치가 하락하기 때문이다. 그리고 쇼핑이나 만남 등 특정 목적을 가지고 일정한 방향으로 움직이는 유동인구를 흡수할 수 있는 입지라면 더욱 좋다.

좋은 입지는 상가(점포)의 영업 수익 증대를 통해 부동산의 가치를 상승시킬 수 있는 중요한 요소이다. 이처럼 상가의 가치 결정에 중요한 요소인 입지가 얼마나 우수한지를 판단하려면 다음의 사항들을 검토해야한다.

첫째, 상권 배후지의 크기를 검토하여야 한다. 배후지란 잠재고객이 거주하는 지역을 말한다. 상업 활동이란 고객을 상대로 이루어지는 것이므로 배후지에 거주하는 고객의 숫자와 구매력은 해당 상업지의 유용성을 좌우한다. 이러한 배후지의 크기는 입지 판단의 중요한 요소이다.

둘째, 거주민의 인구통계학적 특성을 검토하여야 한다. 인구통계학적 특성이란 해당 배후지에 거주하는 주민들의 성별, 연령, 소득수준, 사회적 수준, 학력, 선호도 등을 말한다. 이런 사항들은 잠재고객들의 소비성향을 추정할 수 있는 자료가 될 수 있고, 이 자료를 기준으로 어떤 소비자들이 상권을 찾아 올 것인지 또 고객의 수는 충분히 많을 것인지 등을 판단할 수 있다. 따라서 인구통계학적 특성은 입지 판단의 중요한 요소이다.

셋째, 유동인구를 검토해 보아야 한다. 상업 활동은 상권의 규모도 중요하지만, 일반적으로 점포 앞을 지나다니는 유동인구가 많아야 성공할 확률이 높다. 특히 역세권의 경우에는 출근시간 보다 퇴근시간에 통행인구가 많아야 성공확률이 높다고 할 수 있다. 왜냐하면 바쁜 출근길보다는 여유가 있는 퇴근길에 쇼핑이나 만남 또는 회식이 이루어지기 때문이다. 이러한 유동인구 역시 입지 판단의 중요한 요소이다.

2) 상권

상권이란 어떤 점포 또는 일정한 상업지구가 고객을 흡인할 수 있는 지리적 범위로서 고객의 80% 이상이 거주 혹은 통근하고 있는 지역을 말한다. 상권의 넓이는 해당 점포의 크기, 취급하는 상품의 종류, 상업 집적도 및 그 점포 또는 상업지구에 도달하는 철도, 버스 등 대중 교통 수단의 편리성에 의해 결정된다. 이러한 상권을 검증하는 손쉬운 방법 중의 하나가 해당 상가 주변에 입점한 점포를 살펴보는 것이다.

일반적으로 대로변에는 금융가, 병원, 학원가 등이 위치하고, 이면도로에는 중저가음식점, 유흥가, 의류점 등이 들어서는데, 이러한 배치는 곧 상권의 활성화를 의미한다. 그러나 이러한 배치 이외에 유명 프랜차이즈, 패스트푸드, 커피전문점 등 집객효과가 뛰어난 업종이 주변에 있는가도 살펴보아야 한다. 왜냐하면 그 만큼 주변지역의 배후인구나 유동인구가 풍부하여 안정적인 상권을 형성하고 있다는 것을 의미하기 때문이다.

한편, 해당 상가 주변에 노점상이 있는지도 살펴 볼 필요가 있다. 일반인들은 흔히 주변에 노점상이 있으면 해당 상가의 영업에 타격을 줄 것이라고 생각한다. 그러나 사실은 그 반대이다. 노점상이 자리 잡고 있는 곳은 그 지역에서 가장 상권이 활성화 된 지역인 경우가 대부분이다. 왜냐하면 노점상의 경우 자리 이동에 제약이 없으므로 상권변화에 민감하게 반응하여 해당지역에서 가장 상권이 활성화 된 지역에 진을 치기 때문이다. 결국 노점상이 주변 상가의 매출을 갉아먹는 것은 극히 일부분에 불과하고, 오히려 사람들을 불러 모으고 해당 상권을 더욱 활성화시키는 시너지효과를 발휘하여 상호 공존공생의 관계를 형성하는 것이다.

3) 권리금

권리금의 사전(辭典)적 정의는 "용익권 · 임차권 등의 권리를 양도하는 대가로 주고받는 금전으로서 상가 임대차의 경우 건물 임대인에게 지불하는 보증금이나 임대료와는 별도로 기존 임차인에게 지불하는 금액"이다. 우리나라 부동산 시장에만 정착되어 있는 독특한 제도로서 부동산 소유권 시장보다 부동산 임차권 시장, 특히 상가임대차 시장에서 매우 활발히 이용되고 있다. 그러나 권리금은 전혀 법적인 근거가 있는 것이 아니다. 민법은 물론이거니와 비교적 최근에 입법된 상가건물임대차보호법에서 조차 권리금에 관한 규정은 전혀 없다. 그럼에도 불구하고 작게는 임대차 보증금의 절반 수준에서 많게는 임대차 보증금의 몇 배에 달하는 권리금이 수수되고 있는 것이 부동산 임대차 시장의 현실이다. 권리금이 높은 수준에서 형성되어 있다면 그만큼 해당지역의 상권이 활성화되어 있어 점포 매출의 상승 여력이 충분하고, 이로 인한 점포의 임대료 상승은 상가의 가치 상승으로 이어질 가능성이 있음을 의미한다.

권리금이 높게 형성되는 상가는 중심상권 내에서 가시성과 접근성이 우수하여 소비자의 눈에 잘 띠고 쉽게 접근할 수 있는 1층의 전면상가가 대부분이다. 물론 아주 우수한 중심상권 내에서라면 2층 이상에서도 권리금이 높게 형성될 수도 있지만 이는 시내 중심상권과 같은 특수한 경우에 한정된다.

학원 등 특수목적 시설 이외에는 소비자들이 2층 이상 올라가는 것을 선호하지 않기 때문에 2층 이상의 점포에서는 권리금이 잘 형성되지 않는다. 투자자 입장에서는 비록 층이 높아도 당장의 수익률만 높으면 괜찮다고 생각하기 쉽지만, 향후 임차인을 구하는 것이 용이하지 않아 상당 기간 공실상태가 될 경우 상가 가치의 하락과 직결된다는 사실을 염두에 두어야 한다.

구분상가 형태의 근린상가에 투자한다면 당연히 권리금이 형성될 가능성이 높은 1층의 전면 상가에 투자해야 한다. 구분상가가 아닌 건물전체로서의 근린상가, 실무에서 이야기 하는 소위 통상가 형태의 근린상가에 투자한다고 하더라도 해당 상가 및 주변 상가에 권리금이 형성되어 있는 지역에 투자하는 것이 바람직하다.

한편, 분명히 권리금이 붙을 만한 상가인데도 불구하고 경기가 나쁠 때 건축이 되어 권리금이 없는 상가라면 충분히 투자할 만한 가치가 있다. 또한 새로 지은 근린상가도 간혹 상권이 형성되지 않아 권리금이 없는 경우가 있는데, 이런 상가 중 장래에 상권 형성이 확실하게 기대되는 곳이라면 과감히 투자할 필요가 있다.

4) 업종

투자자 입장에서는 상가의 가치를 극대화시키기 위해서 해당 점포의 입점업종을 지정할 필요가 있다. 점포에 가장 적합한 업종들이 입점하고, 입점업종 상호간에 시너지효과를 발휘한다면 상가의 가치가 극대화된다. 이처럼 업종은 상가의 가치를 결정하는 중요한 요소이다.

근린상가는 주로 생활밀착형 업종으로 MD(merchandising)를 구성하여 동일 건물 내의 업종 간 시너지효과를 낼 수 있는 장점을 가진 상가이다. 여기서 MD란 시장조사와 같은 과학적 방법으로 고객의 니즈(needs)에 부합하는 상품과 서비스를 적기 적소에 적정가격으로 유통시키기 위한 일련의 시책으로서 상품화계획이라고도 하는데, 상가건물에서는 '상가의 매장구성 계획' 정도의 개념으로 이해하면 된다.

최근 분양 중인 근린상가의 업종은 생필품매장, 전문식당, 학원, 병원, 클리닉센터, 스포츠센터 등으로 구성 되어있는데, 대부분 주거지역의 배후수요를 감안하여 MD구성을 한 경우에 해당한다. 이 중에서 클리닉센터의 경우 사업장 이전이 쉽지 않기 때문에 고정적인 월세 수입이 가능한 업종으로 볼 수 있다. 또한 집객이 용이한 시설에 해당하는 패스트푸드, 유명프랜차이즈, 스포츠센터나 학원 또는 지하 전(全)층을 쓰는 대형 마트 등이 입점 확정된 근린상가도 눈여겨 볼만하다.

지역마다 강세 업종이 다르지만 우선 1층 점포라면 생활밀착형 편의시설이 유리하고 상대적으로 동선이 불리한 아파트 배후지역의 2, 3층이라면 학원 등을 배치하는 것이 좋다. 예를 들어 어떤 상가건물에 '1층에 분식점이 입점하고 2~3층에는 학원이 입점한 경우'를 생각해보자. 1층 분식점은 유동인구에 의한 매출이외에 2~3층의 학원생들을 상대로 안정적인 매출을 올릴 수 있고, 학원생들의 경우 휴식시간에 간식을 사먹기 위해 멀리까지 갈 필요가 없어 상대적으로 시간을 절약할 수 있다. 이는 두 업종 간 상호 시너지효과를 발휘한 경우에 해당한다고 볼 수 있다. 한편, 근린상가에 주로 입점하는 생활밀착형 업종의 경우 경기변동에 상대적으로 비탄력적이어서 경기 후퇴기에도 꾸준한 임대수요가 존재하므로 임대료의 변동 폭이 작고 따라서 상가가치의 변동 폭 또한 작아 상가의 가치를 보전할 수 있는 장점이 있다.

만약 수익률이 높은 어떤 상가 건물이 매물로 나와 있는데 그 업종을 살펴보니 사행성 업종 또는 업무시설 위주로만 구성되어 있다면, 이 경우 당장의 수익성은 높을 수 있을지 몰라도 업종간의 시너지 효과를 얻기가 어렵고, 경기 후퇴기에는 장기간 공실로 이어져 상가 건물의 가치가 하락할 가능성이 매우 높으므로 주의를 기울여야 한다. 결국 근린상가 투자에 있어서는 당장의 수익성뿐만 아니라 입점업종의 구성도 눈여겨봐야 할 요소이다.

5) 분양가격

근린상가의 투자에 있어 이미 상권이 형성된 지역에 투자할 경우 투자의 안정성은 확보할 수 있지만 기득권 상가와 출혈경쟁을 각오해야 한다. 그러나 택지지구에서 분양되는 근린상가에 투자할 경우 향후 상권이 활성화된다면 분양가격보다 상가의 매매가격이 상승하여 수익률을 극대화 시킬 수 있다. 이러한 기대감 때문에 최근에는 이미 상권이 형성된 지역보다 택지지구에서 분양되는 근린상가에 대한 관심이 점점 더 높아지고 있다. 그러나 신도시나 택지지구 내 근린상가의 경우 상권이 제대로 형성되기까지는 최소한 3~5년 정도의 비교적 긴 시간이 소요되는 경우가 대부분이다. 또한 주변에 대형할인마트나 백화점 등이 입점할 경우 상권이 기대치를 충족시키지 못하는 경우가 종종 발생하기도 한다. 따라서 검증되지 않은 미래가치만으로 높은 가격으로 근린상가를 분양 받는 것은 상당히 위험하다.

분양대행사의 말에 전적으로 의존하기 보다는 인근 지역 또는 유사 지역의 임대료 등을 조사하여 이를 역산해서 적정분양가를 예상해보고 또한 분양가 대비 수익률이 적정한지를 반드시 따져 볼 필요가 있다. 고분양가로 인해 높은 임대료가 책정된다면 그만큼 공실로 연결될 가능성이 높고, 공실이 장기화 될 경우 필연적으로 상가가치 하락으로 이어지기 때문이다.

한편, 상가를 분양 받을 때는 반드시 중도금 납부일정, 연체이자율, 입점예정일과 지체보상금산정 관련 사항, 준공시점, 확정수익에 관한 사항 등 계약관련 사항을 꼼꼼하게 체크해야 한다. 이러한 계약관련 조항들이 애매모호할 경우 자칫 억울하게 피해를 입고도 보상을 받거나 항변할 길이 없는 경우가 대부분이기 때문이다.

6) 임대수익률

수익률이란 투하된 자본에 대한 대가의 비율로서 어떤 투자 안에 유입되는 수입금액을 유출되는 투자금액으로 나눈 비율이다. 임대수익률은 투자한 상가건물에 임대차 계약을 체결한 경우 받을 수 있는 임대료를 상가건물 매매가액에서 보증금을 차감한 금액으로 나눈 비율이다. 이를 구체적인 산식으로 나타내면 아래와 같다.

첫째, 대출금이 없는 경우 :

$$\text{임대수익률} = \frac{\text{월임대료} \times 12}{(\text{매매가액} - \text{임대보증금})} \times 100$$

둘째, 대출금이 있는 경우 :

$$\text{임대수익률} = \frac{(\text{월임대료} - \text{월대출이자}) \times 12}{(\text{매매가액} - \text{임대보증금} - \text{대출금})} \times 100$$

상가투자는 임대수익률을 기준으로 해서 '투자 할 것인지 또는 말 것인지'를 결정한다. 일반적으로 사람들은 단순하게 '시중은행의 정기예금 금리'와 상가의 임대수익률을 비교하여 상가 임대수익률이 정기예금 금리보다 2~3% 정도 높다면 투자를 한다. 그러나 이 판단기준은 많은 투자위험을 내포하고 있다. 왜냐하면 이때의 임대수익률 계산에는 취득세, 건물의 감가상각비, 재산세, 예상하지 못한 공실에 따른 손실액 등 각종 비용이 누락되어 있어 실제보다 임대수익률이 과대평가되기 때문이다.

따라서 '시중은행의 담보대출 금리'와 상가의 임대수익률을 비교하여 상가 임대수익률이 담보대출 금리보다 2~3% 높다면 투자를 하는 것이 좀 더 보수적이고 투자위험을 줄이는 기준이 된다. 왜냐하면 담보대출 금리와 정기예금 금리의 차이를 취득세, 건물의 감가상각비, 재산세, 예상하지 못한 공실에 따른 손실액 등 누락된 각종 비용과 상계시키면 실질적으로 정기예금 금리보다 2~3% 정도 높은 수익률을 달성할 수 있기 때문이다. 물론 투자자에 따라서는 자기 자신만의 요구수익률을 기준으로 투자여부를 판단하기도 한다. 그러나 담보대출 금리는 금융기관을 통해서 제시되는 객관적인 수익률이라는 점에서 이를 임대수익률과 비교하는 기준으로 삼는 것이 일반적이다.

예를 들어, 어떤 사람이 근린상가를 10억 원에 매입하여 보증금 1억 원을 받고 임대차 계약을 체결했는데, 이 당시 담보대출 금리가 대략 연 7~8%였다고 가정해 보자. 이 경우 실질적인 투자금액은 보증금 1억 원을 제외한 9억 원이고, 담보대출 금리인 7~8%에 가산금리 2~3%를 합치면 달성해야 할 목표수익률은 10% 수준이 된다. 따라서 9억 원에 10%의 수익률을 적용하면 연 9천만 원의 수익이 발생하고, 이를 월 단위로 환산하기 위해 12개월로 나누면 월 750만 원의 금액이 계산된다. 결론적으로 위에서 예로 제시한 근린상가는 적어도 월 임대료가 750만 원 이상은 되어야 투자 대상으로서 가치가 있는 상가라고 판단할 수 있다.

7) 기타

위에서 살펴 것 이외에 다음 몇 가지도 근린상가 투자 시 눈여겨보아야 할 사항이다.

첫째, 점포 전면의 길이를 눈여겨보아야 한다. 점포영업에서 있어서

점포 전면의 길이는 상품의 진열과 외부 노출도 측면에서 중요한 영향을 미치는 요소이다. 따라서 가능한한 상품의 진열과 외부 노출도 측면에서 유리한 점포 전면의 길이가 긴 점포를 선택해야 한다.

둘째, 전용률을 눈여겨보아야 한다. 상가의 분양면적에는 전용면적뿐만 아니라 공용면적도 포함된다. 점포를 운영하는 사람의 입장에서는 동일한 분양면적이라면 전용률이 높을수록 실제 사용가능한 면적이 넓어서 장사하기가 유리하다. 따라서 전용률이 높은 상가일수록 임대와 매매에 있어서 제대로 된 상가의 가치를 인정받을 수 있다.

셋째, 도로의 넓이를 눈여겨보아야 한다. 소비자들은 편리한 것을 좋아하기 때문에 차가 많이 오가는 넓은 도로가 가로놓여 있으면 살 물건이 있어도 길을 건너는 것을 꺼린다. 이러한 이유로 2차선 이상의 넓은 도로는 오히려 상권을 단절시키는 요소로 작용한다. 근린상가 투자 시 이러한 점도 숙지해야 한다.

넷째, 상업용지의 비율을 눈여겨보아야 한다. 상업용지의 비율이 높아 상가공급이 많은 지역은 주의해야 한다. 왜냐하면 상가가 적정 수준 이상의 숫자를 초과하게 되면 업종 간 경쟁이 심화되어 최일선에서 점포영업을 하는 임차인의 매출과 순이익에 지장을 초래하여 임대료 하락의 요인으로 작용하기 때문이다.

4. 투자전략

우리는 지금까지 근린상가의 개요, 유형과 주요업종 그리고 투자 포인트 등에 대해 살펴보았다. 지금 부터는 글쓴이의 주관적인 견해가 많이 반영된 측면도 있지만, 근린상가 투자전략으로써 자금규모별 투자전략과 역발상 투자전략에 대해 살펴본다.

1) 자금규모별 투자전략

투자자라면 누구나 많은 투자자금으로 투자수익률이 좋은 상가를 사고 싶어 한다. 그러나 각 투자자별로 보유한 자금 또는 사용 가능한 자금은 차이가 날 수 밖에 없다. 따라서 여기서는 각 투자금액별로 적절할 것으로 판단되는 투자전략을 알아본다.

첫째, 2억 원 이하의 소액 투자자금으로는 운영수익(operating income)보다는 자본이득(capital gain)을 올리는 방향으로 투자전략을 세우는 것이 유리하다. 물론 2억 원 수준의 투자금액으로 높은 수익률을 거둘 수 있을지는 몰라도 그 절대금액이 적기 때문에 오히려 자본이득을 추구함으로써 종자돈을 키우는 것이 바람직해 보인다. 그 투자처로서는 고위험군에 속하는 쇼핑몰이나 테마상가보다는 택지개발지구내에서 선(先)분양하는 1층 근린상가를 적극 추천할만하다. 택지개발지구의 선분양 상가는 아직 상권이 형성되지 않아 투자위험이 크지만 향후 3~5년이 경과하고 상권이 형성될 경우 가격 상승 여력이 충분하며, 1층의 경우 환금성 제약에서 상당히 자유롭기 때문에 처분 또한 손쉬울 것이다. 그러나 상권이 활성화 되지 못할 경우 자금이 묶일 수 있으므로 향후 상권이 활성화 될 것이 확실시 되는 상가를 찾는 것이 투자의 키포인트이다.

둘째, 2억 원 이상 5억 원 미만 수준의 투자자금인 경우에는 투자자의 개인적 투자성향, 투자자금의 성격, 투자목적 등에 따라 투자전략이 달라질 수 있다. 다시 말해서 자본이득을 추구할 수도 있고 운영수익을 추구 할 수도 있다는 것이다. 자본이득을 추구하는 경우에는 앞의 소액 투자자금처럼 투자위험을 안고 선분양 상가에 투자하는 방법이 있고, 운영수익을 추구하는 경우라면 그 보다는 안정된 기존상권에서 수익률을 극대화하는 전략을 추구하는 방법이 있다. 즉 투자금액이 높아 운영수익이 낮은 1층 상가보다는 투자금액이 저렴하여 오히려 높은 운영수익을 거둘 수 있는 상층부 상가가 더 유리한 투자처가 될 수 있다. 특히 2억 원에서 5억 원 수준의 퇴직금으로 노후자금을 준비하고 있는 투자자라면 자본이득을 추구하기보다는 당장 사용 가능한 높은 운영수익을 추구하는 전략에 투자 포인트를 두는 것이 현명하다.

셋째, 5억 원 이상 10억 원 미만 수준의 투자자금인 경우에는 투자에 있어 그 선택의 폭이 다양하지만, 그 중 추천할 만한 하나의 전략이 A급지의 1층 근린상가를 찾는 전략이다. 5~10억 원에 달하는 A급지의 점포에는 일반인의 인지도가 높은 제과점, 편의점, 커피전문점, 김밥전문점 등 소위 브랜드 파워를 행사할 수 있는 업종들이 입점하게 된다. 그만큼 집객효과가 뛰어나서 누구나 탐내는 상가라 할 수 있다. 이런 상가는 높은 운영수익보다는 안정적인 운영수익과 장기적인 자본이득을 기준으로 투자를 검토해야 한다. 투자금액이 비싸기 때문에 높은 운영수익을 바랄 수는 없지만 꾸준한 임대수요가 있어 안정적인 운영수익의 확보가 가능하며 또한 물가 상승이상의 자본이득을 꾸준하게 실현해 나가므로 처분 시의 투자수익률은 높을 수밖에 없는 것이다. 문제는 이러한 상가들은 특별한 경우를 제외하고는 시장에 잘 공급되지 않는다는 것이다. 만약 이러한 상가가 특별한 사정으로 시장에 공급된다면 고민할 필요 없이 즉시 투자해야할 대상이다.

넷째, 10억 원 이상의 투자자금인 경우에는 포트폴리오를 구성하는 전략이나 통상가를 매입하는 전략을 검토 할 수 있다. 먼저, 포트폴리오를 구성하는 전략이란 투자금액의 일부는 자본이득을 추구하는 방향으로 투자하고 나머지 금액은 운영수익을 추구하는 방향으로 투자함으로써 포트폴리오를 구성하여 투자위험을 낮추면서 자본이득과 운영수익을 동시에 추구하는 전략을 말한다. 간단하게 예를 들어 20억 원으로 근린상가에 투자한다면 10억 원은 A급지의 1층 근린상가 구입을 통해 안정적 운영수익과 자본이득을 추구하는 방향으로 투자하고, 나머지 10억 원은 수익률이 좋은 상층부를 매입하여 높은 운영수익을 추구하는 방향으로 투자함으로써 포트폴리오를 구성하여 자본이득과 운영수익을 동시에 추구하는 것이다. 이러한 포트폴리오를 구성하는 전략은 주식투자와 마찬가지로 분산투자를 통해 투자위험을 최소화시키면서 투자수익률을 극대화시키는 전략이다. 다음으로 통상가를 매입하는 전략이란 해당 상가건물에서 발생한 보증금과 대출금을 안고 4~5층 근린상가 건물전체, 소위 이야기 하는 통상가를 매입하는 전략을 말한다. 이러한 통상가의 매입은 그 자체가 자연스럽게 포트폴리오가 되므로 운영수익을 높이면서 상가건물의 가격상승에 따르는 자본이득도 획득할 수 있는 전략이 된다. 통상가 매입 전략의 가장 핵심이 되는 것은 입지 선택이다. 왜냐하면 자칫 잘못된 입지의 선택으로 인해 자본이득은 고사하고 공실로 인하여 운영수익 조차 얻지 못할 가능성이 있기 때문이다. 결국 통상가 매입전략에 있어서 키포인트는 역시 입지 선택 능력인데, 이때의 입지는 현재의 입지가 아니라 향후 3~5년 이후의 미래 입지라는 점을 꼭 기억해야 한다. 왜냐하면 현재가 아니라 미래의 처분시점에 해당 상가의 수익률이 높아야 이로 인해 상가의 가치가 높아지고, 처분에 따른 투자수익률이 극대화되기 때문이다. 참고로 통상가와 구분상가의 개념을 간략하게 소개하면 <표 7-7>과 같다.

<표 7-7> 통상가와 구분상가의 개념 구분

통상가**)	상가건물이 개별 층이나 호수와 같은 일정 규모별로 구분등기가 되지 않아서 층 또는 호수 단위로는 구분소유권의 대상이 되지 못하고, 거래역시 상가건물 전체를 대상으로만 이루어지는 상가를 말한다. 주택에 비유하면 단독주택이나 다가구 주택에 해당한다.
구분상가	구분상가란 층이나 호수와 같이 일정 규모별로 구분등기가 가능하여 층 또는 호수 단위로 각각이 구분소유권의 대상이 되어 개별적으로 거래가 가능한 상가를 말한다. 주택에 비유하면 아파트나 연립주택 또는 다세대주택에 해당한다.

주 : **) '통상가'는 학문적으로 통용되는 개념이 아니라 실무에서 주로 사용되는 개념으로서 구분상가와 비교를 위해 글쓴이가 주관적으로 도입한 개념이다.

2) 역발상 투자전략(contrarian investment strategy)

역발상 투자전략이란 캐나다 출신의 전설적 투자 전문가인 데이비드 드레먼(David Dreman)에 의해 대중화된 개념으로 '많은 사람들이 투자를 꺼릴 때 과감하게 투자하고, 모든 사람들이 투자하려고 몰려들 때 오히려 서서히 빠져나오는 전략'을 말한다. 즉, 대중에 역행하여 시장을 이기는 투자 전략으로 이러한 역발상 투자전략의 성공여부는 자산시장에의 투자 심리 게임에서 얼마나 이성적으로 능숙하게 대처하는가에 달려 있다. 왜냐하면 데이비드 드레먼의 말처럼 '위기나 공황이 한창일 때는 정상적인 가치기준이 사라져버리고, 자산시장에의 투자는 모두 인간의 심리가 깊이 관여하는 심리 게임'이 되기 때문이다.

역발상 투자전략은 주로 주식시장에서 활용되어 왔지만 상가투자에도 적용이 가능하다. 경기 침체기에는 점포영업에 대한 수요가 감소하여 상가의 임대수익이 떨어지고 이로 인해 상가의 가치가 감소하게 된다. 이 경우에 많은 투자자들은 상가에 투자하기를 꺼려하지만 오히려 이때를 상가건물의 저가매수기회로 삼는 것이 상가투자에 있어서 역발상 투자전략이다.

매년 1월이 되면 매스컴에서 빠지지 않고 등장하는 것이 소위 부동산 전문가라고 불리는 사람들의 부동산시장에 대한 전망이다. 그런데 지난 수년간 이러한 전문가들의 상가시장에 대한 전망은 대체로 부정적이었다. 그 이유는 우리나라가 이미 개발도상국 시대의 고도 성장기를 지나 선진국 수준의 저성장 시대로 접어들었고, 기술혁신 및 IT(Information Technology)산업의 발전으로 제조업의 대부분이 자동화(automation)되어 고용 없는 성장의 시대로 진입함에 따라 내수경기가 위축될 것으로 판단하였기 때문이라고 추측된다. 이를 좀 더 자세히 분석해 보면 '내수경기의 위축에 따른 소비감소 → 점포사업자의 매출액 감소에 따른 임대료 하락 → 투자수익률 감소에 따른 투자수요 감소 → 부동산(상가)의 가치 하락'의 파급효과를 생각해 볼 수 있는데 이렇게 부동산의 가치가 하락하는 상황이 되면 일반인들의 경우 투자심리가 극도로 위축되어 투자를 주저하게 된다. 그러나 역발상 투자전략을 가진 사람은 이때를 오히려 부동산을 저가에 매입할 수 있는 절호의 기회로 판단하고 과감하게 투자한다. 왜냐하면 경기 후퇴에 따른 투자수익률 하락은 수익형 부동산인 상가건물의 가치 하락을 불러오고 이는 매수가격을 더욱 낮게 협상할 수 있는 절호의 기회가 되기 때문이다.

한편, 부동산시장의 경기변동에는 일반 경기변동에는 존재하지 않는 안정시장이라는 것이 존재한다. 안정시장이란 거래가 꾸준히 존재하여 경기의 진폭이 크지 않은 시장으로서 불경기에도 부동산 가격이 안정되어 있는 시장을 말한다. 불황에 강한 부동산으로 주로 입지조건이 우수하고 규모가 작은 역세권의 주택이나 도심지의 점포가 여기에 속한다고 볼 수 있다. 경기 침체기에 부동산시장에만 독특하게 존재하는 안정시장의 상가건물을 저가로 매수한다면 현재의 임대수익률이 비록 6% 수준이라도 경기 활황기가 되면 10% 이상의 임대수익률을 기대할 수 있다. 이러한 임대수익률의 상승은 상가건물의 가치 상승으로 이어져 자본이득을 극대화할 수 있는데, 이것이 바로 성공적인 상가 투자라고 볼 수 있다. 결국, 역발상 투자전략이란 단순히 남들과 반대로만 투자하는 것이 아니라 군중심리에 휘둘리지 않고 현실을 보다 냉정하고 객관적으로 분석하여 과학적으로 투자함으로써 투자 성공을 이끌어 내는 전략이라고 할 수 있다.

제2절 단지내 상가

1. 개요

단지내 상가란 「주택법」, 「주택건설기준등에관한규정」에 의해 일정 규모 이상의 공동주택(주로 아파트를 말함) 건축 시 입주민에게 생활편의를 제공하기 위해 반드시 설치해야 하는 시설로, 넓은 의미에서는 근린상가에 속한다. 일반적인 근린상가보다 상권의 범위는 작지만 입주민들의 생활권에 가장 근접해 있고 입주민에게 필요한 부동산과 슈퍼, 제과점, 세탁소, 미장원, 치킨점, 학원 등 실생활과 밀접한 업종이 주로 입점하는 상가를 말한다.

규모는 대개 1~3층 수준이지만, 세대수와 인근 상권의 범위에 따라 대규모 단지내 상가가 공급되기도 한다. 전체적인 전용률은 60~75% 수준인데 규모가 커질수록 전용률은 낮아진다.

입지가 입주민들과 가장 근접해 있어 생활밀착형 업종위주의 안정적인 매출을 기대할 수 있고, 세대수 대비 적정 규모로 공급될 경우 업종 간 중복에 의한 과다경쟁을 피할 수 있으며 일부 업종의 경우 업종 중복금지 규정에 따라 독점성을 보장받을 수 있다는 점이 장점이다. 그리고 공급 시기가 보통 입주 전 6개월~1년이므로 상대적으로 투자 회수기간이 짧은 점 또한 단지내 상가의 장점이다. 반면 주로 경쟁 입찰방식으로 공급되어 일반적인 근린상가보다 공급가액이 다소 비싸고, 세대수의 규모가 확정되어 있어 그 이상의 상권 팽창을 기대할 수 없으며 주변에 발달된 근린상권이 있을 경우 상권경쟁에서 밀릴 수 있으며 일부 단지내 상가는 공인중개사 사무소가 과도하게 입점해 업종 간 시너지 효과를 해칠 수 있는 점이 단점이다.

공급측면에서 볼 때 단지내 상가는 일정규모 이상의 아파트를 건축할 때만 공급되기 때문에 일반적인 근린상가에 비해 희소가치가 있다. 구도심지역의 경우 주로 재건축이나 재개발 위주로 아파트가 공급되기 때문에 기본 상권이 형성되어 있는 단지내 상가의 공급물량이 많지 않다. 그리고 최근 구도심지역 재건축 아파트의 경우 상가 재건축 조합과와 아파트 재건축 조합 간 협의가 이루어지지 않아 재건축 아파트와 별도로 단지내 상가 리모델링이나 별도의 재건축을 추진하는 경우도 있다. 반면 택지개발지구의 경우 대규모의 아파트 단지가 공급됨에 따라 단지내 상가의 공급물량 또한 풍부하다.

최근 들어 단지내 상가의 외형적 모습에 변화가 일어나고 있는데 이는 전통적으로 공급되어 온 아파트로서 우리가 흔히 보는 판상형 아파트에서 타워형 아파트로 전환되는 과정에서 생기는 현상으로 볼 수 있다. 판상형 아파트의 경우 아파트와 단지내 상가를 별도로 짓는 경우가 대부분이지만 타워형 아파트의 경우 지하를 연결시키면서 지상 1층, 2층의 아파트 저층부에 단지내 상가를 구성하는 경우도 있어 주상복합아파트의 상가와 외형적으로 비슷한 이미지를 주기도 한다.

2. 주요업종

일반적인 상가와 마찬가지로 단지내 상가 역시 업종선택이 매우 중요하다. 시행사가 제시하는 2~3개월의 입주기간보다 입주민들의 실질 입주기간은 길어지는 경우들이 대부분이다. 이러한 입주 초기에는 생활필수품 판매업종이 활황을 보이다가 입주가 완료되면서 안정기로 접어든다. 또한 주변에 발달된 근린상권이 있을 경우 상권경쟁에서 밀릴 수 있으므로 서비스업종이나 학원업종의 경우 주변 근린상가의 발달 정도를 잘 살펴야 하고 판매업종의 경우 주변에 있는 대형 할인마트 등과의 경쟁관계를 고려해야 한다.

입주시점을 기준으로 주요업종을 살펴보면 입주 초기에는 철물점, 지물포, 중화요리점, 스낵코너 등 생활 밀착형 업종이 유리하고, 이 시기가 지나면 비디오대여점, 치킨점, 제과점, 학원 등 임대수입이 보장되는 업종으로 바꾸어야 한다. 한편 슈퍼마켓, 세탁소, 부동산중개업소 등은 입주 시기와 무관한 업종이다. 세대수에 따른 주요 업종은 1천 세대 이하는 슈퍼마켓, 미용실, 열쇠수리점, 치킨점, 세탁소, 제과점, 중국음식점 등을 선택하는 것이 유리하고, 1천 세대 이상 2천 세대 이하인 경우에는 반찬가게, 피아노학원, 속셈학원, 화장품점, 태권도장 등을 선택하는 것이 유리하다. 그리고 2천 세대 이상은 대형 슈퍼마켓, 클리닉센타, 아이스크림전문점, 생활용품점 등을 선택하는 것이 유리하다. 아파트 단지내 상가내에서 일반적으로 형성되는 주요업종은 <표 7-8>과 같다.

<표 7-8> 아파트 단지내 상가의 주요업종

음 식 업	배달전문피자점, 생맥주복합치킨점, 중국점, 떡커리방, 족발전문점 등
도소매업	과일전문점, 브랜드정육점, 슈퍼, 편의점, 문구팬시점, 화장품점 등
서비스업	노래방, 미용실, 사우나, 클리닉센타, 독서실, 탁아텔, 부동산중개업소, 책대여점, 비디오대여점, 만화대여점, 컴퓨터게임장, 완구렌탈점 등

3. 투자 포인트

단지내 상가는 지금까지 안정적인 투자처로 인식이 되어왔고, 현재도 그러한 패턴을 보여주고 있다. 그러나 과거와 달리 지금의 단지내 상가는 많이 쇠퇴한 것이 사실이다. 그 원인은 여러 가지가 있지만 가장 큰 이유는 소비자들의 소비패턴 변화를 들 수 있다. 과거 국민소득이 1만 달러 이하이던 시절에는 아파트가 대량 공급되면서 단지내 상가는 아주 큰 프라자급으로 공급되었다. 심지어 단지내 상가에 수입품 매장까지 들어올 정도로 인기가 좋았다. 이때는 나대지가 많아 토지가격이 저렴해서 대규모의 단지내 상가공급이 가능했고, 소비자들도 가까운 곳에서 필요한 물건을 구매하려는 단순한 소비성향을 가졌기 때문에 수입품매장까지 입점이 가능했다. 그러나 국민소득이 2만 달러 시대로 접어들면서 소비자들의 소비패턴이 달라졌다. 물건을 구매할 때 다양한 상품과 서비스를 비교하게 되었고, 단지내 상가라는 한정된 장소가 아닌 근린상권이나 중심상업지역에서 다양한 품질의 상품을 접하고자 하는 쪽으로 소비패턴이 바뀌었다. 여기에 결정적인 역할을 한 것이 대형할인점의 출현이었다. 이로 인해 단지내 상가는 위축 될 수밖에 없었다. 그리고 단지내 상가는 일반적인 근린상가에 비해서 시세상승률이 낮다는 점이 상가활성화에 부정적 요인으로 작용했다. 따라서 현재 단지내 상가는 지하가 거의 없고 규모도 1층 위주로 아주 작게 조성되고 있다. 그럼에도 불구하고 상가투자 초보자라면 단지 내 상가를 투자 우선 종목으로 고려하는 것이 좋다. 왜냐하면 아파트 입주자라는 든든한 배후세대를 기반으로 어느 정도의 고정고객을 확보하고 있어 다른 상가 보다 상대적으로 매우 안정적인 매출을 기대할 수 있고, 투자의 관점에서 볼 때 임대가 잘 되는 장점도 있기 때문이다. 그리고 안전성 높은 1군 건설업체와 토지주택공사에서 주로 분양하므로 다른 상가보다 공사부도 위험이나 입주지체 위험 등 투자위험이 낮은 것 또한 장점이다. 이하에서는 단지내 상가의 투자 포인트를 구체적으로 살펴본다.

1) 1,000세대 이상 대단지

과거에는 서울과 수도권의 경우 500세대를 넘어서는 아파트 단지이면 투자성이 있는 것으로 판단하고, 지방의 경우 1,000세대를 넘어서는 아파트 단지를 투자성이 있는 것으로 판단했다. 그러나 최근에는 서울과 수도권의 경우 1,000세대를 넘어서야 투자성이 있는 것으로 판단하고, 지방의 경우 1,500세대를 넘어서야 투자성이 있는 것으로 판단한다. 아파트 단지가 든든한 배후세대로 안정적인 매출을 기대할 수 있는 기반으로서의 역할을 할 수 있다고 평가하는 투자성의 기준이 높아진 것이다. 왜냐하면 앞서 언급한 것처럼 소비자의 투자패턴 변화로 인해 단지내 상가에서의 소비 의존도가 줄어들었고 이러한 경향은 앞으로 더욱 가속화 될 것으로 보이기 때문이다. 물론 언급한 세대수는 수학적으로 계산한 정확한 수치가 아니라 단지내 상가에서 점포사업을 해 본 사람들의 경험치를 바탕으로 추정한 것이므로 투자하고자 하는 단지의 개별적 특성에 따라서 일정부분 가감시킬 수는 있다. 따라서 어떤 사람은 서울과 수도권 기준으로 1,000세대가 아니라 600세대를 기준으로 삼기도 한다. 그러나 여기서는 좀 더 보수적인 관점에서 1,000세대를 기준으로 제시했다.

2) 세대 당 상가면적

세대수가 1,000세대 이상으로 투자성이 있다고 판단되어도 세대 당 상가면적이 너무 넓은 경우는 주의할 필요가 있다. 아파트 1세대 당 상가를 6㎡(약 1.8평)까지 지을 수 있지만 이대로 상가를 짓는다면 과다한 상가의 공급으로 인해 공실이 발생할 수도 있고, 다수의 업종이 중복되어 수익성 하락을 초래할 수도 있다. 반면 세대 당 상가 면적이 작을수록 업종의 독점성이 보장되어 희소성을 가질 수 있다. 이전까지만 해도 적정 상가 면적을 세대 당 0.5평 이하로 생각했지만 최근에는 0.3평 이하로 내려가는 추세이다. 왜냐하면 입주자의 소비패턴 변화로 단지내 상가의 소비의존도가 줄어들었기 때문이다. 예컨대 아파트가 1,000세대라면 상가의 연면적은 1,000세대에 세대 당 0.3평을 곱한 300평(=1,000세대×0.3평)이하 이어야 투자가치가 높다고 할 수 있다. 만약 상가 면적이 300평을 초과할 경우 공급과잉에 해당되기 때문에 투자 시 주의를 기울여야 한다.

3) 수요층의 수준

단지내 상가를 이용할 수요층의 수준도 눈여겨 볼 사항이다. 대체로 30평형대 이하의 중·소형 평형 위주로 구성된 아파트 단지내 상가가 유리하다. 대형 아파트에 거주하는 연령층은 주로 20대 이후의 자녀를 둔 50대 이후의 연령층이 많다. 이들은 생필품 이외에는 거의 대부분을 외부에서 소비하는 패턴을 가지고 있기 때문에 시내 백화점이나 전문상가에서 쇼핑을 하는 등 외부 상권 이용도가 높은 것이 일반적이다. 더구나 자녀들 역시 가정에서 활동하는 시간이 거의 없어 이들을 대상으로 장사를 하는 것은 무리일 수밖에 없다.

반면 30평형대 이하의 중·소형 평형에 거주하는 입주자들은 단지내 상가의 소비의존도가 높다. 중·소형 평형 아파트는 주로 신혼 초인 20대에서부터 어린자녀를 가진 30대가 거주하고 있고 소득수준도 그리 넉넉하지 못한 편이다. 이들은 대부분 주거지와 직장과의 거리가 멀지 않기 때문에 가급적 동네 주위에서 먹고 입는 것을 해결하려고 하는 성향이 강하며 이들의 어린 자녀들 또한 일정수준의 단지내 상가의 소비계층이 된다.

4) 분양가격

단지내 상가를 분양하는 방법은 크게 선착순 분양과 입찰 분양이 있다. 어떠한 방식으로 분양을 하든지 투자자 입장에서는 분양가격의 적정여부를 결정하기가 쉽지 않다. 분양이 끝나고 나면 다른 현장으로 가버리는 분양담당자의 말만 믿고 분양가격의 적정성 여부를 결정하기 보다는 그 지역 중개업소의 판단을 참고하는 것이 더 현실성이 있다. 그러나 지역 중개업소는 자기 지역이기 때문에 더 후한 평가를 할 수도 있으므로 다른 지역의 중개업소 의견도 참고할 필요가 있다. 특히, 입주가 완료된 유사한 지역(아파트의 세대수와 가격이 비슷한 지역)의 아파트 단지내 상가 몇 군데를 조사하여 본인이 투자하고자 하는 동일업종의 보증금과 월세 그리고 수익률에 관한 정보를 얻는다면 나름대로 좋은 판단 기준이 될 것이다. 이후 목표수익률을 결정하면 되는데, 목표수익률을 높게 잡을 경우 적정분양가격을 낮게 잡고, 목표수익률이 좀 낮더라도 공격적으로 적정분양을 받으려 한다면 분양가격을 좀 높게 잡으면 된다.

5) 기타

위에서 살펴 것 이외에 다음 몇 가지도 단지내 상가 투자 시 고려할 사항이다.

첫째, 출입구를 잘 살펴보아야 한다. 단지내 상가는 원칙적으로 주출입구에 위치하는 것이 좋다. 일반적으로 입주민이 도보로 이동하는 주동선은 주출입구를 중심으로 이루어지기 때문이다. 그러나 아파트에 따라서는 주출입구는 차량의 신속한 통행만 고려하고 보행객을 고려하지 않은 채 설계되어 보행 시 사고의 위험이 높거나 경우에 따라서는 부출입구가 대중교통과 연결되는 지름길이 되는 경우가 있다. 이때는 오히려 부출입구가 입주민이 도보로 이동하는 주동선이 된다. 따라서 이때는 주출입구가 아니라 부출입구가 장사가 더 잘 된다. 따라서 단지내 상가 투자 시 주출입구, 부출입구를 떠나서 실질적으로 입주민이 도보로 이동하는 출입구 쪽에 투자해야 한다.

둘째, 주변의 근린상권을 잘 살펴보아야 한다. 단지내 상가 투자 시 고려해야 할 사항 중 또 하나가 인근의 근린상가와의 충돌이다. 단지내 상가는 특성상 업종이 제한적일 수밖에 없다. 슈퍼마켓, 중개사무소, 세탁소, 제과점 등이 입점하고 나면 나머지 입점업종에 대해서는 고민을 해야 한다. 그런데 주변의 근린상가에 동일업종이 있다면 직접적으로 경쟁해야 하므로 그 만큼 더 불리하다. 따라서 단지내 상가 자체만 살펴볼 것이 아니라 주변의 근린상권도 같이 파악하여 투자결정을 해야 한다.

제3절 기타상가

1. 복합쇼핑몰

쇼핑몰(shopping mall)은 다수의 대규모 점포 또는 소매 점포와 각종 편의시설이 일체적으로 설치된 매장으로서 직영 또는 임대의 형태로 운영되는 매장을 말한다. 전통적 의미의 쇼핑몰은 소비자의 편리성 제고와 체류시간의 연장을 통한 매출 증대를 위해 계획적으로 소매점들을 집적시킨 형태의 유통 업태이다. 따라서 특정 사업자가 주체가 되어 전체 시설을 계획·개발·관리하는 소매 업태로서 판매시설 및 기타 서비스 시설이 집합된 형태를 갖추고 있다.

국내에서는 '쇼핑몰'이라는 용어 대신 '쇼핑센터'가 공식적인 용어로 사용되고 있다. 「유통산업발전법」상 "쇼핑센터란 용역의 제공 장소를 제외한 다수의 대규모 점포 또는 소매 점포와 각종 편의시설이 일체적으로 설치된 매장면적의 합계가 3,000㎡ 이상인 점포 집단"으로 정의되어 있고, 동법 시행령에 의하면 매장면적 3,000㎡ 이상의 대규모 점포는 각 시·도에 등록하도록 규정되어 있다.

1930년대에 미국에서 처음으로 현대적 의미의 쇼핑몰이 계획적으로 개발되었다. 주로 도시 외곽에서 대규모 건물 주변에 넓은 주차장을 갖추고 특정한 개발업자에 의해 계획적으로 만들어지고 관리된 상업시설로서, 백화점 등 대형 소매점 외에 전문점, 음식점, 서비스업 점포, 은행 등이 입점한 건물 안에 만들어진 상점가로 미국에서는 몰(mall)이라고도 불리는데 이것이 쇼핑몰의 시작이다. 1970년대에 와서는 본격적인 엔터테인먼트 쇼핑몰이 등장하여 현재까지도 계속 발전하고 있다.

최근에는 관광과 유통시장이 글로벌화되고 소비자의 욕구가 더욱 다양화됨에 따라 매장 간 생존경쟁이 치열해져 새로운 형태의 퓨전형 업태가 출현했는데 관광·엔터테인먼트 쇼핑몰이 바로 이러한 형태 중의 하나라고 볼 수 있다. 쇼핑몰은 기존의 단순 소비개념에서 벗어나 원스톱 쇼핑, 관광·오락·쇼핑의 동시만족, 개성추구 등의 가치를 추구하고 있는데 향후 소비시장에서는 '체험'과 '브랜드', 그리고 '즐거움(fun)'과 '엔터테인먼트'를 중시하는 소비문화가 확산될 것으로 보인다. 이에 따라 소비패턴도 기능성 위주에서 상징성, 경험성이 중시되는 쪽으로 변화하고 있다. 소비자의 이러한 기호변화에 맞추어 기업들도 보다 색다르고 다양한 개성을 만족시켜 주는 즐거움과 경험을 제공하고 소비자의 매장 체류시간을 극대화하는 방향으로 신업태를 개발하기 위해 다양한 시도를 하고 있다. 서울의 영등포 역사와 같은 터미널(역사) 복합형 쇼핑몰, 삼성동의 코엑스 같은 독립형 쇼핑몰, 잠실 롯데월드 같은 테마파크 복합형 쇼핑몰이 대표적이다.

2. 테마상가

테마상가는 건물 전체를 일정한 테마와 관련된 업종으로 한 장소에 집화시켜 점포의 구색을 맞춘 곳을 말한다. 주로 의류, 한방, 공구, 전자, 보석 등과 같은 전문 테마를 중심으로 상권을 형성했으며 최근에는 애완용품, 키즈몰 등도 새롭게 인기를 얻고 있다. 가격이나 품목이 다양하고 한 곳에서 여러 제품을 비교함으로써 최적의 상품을 구입할 수 있는 장점을 가지고 있다. 한방 테마의 대구 약령시, 의류 테마의 동대문 디자이너 클럽, 전자제품 테마의 용산 전자상가 등과 같이 테마가 활성화된 상가의 경우에는 그 유명세가 매출 향상에 큰 도움을 주기도 한다.

테마상가는 비교적 소액자금으로 상가를 구입할 수 있고, 사람들이 많이 몰려 장사가 잘 되면 프리미엄을 받고 처분하여 높은 시세 차익을 올릴 수도 있다. 이러한 이유 때문에 테마상가에 환상을 가지고 투자하는 사람들이 많다. 그러나 개발 당시의 기대와 달리 사업 실패나 미진한 운영성과로 인해 업종을 변경하거나 다시 분양하는 경우 또는 아예 운영과 관련해 대기업이 유통회사(백화점)를 세워 대대적으로 컨셉(concept)을 바꾸는 경우도 있다. 이처럼 테마상가 투자는 높은 위험을 부담하는 투자이므로 상가투자 초보자가 접근하기에는 무리가 있다.

3. 지하상가

지하상가는 지하에 점포·사무실 및 이와 유사한 시설(원칙적으로 주택·병원·공장 등 제외)을 공공 보행로에 대면하게 설치한 건축복합체이다. 그동안은 법규 정비 등이 부진하였으나 현재는 법규 및 시설적인 재정비가 활발하게 진행되고 있는 상가의 형태이다. 지하상가는 공공보행로 등 공공용지의 지하에 설치되는 상점거리로서 「도시계획법」 및 「도로법」에 의해 규제되지만, 지하점포(underground store)는 민간용지의 지하에 설치되는 상점으로서 「건축법」에 의해 규제된다.

한편 지하상가는 주로 BTO(Build-Transper-Operate)방식으로 운영되는데 운영주체가 지하상가를 건축한 후 소유권을 해당 지자체에 기부채납하고 보통 20년 수준의 장기운영권을 획득하여 운영하는 방식을 취한다. 실질적으로 장사를 하려는 사람의 경우 운영주체와 임대차 계약을 체결하고 장사를 하면 되고, 해당 지하상가가 활성화 될 경우 권리금을 받고 팔기도 한다. 부산 서면의 대현 지하상가는 대표적인 형태의 지하상가로서 상당히 높은 권리금이 수수되면서 거래되고 있다.

4. 유통상가

유통상가는 농·수산물 유통상가나 공구 유통상가와 같이 특정한 유통물만을 취급하는, 고객과 운영자가 제한된 상업용 부동산을 말한다. 최근 들어 공급이 늘어나고 있는데 그 이유는 중소기업중앙회의 지원에 따라 중소기업협동회가 첫째, 다수의 중소기업에 대해 입지문제를 해결하고 둘째, 생산시설과 공해방지시설, 창고 및 제품 전시판매장을 설치·운영하여 생산성을 향상시키고 셋째, 협업화를 통한 경영개선을 통해 해외시장판로개척 등을 추진함으로써 대내·외 경쟁력을 강화할 목적으로 지원하고 있기 때문이다. 주로 저층으로 공급되어 대지지분이 타 상가에 비해 높고 업종별로 묶어서 구성하기 때문에 업종의 집적효과를 볼 수 있지만 상가가 활성화되지 못할 경우 제 가치를 발휘하지 못한다는 단점이 있다.

유통상가는 「국토의계획및이용에관한법률」에 의한 용도지역 중 유통 상업지역에서만 건축 가능한 특별한 상가이기 때문에 그에 따른 제약조건이 많다. 일반인의 투자대상은 아니지만 관련 종사자들은 눈여겨 볼만하다. 부산의 해운대구 반여 농산물시장, 사상구 감전동 산업공구상가 등은 대표적인 유통상가이다.

<참고 7-1> 건축법상 근린상가 관련업종

1. 제1종 근린생활시설

가. 수퍼마켓과 일용품(식품 · 잡화 · 의류 · 완구 · 서적 · 건축자재 · 의약품 · 의료기기 등) 등의 소매점으로서 같은 건축물(하나의 대지에 두 동 이상의 건축물이 있는 경우에는 이를 같은 건축물로 본다. 이하 같다)에 해당 용도로 쓰는 바닥면적의 합계가 1천 제곱미터 미만인 것

나. 휴게음식점 또는 제과점으로서 같은 건축물에 해당 용도로 쓰는 바닥면적의 합계가 300제곱미터 미만인 것

다. 이용원, 미용원, 목욕장 및 세탁소(공장이 부설된 것과 「대기환경보전법」, 「수질 및 수생태계 보전에 관한 법률」 또는 「소음 · 진동관리법」에 따른 배출시설의 설치허가 또는 신고의 대상이 되는 것은 제외한다)

라. 의원 · 치과의원 · 한의원 · 침술원 · 접골원(接骨院), 조산원 및 안마원

마. 탁구장 및 체육도장으로서 같은 건축물에 해당 용도로 쓰는 바닥면적의 합계가 500제곱미터 미만인 것

바. 지역자치센터, 파출소, 지구대, 소방서, 우체국, 방송국, 보건소, 공공도서관, 지역건강보험조합, 그 밖에 이와 비슷한 것으로서 같은 건축물에 해당 용도로 쓰는 바닥면적의 합계가 1천 제곱미터 미만인 것

사. 마을회관, 마을공동작업소, 마을공동구판장, 그 밖에 이와 비슷한 것

아. 변전소, 양수장, 정수장, 대피소, 공중화장실, 그 밖에 이와 비슷한 것

자. 지역아동센터(단독주택과 공동주택에 해당하지 아니한 것을 말한다)

차. 「도시가스사업법」 제2조제5호에 따른 가스배관시설

2. 제2종 근린생활시설

가. 일반음식점, 기원

나. 휴게음식점 또는 제과점으로서 제1종 근린생활시설에 해당하지 아니하는 것

다. 서점으로서 제1종 근린생활시설에 해당하지 아니하는 것

라. 테니스장, 체력단련장, 에어로빅장, 볼링장, 당구장, 실내낚시터, 골프연습장, 물놀이형 시설(「관광진흥법」 제33조에 따른 안전성검사의 대상이 되는 물놀이형 시설을 말한다. 이하 같다), 그 밖에 이와 비슷한 것으로서 같은 건축물에 해당 용도로 쓰이는 바닥면적의 합계가 500제곱미터 미만인 것

마. 공연장(극장, 영화관, 연예장, 음악당, 서커스장, 「영화 및 비디오물의 진흥에 관한 법률」 제2조제16호가목에 따른 비디오물감상실, 같은 호 나목에 따른 비디오물소극장, 그 밖에 이와 비슷한 것을 말한다. 이하 같다) 또는 종교집회장[교회, 성당, 사찰, 기도원, 수도원, 수녀원, 제실(際室), 사당, 그 밖에 이와 비슷한 것을 말한다. 이하 같다]으로서 같

은 건축물에 해당 용도로 쓰는 바닥면적의 합계가 300제곱미터 미만인 것

바. 금융업소, 사무소, 부동산중개사무소, 결혼상담소 등 소개업소, 출판사, 그 밖에 이와 비슷한 것으로서 같은 건축물에 해당 용도로 쓰는 바닥면적의 합계가 500제곱미터 미만인 것

사. 제조업소, 수리점, 세탁소, 그 밖에 이와 비슷한 것으로서 같은 건축물에 해당 용도로 쓰는 바닥면적의 합계가 500제곱미터 미만이고, 다음의 요건 중 어느 하나에 해당되는 시설

1) 「대기환경보전법」, 「수질 및 수생태계 보전에 관한 법률」 또는 「소음·진동관리법」에 따른 배출시설의 설치허가 또는 신고의 대상이 아닌 것

2) 「대기환경보전법」, 「수질 및 수생태계 보전에 관한 법률」 또는 「소음·진동관리법」에 따른 설치허가 또는 신고 대상 시설이나 귀금속·장신구 및 관련 제품 제조시설로서 발생되는 폐수를 전량 위탁처리하는 것

아. 「게임산업진흥에 관한 법률」 제2조제6호의2가목에 따른 청소년게임제공업의 시설 및 같은 조 제8호에 따른 복합유통게임제공업의 시설(청소년 이용 불가 게임물을 제공하는 경우는 제외한다)로서 같은 건축물에 그 용도로 쓰는 바닥면적의 합계가 500제곱미터 미만인 것과 같은 조 제7호에 따른 인터넷컴퓨터게임시설제공업의 시설로서 같은 건축물에 그 용도로 쓰는 바닥면적의 합계가 300제곱미터 미만인 것

자. 사진관, 표구점, 학원(같은 건축물에 해당 용도로 쓰는 바닥면적의 합계가 500제곱미터 미만인 것만 해당되며, 자동차학원 및 무도학원을 제외한다), 직업훈련소(같은 건축물에 해당 용도로 쓰는 바닥면적의 합계가 500제곱미터 미만인 것을 말하되, 운전·정비 관련 직업훈련소는 제외한다), 장의사, 동물병원, 독서실, 총포판매사, 그 밖에 이와 비슷한 것

차. 단란주점으로서 같은 건축물에 해당 용도로 쓰는 바닥면적의 합계가 150제곱미터 미만인 것

카. 의약품 판매소, 의료기기 판매소 및 자동차영업소로서 같은 건축물에 해당 용도로 쓰는 바닥면적의 합계가 1천 제곱미터 미만인 것

타. 안마시술소 및 노래연습장

파. 고시원(「다중이용업소의 안전관리에 관한 특별법」에 따른 다중이용업 중 고시원업의 시설로서 독립된 주거의 형태를 갖추지 아니한 것을 말한다. 이하 같다)으로서 같은 건축물에 해당 용도로 쓰는 바닥면적의 합계가 1천제곱미터 미만인 것

3. 판매시설

가. 도매시장(「농수산물유통 및 가격안정에 관한 법률」에 따른 농수산물도매시장, 농수산물공판장, 그 밖에 이와 비슷한 것을 말하며, 그 안에

있는 근린생활시설을 포함한다)

나. 소매시장(「유통산업발전법」 제2조제3호에 따른 대규모 점포, 그 밖에 이와 비슷한 것을 말하며, 그 안에 있는 근린생활시설을 포함한다)

다. 상점(그 안에 있는 근린생활시설을 포함한다)으로서 다음의 요건 중 어느 하나에 해당하는 것

1) 제3호가목에 해당하는 용도(서점은 제외한다)로서 제1종 근린생활시설에 해당하지 아니하는 것

2) 「게임산업진흥에 관한 법률」 제2조제6호의2가목에 따른 청소년게임제공업의 시설, 같은 호 나목에 따른 일반게임제공업의 시설, 같은 조 제7호에 따른 인터넷컴퓨터게임시설제공업의 시설 및 같은 조 제8호에 따른 복합유통게임제공업의 시설로서 제2종 근린생활시설에 해당하지 아니하는 것

<참고 7-2> 용도변경 관련 건축법 조문

1. 건축법 제19조(용도변경)

① 건축물의 용도변경은 변경하려는 용도의 건축기준에 맞게 하여야 한다.

② 제22조에 따라 사용승인을 받은 건축물의 용도를 변경하려는 자는 다음 각 호의 구분에 따라 국토해양부령으로 정하는 바에 따라 특별자치도지사 또는 시장·군수·구청장의 허가를 받거나 신고를 하여야 한다.

1. 허가 대상: 제4항 각 호의 어느 하나에 해당하는 시설군(施設群)에 속하는 건축물의 용도를 상위군(제4항 각 호의 번호가 용도변경하려는 건축물이 속하는 시설군보다 작은 시설군을 말한다)에 해당하는 용도로 변경하는 경우
2. 신고 대상: 제4항 각 호의 어느 하나에 해당하는 시설군에 속하는 건축물의 용도를 하위군(제4항 각 호의 번호가 용도변경하려는 건축물이 속하는 시설군보다 큰 시설군을 말한다)에 해당하는 용도로 변경하는 경우

③ 제4항에 따른 시설군 중 같은 시설군 안에서 용도를 변경하려는 자는 국토해양부령으로 정하는 바에 따라 특별자치도지사 또는 시장·군수·구청장에게 건축물대장 기재내용의 변경을 신청하여야 한다. 다만, 대통령령으로 정하는 변경의 경우에는 그러하지 아니하다.

④ 시설군은 다음 각 호와 같고 각 시설군에 속하는 건축물의 세부 용도는 대통령령으로 정한다.

1. 자동차 관련 시설군
2. 산업 등의 시설군
3. 전기통신시설군
4. 문화 및 집회시설군
5. 영업시설군
6. 교육 및 복지시설군
7. 근린생활시설군
8. 주거업무시설군

9. 그 밖의 시설군

⑤ 제2항에 따른 허가나 신고 대상인 경우로서 용도변경하려는 부분의 바닥면적의 합계가 100제곱미터 이상인 경우의 사용승인에 관하여는 제22조를 준용한다.

⑥ 제2항에 따른 허가 대상인 경우로서 용도변경하려는 부분의 바닥면적의 합계가 500제곱미터 이상인 용도변경(대통령령으로 정하는 경우는 제외한다)의 설계에 관하여는 제23조를 준용한다.

⑦ 제1항과 제2항에 따른 건축물의 용도변경에 관하여는 제3조, 제5조, 제6조, 제7조, 제11조제2항부터 제9항까지, 제12조, 제14조부터 제16조까지, 제18조, 제20조, 제27조, 제29조, 제35조, 제38조, 제42조부터 제44조까지, 제48조부터 제56조까지, 제58조, 제60조부터 제64조까지, 제64조의2, 제66조부터 제68조까지, 제78조부터 제87조까지의 규정과 「국토의 계획 및 이용에 관한 법률」 제54조를 준용한다.

<개정 2011.5.30> [시행일 : 2011.12.1] 제19조

2. 건축법 시행령 제14조(용도변경)

① 삭제 <2006.5.8>

② 삭제 <2006.5.8>

③ 국토해양부장관은 법 제19조제1항에 따른 용도변경을 할 때 적용되는 건축기준을 고시할 수 있다. 이 경우 다른 행정기관의 권한에 속하는 건축기준에 대하여는 미리 관계 행정기관의 장과 협의하여야 한다. <개정 2008.10.29>

④ 법 제19조제3항 단서에서 "대통령령으로 정하는 변경"이란 다음 각 호의 어느 하나에 해당하는 건축물 상호 간의 용도변경을 말한다. <개정 2009.6.30, 2009.7.16>

1. 별표 1의 같은 호에 속하는 건축물 상호 간의 용도변경
2. 「국토의 계획 및 이용에 관한 법률」이나 그 밖의 관계 법령에서 정하는 용도제한에 적합한 범위에서 제1종 근린생활시설과 제2종 근린생활시설 상호 간의 용도변경. 다만, 제1종 근린생활시설을 별표 1 제4호차목·타목 또는 파목의 용도로 변경하는 경우는 제

외한다.

⑤ 법 제19조제4항 각 호의 시설군에 속하는 건축물의 용도는 다음 각 호와 같다. <개정 2008.10.29, 2010.12.13>

1. 자동차 관련 시설군
   자동차 관련 시설
2. 산업 등 시설군
   가. 운수시설
   나. 창고시설
   다. 공장
   라. 위험물저장 및 처리시설
   마. 분뇨 및 쓰레기처리시설
   바. 묘지 관련 시설
   사. 장례식장
3. 전기통신시설군
   가. 방송통신시설
   나. 발전시설
4. 문화집회시설군
   가. 문화 및 집회시설
   나. 종교시설
   다. 위락시설
   라. 관광휴게시설
5. 영업시설군
   가. 판매시설
   나. 운동시설
   다. 숙박시설
6. 교육 및 복지시설군
   가. 의료시설
   나. 교육연구시설
   다. 노유자시설(老幼者施設)
   라. 수련시설
7. 근린생활시설군

가. 제1종 근린생활시설
나. 제2종 근린생활시설
8. 주거업무시설군
가. 단독주택
나. 공동주택
다. 업무시설
라. 교정 및 군사시설
9. 그 밖의 시설군
가. 동물 및 식물 관련 시설
나. 삭제 <2010.12.13>

⑥ 기존의 건축물 또는 대지가 법령의 제정·개정이나 제6조의2제1항 각 호의 사유로 법령 등에 부적합하게 된 경우에는 건축조례로 정하는 바에 따라 용도변경을 할 수 있다. <개정 2008.10.29>

⑦ 법 제19조제6항에서 "대통령령으로 정하는 경우"란 1층인 축사를 공장으로 용도변경하는 경우로서 증축·개축 또는 대수선이 수반되지 아니하고 구조 안전이나 피난 등에 지장이 없는 경우를 말한다. <개정 2008.10.29> [전문개정 1999.4.30]

제 4 편 토지, 농지 그리고 산지

제8장 토　지

정 민 호

주택과 아파트는 거주하는 것이 목적인 주거용 부동산이고, 상가와 오피스텔은 임대수익을 주목적으로 하는 수익용 부동산이다. 토지는 다른 사람이 이용할 수 있도록 임대를 준다고 해도 그 수익이 높은 것도 아니기 때문에 수익용 부동산이라 하지 않는다. 토지투자는 일반적으로 매도가격과 매입가격 사이의 차익을 바라는 투자이거나 토지의 용도를 전환하거나 토지에 건축물을 건축하여 매매함으로 수익을 얻는 부동산이다. 또한 토지는 주거용 부동산이나 수익용 부동산에 비해 환금성이 떨어진다.

일반적으로 토지의 가격은 국민소득, 통화량, 이자율, 물가지수 등의 거시적인 경제변수보다 국가정책이나 개발 가능성에 의한 영향을 더 크게 받는다. 즉 지자체 또는 정부의 개발계획의 발표, 행정기관의 이전, 도로·교통망의 확충 등이 있을 경우, 그리고, 개발 계획의 발표 및 착공 시 또는 준공 시 가격이 크게 상승한다. 또한 토지의 용도전환 및 건축물의 건축을 위해서는 관련법의 절차에 따라 인·허가를 받아야 하는 경우가 있으므로 시간이 많이 소요된다. 따라서 토지투자는 장기적인 관점에서 접근하여야 한다.

이번 장에서는 일반적인 재화와 구별되는 토지의 특성을 살펴보고, 토지의 가격에 큰 영향을 주는 국토계획과 도시계획, 토지의 용도전환 또는 건물 건축 시 적용되는 이용행위 규제와 규제방법에 대해 살펴보고, 마지막으로 토지 투자시 투자 포인트, 부동산 관련 공적 서류 및 현장 답사의 포인트를 살펴보고자 한다.

제1절 토지의 특성

토지는 일반 재화와 다른 독특한 특성을 가지고 있다. 토지의 가장 큰 특성은 움직이지 않는다는 것이다. 토지의 이러한 특성을 부동성(不動性)이라 한다. 토지는 위치가 고정되어 움직일 수 없으므로 그것을 이용하려면 소비자들은 소비지까지 이동해야 한다. 부동성으로 인하여 파생되는 특성 중의 하나는 경제적 지대가 발생한다는 것이다. 소비자의 입장에서 보면 위치에 따라 토지와 건물은 대체수요가 형성된다고 할 수 있다. 즉 소비자의 입장에서 보면, 도심에서 멀어질수록 단위 지가는 하락하나, 추가적인 교통비 등을 부담하여야 한다. 반면, 도심은 접근성이 용이하기 때문에 교통비가 적게 든다. 따라서 소비자의 입장에서는 교통비가 절약되는 만큼 추가로 임대료를 지급할 수 있다. 따라서 토지의 이용은 도심에서 멀어질수록 토지의 이용밀도가 낮아지는 형태로 나타나게 된다. 토지의 위치가 고정되어 있으므로 토지시장은 지역시장을 형성한다. 토지에 대해 투자를 할 때 경기 전반에 대한 검토와 함께 지역시장의 흐름을 살피고 그에 따른 정보를 얻어야 성공적인 투자를 할 수 있다. 뿐만 아니라 주변에서 일어나는 환경조건들이 토지의 가치에 영향을 준다. 예를 들어 주택지 가운데 나대지가 있는 경우, 나대지 주인이 공장을 건설하는 경우와 나대지를 공원으로 개발하는 경우에 주택지의 지가는 서로 다른 영향을 받게 된다.

시끄러운 공장이 들어서는 경우 주위 주택지의 지가는 전반적으로 하락할 것이나, 아름다운 공원으로 개발된다면 주택지의 가격은 상승할 것이다. 이러한 현상을 외부효과라 하며, 이러한 외부효과를 방지하기 위해 도입된 것이 토지의 용도지역제도이다. 토지의 부동성으로 인해 토지는 각종 법적 규율의 대상이 된다. 토지는 경기의 영향을 받아 전국적으로 가격이 오르기도 하지만, 보통은 일부 지역의 가격이 폭등하거나 폭락하므로 정부에서는 문제해결을 위해 다양한 규제책 또는 활성화 방안을 발표한다. 이러한 정책은 지역과 기간을 지정하여 시행하기도 한다. 예컨대 토지거래허가제나 토지거래신고제 등은 전국적으로 시행되는 것이 아니라 지정된 일정한 지역에 실시되는 것이다.

일반적인 상품들은 대개 수명이 있어 일정기간만 사용가능한 것이 대부분이다. 그러나 토지는 변화거나, 손상되거나, 마멸되지 않는 내구성의 특성을 갖고 있다. 부동산 중에도 건축물의 경우는 사용연한이 있어 시간이 흐르면 감가상각 되어 가치가 하락하는 것이 일반적이다. 이와 같은 면에서 보면 토지는 매력적인 투자 수단이다. 그러나 토지의 영속성은 물리적인 측면에서의 영속성이지 경제적 의미의 영속성은 아니다. 토지의 경제적 가치는 항상 변한다.

토지는 자연적으로 주어지는 재화이지 생산되는 재화가 아니다. 일반재화의 경우, 생산하는데 생산비가 투입되어야 하나 토지의 경우에는 생산비가 들어가지 않는다. 토지는 인간이 만든 것이 아니라 자연으로부터 주어진 것이다. 물론 간척이나 매립을 통해 이용가능한 지표면이 증대될 수 있다. 그렇다고 해서 토지가 증대되는 것은 아니며 토지의 용도가 전환되는 것에 불과하다. 단기적인 측면에서 보면, 어떤 목적으로 토지를 이용하더라도 토지의 공급은 제한되어 있다. 그러나 장기적인 측면에서 보면, 특정용도에 대한 유용한 토지의 공급이 그렇게 제한적인 것은 아니다. 왜냐하면 특정 목적의 토지이용이 다른 목적의 토지이용으로 용도가 전환될 수 있기 때문이다. 따라서 토지의 공급은 단기적으로는 비탄력적이지만 장기적으로는 어느 정도 탄력적이라고 할 수 있다.

모든 토지는 위치, 크기, 모양 등에 있어 차이를 보이고 있다. 특정 토지는 다른 토지와 경제적으로 서로 대체성이 있을 수도 있다. 그러나 물리적으로 같은 토지는 없다. 이와 같은 개별성으로 인해 토지의 가격이 다르게 형성되며, 개별성은 토지 시장을 불완전하게 만드는 요인의 하나가 된다.

토지는 물리적 공급량이 한정되어 있어 수요에 따른 즉각적인 공급이 불가능하다. 그러나 하나의 토지가 여러 가지 용도로 사용될 수는 있다. 토지를 여러 가지 용도로 사용할 수 있다는 것이 토지 사용의 핵심이다. 부동산 가격의 변동은 단순한 가격 변동에 의한 것과 개발에 의한 가격 변동으로 나눌 수 있다. 부동산 가치를 상승시키기 위해서는 평범한 아이디어보다 창조적인 아이디어를 가져야 한다.

어떤 개별부지에 대한 특정시간대의 특정한 토지이용과 전체 도시환경의 관계를 위치성이라고 한다. 위치에는 지리적으로 결정되는 절대적 위치와 주변의 토지 이용 상황에 따라 결정되는 상대적 위치가 있다. 절대적 위치를 물리적 위치라 하고 상대적 위치를 경제적 위치라 하는데, 경제적 위치가 더 중요하다. 이와 같은 토지의 경제적 위치와 관련된 것으로 님비현상과 핌피현상을 들 수 있다.

토지는 일반 재화와는 달리 이용자의 편의에 따라 분할될 수 있으며, 분할된 토지는 다시 병합될 수 있다. 토지는 사용 용도에 따라 하나의 토지를 여러 개로 나누어 사용하기도 하고, 여러 개의 토지를 뭉쳐 하나의 토지로 활용할 수 있다. 같은 주거용 토지라 하여도 단독 주택을 짓기 위해서는 대략 330㎡ 정도면 충분할 것이다. 그러나 330㎡를 가지고 아파트를 짓기는 곤란하므로, 이 경우에는 토지 여러 개를 병합하여 사용해야 한다. 그러므로 토지는 필요에 따라 병합과 분할을 통하여 가장 합리적으로 이용될 수 있다.

제2절 부동산 관련 법률체계와 이용행위 규제

1. 부동산 관련 법률 체계

국가는 국민의 재산권 행사를 보장하기도 하고 다른 면에서는 제한하기도 한다. 이 재산권 행사에는 부동산에 대한 이용도 포함되는데 다른 재화의 이용과는 비교할 수 없을 정도로 복잡하고 다양한 규제가 따른다. 국토는 한정되어 있고 효율적인 관리를 하지 않으면 후손에게 제대로 된 국토를 물려주기 어렵고, 무분별한 개발과 훼손은 돌이킬 수 없는 결과를 초래하게 되어 이것을 치유하기 위해서는 불필요한 예산과 노력을 낭비하게 되기 때문에 국가는 국민의 부동산 이용행위를 규제할 수밖에 없다.

이러한 부동산 이용행위의 규제를 정한 것이 부동산 공법이다. 공법(公法)은 국가 또는 공공기관이 일반 국민(개인)이 지키게 할 규범을 정한 법으로 「민법」이나 「상법」과 같이 개인과 개인 간의 관계에 관련된 사항을 대상으로 규정하고 있는 사법(私法)과는 차이가 있다. 따라서 부동산 공법은 부동산 이용에 대해 국가가 규율하는 법률로 일반 국민과 단체들이 부동산 이용 시 지켜야 할 사항과 절차 등을 국가에서 정해 놓은 것이다.

부동산 공법은 국토의 효율적 · 계획적 개발 및 보존과 국토의 균형 있는 발전을 위해 사전에 각종 계획을 수립하고 있다. 이 계획은 국토계획과 도시계획으로 구분 되고, 또한 양자는 상위계획과 하위계획으로 이루어지며 서로 연관성을 가지고 수립된다. 각종 부동산에 관한 일반 법률은 이러한 계획에 근거하여 국민들의 부동산 이용행위를 직접적으로 규제한다.

국민의 토지이용을 규제하는 법률체계는 <그림 8-1>과 같다

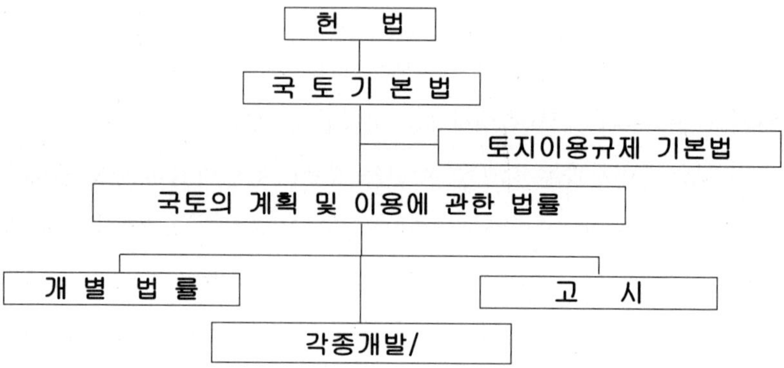

<그림 8-1> 토지 이용규제 법률체계

부동산의 이용과 관련하여 「헌법」은 먼저, 국가에게 국토와 자원의 균형 있는 개발과 이용을 위한 계획 수립 의무를 부여하고(120조), 국민에 대해서는 국민의 재산권을 보장하면서도 그 재산권 행사는 공공복리에 적합하도록 하여야 한다는 제한규정을 두고 있다(23조). 그리

고 국가에게 모든 국민이 쾌적한 주거생활을 할 수 있도록 노력하여야 한다는 의무를 지움과 동시에 국가와 국민 모두에게 환경보전을 위해 노력하여야 한다는 의무를 부과하고 있다(35조).

이에 따라 국가는 국토를 개발하고 보전하기 위해 일련의 계획을 수립하게 된다. 「국토기본법」에 의해 국토종합계획이 수립되며, 「국토의 계획 및 이용에 관한 법률」에 의해 도시계획이 수립되고, 다시 도시계획은 도시기본계획과 도시관리계획으로 구분된다. 국토종합계획, 도시기본계획은 국민 구속력이 없는 행정계획이나, 도시관리계획은 국민의 토지이용행위를 직접 규제하고 있다. 또한 국가가 각종 지역지구를 지정하여 국민들의 토지이용을 규제하는데 있어, 투명성을 확보하고 국민의 토지이용의 편의를 도모하기 위해 「토지이용 규제 기본법」이 제정되어 시행되고 있다.

1) 국토계획

국토계획은 국토에 관한 최상위 국가계획으로서 국토의 미래상과 장기적 발전방향을 종합적으로 설정하는 국토의 이용 개발 보전에 관한 장기적이고 종합적인 정책방향이다. 국토계획은 인구와 산업의 배치, 기반시설의 공급, 국민생활환경의 개선, 국토자원의 관리 및 환경보전에 관한 정책방향 제시하고 있다.

국토계획은 상위계획부터 하위계획까지 체계적으로 구성되어 있고 하위계획은 상위계획에 의거하여 수립하도록 되어 있다. 국토계획의 종류와 내용은 다음과 같다.

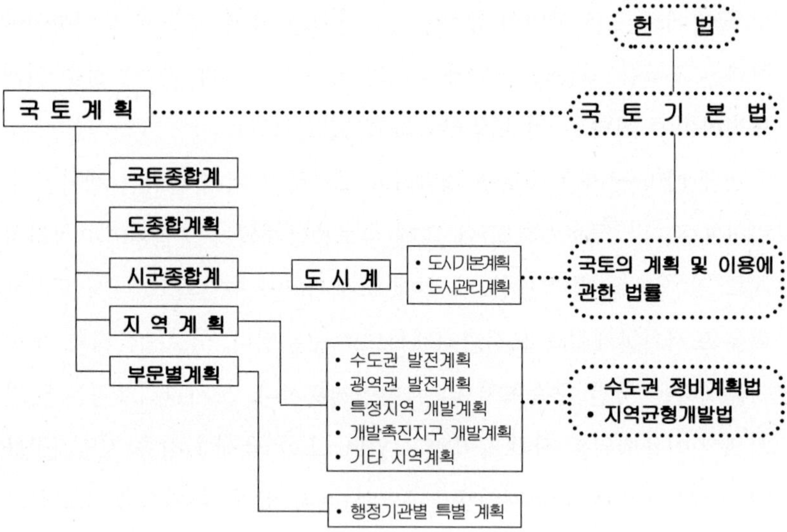

<그림 8-2> 국토계획의 종류와 법률체계

국토계획은 각각의 종합계획으로 구성되어 있다. 국토종합계획은 국가가 국토 전체를 대상으로 국토의 장기적 발전방향을 제시하는 계획이며, 도종합계획은 도의 장기적인 발전목표 및 전략을 제시하기 위하여 도지사가 수립하는 계획이고, 시군종합계획은 특별시·광역시·시 또는 군의 관할지역을 대상으로 당해지역의 공간구조와 장기 발전방향을 제시하는 계획이다. 이러한 종합계획은 상호 연계되어 계획이 수립되어진다. 이 가운데 시군종합계획에서 도시계획이 별도로 수립되어지는데 이와 관련된 내용은 「국토의 계획 및 이용에 관한 법률」로 규정하고 있다.

별도의 국토계획은 특정한 지역을 대상으로 특별한 정책목적을 달성하기 위하여 수립되는 지역계획과 국토전역을 대상으로 특정부문(도로망계획, 항만계획 등)에 대한 장기적인 발전방향을 제시하는 부문별계획이 있다.

이러한 국토종합계획은 도종합계획 및 시군종합계획의 기본이 되며, 부문별계획과 지역계획은 국토종합계획과 조화를 이루어야 하고, 도종합계획은 당해 도의 관할구역안에서 수립되는 시군종합계획의 기본이 된다. 국토종합계획은 20년을 단위로 하여 수립하되, 도종합계획·시군종합계획·지역계획 및 부문별계획의 수립권자는 국토종합계획의 수립주기를 감안하여 그 수립주기를 별도로 정하도록 하여 각각은 유기적인 상호관계를 유지하도록 하고 있다.

또한 국토계획의 대부분은 정치와 사회환경의 변화에 부응하여 시대별, 정책별로 수시로 변경되고 있으며, 종합계획은 국민구속력이 없는 행정계획이라는 특성을 지니고 있다. 반면 하위계획인 수도권정비계획 등은 직접 국민을 구속하며 법률에 의거하여 수도권 지역내에서의 각종 부동산 이용행위를 제한하고 있다.

2) 도시계획

「국토기본법」에서 국가, 도, 시군종합계획이 수립되면 각 시군은「국토의 계획 및 이용에 관한 법률」에 의하여 도시계획을 수립하게 된다. 도시계획(광의의 의미)은 크게 두가지로 구분되는 바 광역도시계획과 도시계획(협의의 의미)으로 구분된다. 광역도시계획은 2개 이상의 시군에 걸친 도시계획이며, 도시계획은 단일 시군 도시계획으로 다시 도시기본계획과 도시관리계획으로 구분된다.

도시기본계획은 국토계획 등과 마찬가지로 국민 구속력이 없는 행정계획이나 도시관리계획은 국민을 직접 구속하며 부동산의 이용행위를 규제하게 된다.

이러한 도시계획의 기본 법률인 「국토의 계획 및 이용에 관한 법률」은 2003년 부터 시행되어 여러 차례 개정되어 현재 적용되고 있다. 이 법은 과거의 「국토이용관리법」과 「도시계획법」을 통합한 법률로서 질적으로 전혀 다른 새로운 체계를 갖춘 법이다. 즉, 과거 개발계획 위주였던 토지이용계획이 본법이 시행됨에 따라 먼저 세밀하게 계획을 하고 나서 개발한다는 선계획 후개발의 친환경 개발이 가능하게 되었고, 전국토를 도시와 비도시 구분없이 일원화 하여 관리하게 되었다. 또한 전국토를 개발용지와 보전용지로 엄격하게 구분하여 조화로운 국토이용이 가능하도록 하였다. 2009년에 개발용지와 보전용지 이외에 유보용지 개념을 도입하여 개발이 좀더 용이하도록 법률개정이 이루어지고 있다.

도시계획은 앞에서 살펴본 국토종합계획의 하위계획으로 국토종합계획, 도종합계획, 시군종합계획 등의 상위계획에 부합하여 연계적으로 수립된다. 도시계획은 특별시 · 광역시 · 시 또는 군의 관할구역에 대하여 수립하는 공간구조와 발전방향에 대한 계획으로서 도시기본계획과 도시관리계획으로 구분하여 수립된다. 이를 그림으로 나타내면 <그림 8-3>과 같다.

① 도시기본계획

도시기본계획은 특별시 · 광역시 · 시 또는 군의 관할구역에 대하여 기본적인 공간구조와 장기발전방향을 제시하는 종합계획으로서 도시관리계획 수립의 지침이 되는 계획을 말한다.

광역도시계획은 둘 이상의 특별시 · 광역시 · 시 또는 군의 공간구조 및 기능을 상호 연계시키고 환경을 보전하며 광역시설을 체계적으로 정비하기 위하여 필요한 경우에는 인접한 둘 이상의 특별시 · 광역시

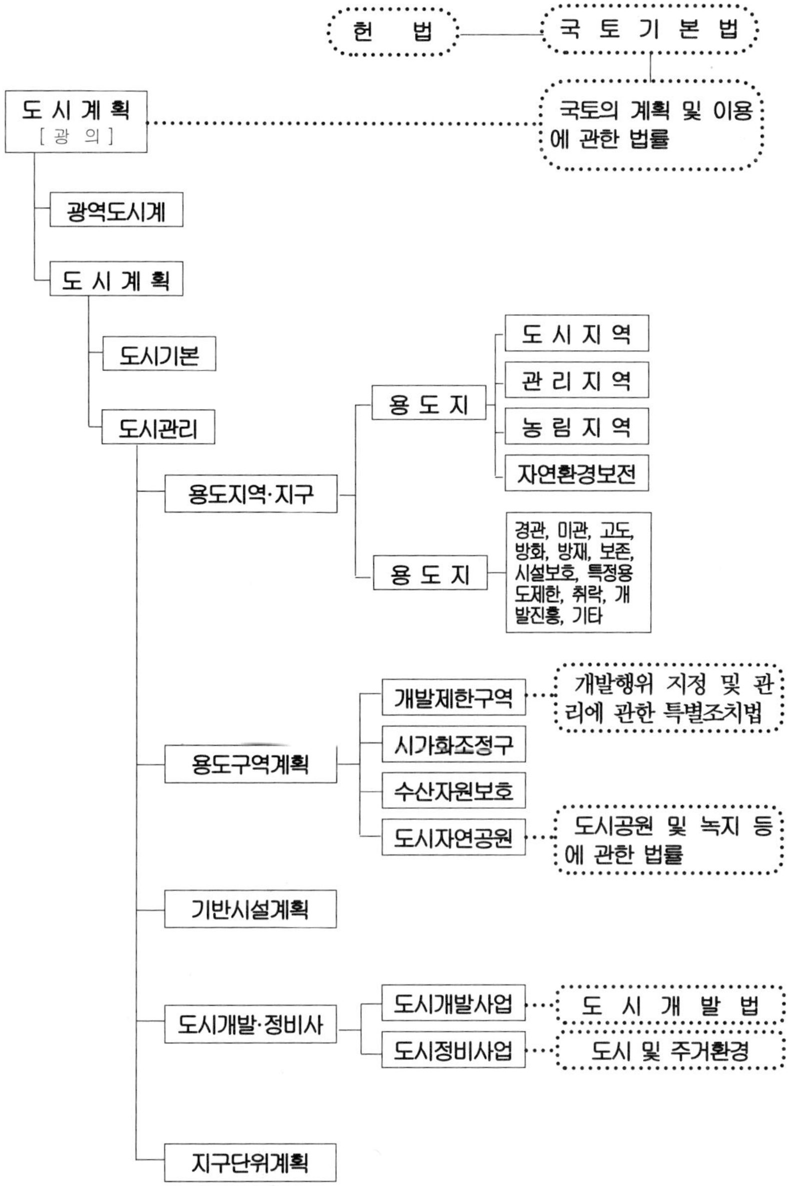

<그림 8-3> 도시계획의 종류와 법률체계

· 시 또는 군의 관할구역의 전부 또는 일부에 지정하는 도시계획이다. 도시기본계획은 당해 광역도시계획에 부합되어야 하며, 도시기본계획의 내용이 광역도시계획의 내용과 다른 때에는 광역도시계획이 우선하게 된다.

② 도시관리계획

도시관리계획은 특별시 · 광역시 · 시 또는 군의 개발 · 정비 및 보전을 위하여 수립하는 토지이용 · 교통 · 환경 · 경관 · 안전 · 산업 · 정보통신 · 보건 · 후생 · 안보 · 문화 등에 관한 계획으로 다음과 같은 내용들을 포함하고 있다.

- 용도지역 · 용도지구의 지정 또는 변경에 관한 계획
- 개발제한구역, 도시자연공원구역, 시가화조정구역, 수산자원보호구역의 지정 또는 변경에 관한 계획
- 기반시설의 설치 · 정비 또는 개량에 관한 계획
- 도시개발사업이나 정비사업에 관한 계획
- 지구단위계획구역의 지정 또는 변경에 관한 계획과 지구단위계획

우선, 용도지역은 개별토지나 별도로 구획을 이룬 지역에 대하여 토지의 이용 및 건축물의 용도 · 건폐율 · 용적률 · 높이 등을 제한함으로써 토지를 경제적 · 효율적으로 이용하고 공공복리의 증진을 도모하기 위하여 서로 중복되지 아니하게 도시관리계획으로 결정하는 지역을 말한다.

용도지역은 크게 도시지역, 관리지역, 농림지역, 자연환경보전지역으로 구분하여 국토 전체에 걸쳐 4가지 지역 중 하나로 지정된다. 도시

지역은 인구와 산업이 밀집되거나 밀집이 예상되어 당해 지역에 대하여 체계적인 개발·정비·관리·보전 등이 필요한 지역으로 주거지역, 상업지역, 공업지역, 녹지지역을 구분된다. 관리지역은 도시지역의 인구와 산업을 수용하기 위하여 도시지역에 준하여 체계적으로 관리하거나 농림업의 진흥, 자연환경 또는 산림의 보전을 위하여 농림지역, 또는 자연환경보전지역에 준하여 관리가 필요한 지역으로 계획관리지역, 생산관리지역, 보전관리지역으로 구분된다. 농림지역은 농림업의 진흥과 산림의 보전을 위하여 필요한 지역에 지정된다. 자연환경보전지역은 자연환경·수자원·해안·생태계·상수원 및 문화재의 보전과 수산자원의 보호·육성 등을 위해 필요한 지역에 지정한다.

용도지구는 토지의 이용 및 건축물의 용도·건폐율·용적률·높이 등에 대한 용도지역의 제한을 강화 또는 완화하여 적용함으로써 용도지역의 기능을 증진시키고 미관·경관·안전 등을 도모하기 위하여 도시관리계획으로 결정하는 지역으로 현행법상 11개 지구로 분류되고 있다. 용도지구는 전 국토에 걸쳐 지정되는 용도지역과 달리 원칙적으로 해당 자지단체에서 필요한 특정 지역에 별도로 지정된다.

용도구역은 토지를 구획하여 토지의 이용 및 건축물의 용도·건폐율·용적률·높이 등에 대한 용도지역 및 용도지구의 제한을 강화 또는 완화하여 따로 정함으로써 시가지의 무질서한 확산방지, 계획적이고 단계적인 토지이용의 도모, 토지이용의 종합적 조정·관리 등을 위하여 도시관리계획으로 결정하는 지역으로 공적·사적 개발행위를 제한하고 있으며 현행법상 4개 용도구역으로 분류하고 있다. 용도구역은 용도지구와 마찬가지로 필요한 특정지역에 지정된다.

기반시설은 도로 등 교통시설, 공원·녹지 등 공간시설, 유통·공급

시설, 학교 등 공공·문화체육시설, 방재시설, 보건위생시설, 환경기초시설 등 국민의 주거생활과 산업활동 등에 필요한 모든 시설을 의미한다. 그리고 이러한 기반시설 중 도시관리계획으로 결정된 시설을 도시계획시설이라고 한다. 또한 도시계획시설사업이라 함은 도시계획시설을 설치·정비 또는 개량하는 사업을 말한다.

도시개발사업이나 정비사업은 도시계획사업을 의미하며 도시관리계획을 시행하기 위한 사업으로서 도시계획시설사업, 「도시개발법」에 의한 도시개발사업 및 「도시 및 주거환경정비법」에 의한 정비사업을 말한다.

지구단위계획 사업은 일정 규모의 특정지역에 대한 계획적인 정비·개발사업을 의미하며 현재 1종과 2종으로 구분하여 계획이 수립되며 세부내용은 도시관리계획으로 결정한다.

특별시장·광역시장·시장 또는 군수는 관할구역에 대하여 도시관리계획을 입안하여야 하고 도시관리계획은 광역도시계획 및 도시기본계획에 부합되어야 한다. 도시관리계획은 시·도지사가 직접 또는 시장·군수의 신청에 의하여 이를 결정하며 예외적으로 국토해양부장관 또는 농림수산식품부장관이 결정한다. 도시관리계획이 결정되면 고시가 있은 날부터 5일 후에 그 효력이 발생하며 도시관리계획결정의 고시일부터 2년이 되는 날까지 도시관리계획에 관한 지형도면의 고시가 없는 경우에는 그 2년 후에 그 도시관리계획결정은 효력을 상실한다.

2. 이용행위 규제

1) 부동산별 규제

부동산 이용행위의 규제는 토지의 이용에 관련된 규제, 건축물의 이용에 관련된 규제, 토지와 건축물의 복합 규제로 구분할 수 있다.

토지의 이용에 관련된 규제로는 지목제도가 있다. 토지는 이용되는 용도에 따라 필지별로 지목이 지정되어 있으며, 원칙적으로 해당 지목에 맞도록 부동산 이용행위를 할 수 있다. 단, 국가의 허가를 받게 되면 지목의 변경과 건축 등 다른 용도의 활용이나 별도의 개발행위가 가능하다.

건물이 있었던 토지나 현재 들어 서 있는 지목은 일반적으로 대(垈)라고 하는데 잡종지, 학교용지, 공장용지, 주유소용지, 창고용지 등에도 해당되는 건축물을 건축할 수 있다. 또한 농지에 해당되는 논, 밭, 과수원은 각각 전(田), 답(畓), 과(果)로 지정되어 있고 산지의 임야는 임(林)으로 표기된다. 강이나 하천은 하천(河川)이나 구거라는 지목으로 분류되어 있고 원칙적으로 이러한 지목을 변경하거나 합병·분할하는 것은 허가 등이 필요하는 등 개별법에 의해 엄격하게 제한을 받고 있다.

또한, 내 땅이 아무리 좋다 해도 내 맘대로 건물을 건축할 수 없고, 기존의 건물이 있다 하더라고 내 맘대로 용도로 바꿔서 사용할 수 없는 것이 건축물의 행위규제이다. 새로 짓는다던지, 단독주택을 허물고 상가를 짓는다던지, 일반 음식점을 학원으로 용도를 변경하는 행위는 「건축법」에 의해 하나하나 규제를 받고 있는 것이다. 「건축법」에 의해 28개로 분류된 건축물용도분류에 의해 건축행위가 제한되고 있다. 지목과 지역지구제에 부합되는 지정된 건축물만 건축할 수 있다는 것이다. 건축물은 크게 9개 시설군에 의해 구분되는데 이 시설군은 이용하는 사람들의 숫자와 시설물의 무게하중에 따라 구분되고 각 시설군에

28개의 건축물이 용도별로 각각 포함되어 있다. 이것을 나타낸 것이 <표 8-1>이다.

<표 8-1> 건축물 시설군과 용도분류

구 분	시 설 군	건축물 용도분류
제1군	자동차 관련 시설군	자동차 관련시설
제2군	산업 등 시설군	운수시설, 창고시설, 공장, 위험물저장 및 처리시설, 분뇨 및 쓰레기 처리시설, 묘지 관련 시설
제3군	전기통신 시설군	방송통신 시설, 발전시설
제4군	문화집회 시설군	문화 및 집회시설, 종교시설, 위락시설, 관광휴게시설
제5군	영업시설군	판매시설, 운동시설, 숙박시설
제6군	교육 및 복지 시설군	의료시설, 교육연구시설, 노유자시설, 수련시설
제7군	근린생활 시설군	제1종 근린생활시설, 제2종 근린생활시설
제8군	주거업무 시설군	단독주택, 공동주택, 업무시설, 교정 및 군사시설
제9군	그 밖의 시설군	동물 및 식물관련시설, 장례식장

이러한 시설군 구분을 통해 국민들은 필요에 따라 용도변경을 할 경우 허가가 필요한지 신고만으로 가능한지 알 수 있고, 용도지역지구제에 의해 어떤 시설이 허용가능한가를 알 수 있다. 용도분류된 각 시설도 세부적으로 많은 (하부)시설들이 포함되어 있고 같은 용도라 하더라도 층수, 면적에 따라 근린생활시설이 될 수도 있고 상급시설군에 포함될 수도 있으므로 세심한 주의가 필요하다.

또한 건축물의 규모는 용도지역지구제에 의해 주어진 범위내에서 건축이 가능하다. 이를 건폐율, 용적률에 의한 직접 규제라고 한다. 건폐율(建蔽率)은 일정한 땅의 면적을 기준으로 건축물이 들어설 수 있는 건축 바닥면적의 비율을 의미하고, 용적률(容積率)은 건축물의 전체면적의 비율을 의미한다. 예를 들어 일정한 땅의 대지면적이 300㎡라고 가정하였을 때 이 지역의 용도가 2종 일반주거지역이고 건폐율과 용적률이 각각 60% 및 200%라고 지자체 조례에 의해 지정되어 있다고 하자. 이 경우 건축물의 바닥면적은 180㎡, 전체 연면적은 600㎡까지 건축을 허용한다는 의미이다.

또한 토지와 건축물을 통합하여 부동산 이용행위를 규제하기도 한다. 그 대표적인 예가 용도지역지구제도라고 할 수 있다. 대표적으로 「국토의 계획 및 이용에 관한 법률」에 의거하여 도시화된 용도인 도시지역과 도시외지역을 구분하고 있고 각종 법률에 의하여 다양하게 용도지역지구로 구분하고 있다. 명칭이 용도지역지구라고는 하지만 개별 법률에서 구역, 권역, 단지, 예정지구 등 다양하고 복잡한 용어로 부동산 이용행위를 규제하고 있는 것이다.

앞서 살펴본 각종 법률에서 정해둔 지역지구제는 일정 토지에 적용되는 지역지구제의 종류 중에서 한가지 종류만 적용되는 것이 아니라 복합적으로 적용되는 것이 문제다. 보통의 국민은 자기 땅이 어떠한 규제를 받고 있고 어떤 행위를 할 수 있는지 명확히 알고 있지 못하고 있고 이런 규제로 말미암아 부동산 거래에 있어서도 많은 문제가 발생하고 있다.

2) 규제 방법

국민이 부동산을 이용하는 행위를 하고자 할 때 규제하는 기본적인 방법은 법령과 조례에 의한 행위제한, 개발계획과 지구단위계획에 의한 행위제한, 고시에 의한 행위제한으로 나눌 수 있다.

법령과 조례에 의한 행위규제는 전국적으로 적용되는 일반법령(법률과 시행령, 시행규칙)에 의한 행위규제와 그 법령에서 지정한 범위와 조건내에서 필요시 지방 자치단체가 제정하는 법률(조례)에 의해 규제되는 행위규제를 말한다. 이것은 전국적으로 공통되거나 시군구 지역내에 공통되는 지역별 규제라 할 수 있다. 예를 들어 1종 일반 주거지역이라면 이 지역의 행위제한은 국토의 계획 및 이용에 관한 법률에 따른 범위내에서 부동산 이용행위의 제한을 받게 되는데 이는 전 국토에 걸친 일괄적인 규제방식이며 중복규제방식의 특징을 가지고 있다.

중복규제방식이란 많은 법률들이 부동산의 이용행위를 제한하고 있는데 그 각각의 법률에서 공통으로 허용하는 행위만 할 수 있다는 방식이다. 일정한 행위에 대해 국토의 계획 및 이용에 관한 법률, 개발제한법률, 그리고 군사시설보호법에서 각각 규제하고 있다면 이 세가지 법률이 공통으로 허용 되는 행위만 가능하다는 의미이다.

또한 개발계획이나 지구단위계획에 의한 행위규제는 법률로 위임받은 자(국가나 민간단체)가 수립한 개발계획 또는 지구단위계획에 의해 부동산 이용이 결정된다. 사업시행자가 토지이용행위를 필지별 또는 구획별로 구분하여 별도의 토지이용계획을 결정한다. 이러한 행위규제는 각 지역의 용도를 필지별 또는 구획별로 상세하게 행위제한을 규제하는 것이다.

용도지역지구제는 용도지역·지구·구역으로 틀을 정해 놓고 규제하게 되지만 개발계획이나 지구단위 계획이 결정되면 「국토의 계획 및 이용에 관한 법률」에 의한 지역지구제의 규제는 배제된다. 이러한 계획을 규정하는 특별법 또는 개별 일반법에 따라 계획을 수립하여 그 계획에 따라 체계적으로 개발을 하게 되는 것이다. 따라서 법률에 의해 일괄적인 규제를 받는 지역지구제 방식이 중진국형 개발계획이라면 이러한 계획에 의한 개발방식은 선진국형으로 교통, 문화, 자연, 인문, 환경적 요소를 고려한 초정밀 도시설계기법이 된다.

또한, 「환경정책기본법」 5조에 의하여 환경부장관이 필요한 내용을 고시(告示)라는 방법을 통해 국민의 토지이용행위를 규제하는 경우가 있다. 주로 수질보전특별대책지역, 수변구역 등 환경과 관련된 급박한 행위제한이 필요할 때 사용되는 행위규제 방식이다.

지금까지 국토계획과 도시계획에 의한 부동산 행위규제에 대하여 알아보았다. 그러나 이것은 기본적인 법률로서 400여개의 지역지구제의 일부뿐이며 그 밖에도 수많은 행위규제와 관련한 법률이 존재하고 있다.

도시를 개발하기 위한 규정은 「도시개발법」이 규정하고 있고, 도시를 재정비하기 위해서는 「도시주거환경 정비법」에 의한 규정에 따라야 한다는 것은 앞서 설명하였다. 주택단지 개발은 중대형택지개발에 대해서는 「택지개발촉진법」에서 규정하며, 소형택지개발지구는 「주택법」에 의해서 규정한다. 공장을 설립하기 위해서는 기본적으로 「산업집적활성화 및 공장설립에 관한 법률」의 규정에 따라야 하며, 산업단지를 조성할 때는 「산업입지 및 개발에 관한 법률」에 따라야 한다. 상가 영업에 대해서도 청소년보호와 국민보건의 목적으로 「식품위생법」, 「학교보건법」, 「풍속영업규제법」, 「음악산업진흥법」, 「영화산업진흥법」, 「게임산업진흥법」 등으로 각종 행위를 규제하고 있다. 기타 관광진흥을 위한 개발, 골프장 등 체육시설을 위한 개발 등의 목적을 가진 경우에 대해서도 국토를 적절하게 개발할 수 있도록 각종 법률에서 규정하고 있다.

반면, 보전과 관련된 규제도 있다. 농지의 소유와 보전에 관한 규정은 「농지법」에 의하고 있다. 농지를 농업진흥지역과 일반농지로 구분하여 농업진흥지역의 농지는 공익성 용지로 엄격하게 보전하고 있다.

산지의 난개발을 방지하고 친환경적인 산지이용을 위해 산지의 보존과 개발에 대한 행위제한은 「산지관리법」으로 규정하고 있다. 특히 보전산지는 절대적인 보전원칙하에 철저하게 개발행위를 규제하고 있다.

자연환경을 보존하기 위해 「자연환경보전법」으로 부동산 이용행위를 강력하게 규제하고 있으며, 환경과 관련하여 「환경정책기본법」, 「자연공원법」, 「도시공원 및 녹지 등에 관한 법률」 등에 의해서 가장 엄격하게 규제하고 있다. 또한 상수원 보호를 위한 「수도법」과 상수원관리규칙 등을 통하여 환경과 관련한 부동산행위를 철저하게 규제하고 있다.

4대강 주변을 보존하기 위해 한강, 낙동강, 금강, 영산강 및 섬진강으로 구분하여 별도의 법률에 의거하여 4대강의 본류와 지류의 수질개선과 환경보전을 위해 이곳 주변의 부동산 행위를 엄격하게 규제하고 있다.

제3절 투자 시 고려사항

1. 토지 투자 포인트

투자시 다음의 사항을 검토하면 좀 더 효율적인 투자가 될 수 있을 것이다.

첫째, 구입목적을 명확하여야 한다. 모든 일을 함에 있어서는 목적을 명확히 하여야 한다. 토지 투자에서도 마찬가지다. 토지를 구입할 때는 어떤 목적과 용도에 따라 보는 관점이 많이 달라진다. 투자의 용도로 토지를 구입할 경우에는 주변의 개발가능성이 주요한 판단기준이며, 토지를 사용할 목적으로 구입 할 경우에는 주거용, 공업용, 농업용에 따라 그 판단기준이 다를 것이다. 주거를 목적으로 한다면 토지의 접근성, 쾌적성, 편리성 등이 주요한 판단 기준이며, 공업용으로 사용할 경우에는 비용과 생산성 등이 주요한 판단기준이며, 농업용으로 사용할 경우에는 기후조절과 토양의 비옥도 등이 중요 판단기준이 될 것이다. 즉, 구입하려는 토지의 사용 목적에 따라 선택 기준을 달리 해야 한다.

둘째, 용도지역 · 지구 · 구역을 확인한다. 용도지역 · 지구 · 구역은 토지의 가치를 결정하는 중요한 요소이다. 우리나라 토지는 용도지역에 따라 건축할 수 있는 건축물이 제한 받으며, 또한 용도지역에 의해서 건폐율과 용적률이 결정된다. 그러므로 해당토지의 활용도를 결정하는 가장 중요한 것이 용도지역, 용도지구, 용도구역이다. 해당되는 토지는 용도지역에 의해 건폐율과 용적률이 결정되며 용도지구에 해당하면 어느 정도 감가요인이 되고, 용도구역에 포함되면 절대적인 공익용지로서 원칙적으로 투자의 가치는 상실된다. 다시 말해 용도지역 · 지구 · 구역제에 의해서 토지의 기본 가치가 결정된다고 할 수 있다.

셋째, 토지에 대한 규제 및 개발조건을 명확히 분석하여야 한다. 우리나라 부동산을 규제하는 대표적인 법률로는 「국토의 계획 및 이용에 관한 법률」, 「수도권정비계획법」, 「개발제한구역지정 및 관리에 관한 특별조치법」, 「농지법」, 「산지관리법」, 「환경기본법」, 「장사 등에 관한 법률」, 「건축법」 등을 들 수 있으며, 실제로 토지를 사용함에 있어서는 이러한 법률뿐 아니라 같은 법의 시행령, 시행규칙, 고시, 공고, 훈령, 지침, 규정 등과 지방자차단체별로 조례, 예규, 지침 등을 파악해야 한다. 그러므로 토지의 개발을 위하여 지자체를 방문하여 토지 사용에 따른 문제점 등을 미리 파악하는 것이 필요하다. 그렇지 않으며, 토지 개발이 불가능한 경우도 발생됨으로 토지에 대한 규제 및 개발조건을 명확히 분석하여야 한다. 토지의 가격은 개발계획의 발표시, 공사의 착공시, 개발의 완료시에 급등하는 경우가 많은데 이를 토지삼승원칙이라 한다. 토지투자에 있어서 가장 중요한 것은 향후 해당 토지의 개발가능성이라고 할 수 있다. 개발가능성이라 함은 당해 토지뿐 아니라 그 지역 또는 주변 환경의 개발전망과 투자회수가능성을 포함하는 것이다. 대표적인 개발사업으로는 도로나 철도의 신설이나 확충, 신도시 개발, 공장이나 대학 또는 공기업의 유치, 골프장이나 스키장의 건설, 대규모 리조트단지의 개발과 관광단지의 조성 등을 꼽을 수 있다. 이러한 대형 개발사업의 추진은 그 지역과 주변의 많은 토지수요를 유발하며 인구유입을 촉진하고 향후 인접 토지의 지가를 상승시키는 좋은 호재가 된다. 해당 토지가 이러한 개발구역에 직접 포함되거나 또는 개발구역에 붙은 인접지역이 된다면 개발로 인한 수혜지역으로 되어 지가상승을 기대할 수 있다. 또 현재 개발계획이 존재하지 않는다 하더라고 향후 장기간의 세월이 흐른 후에 맹지가 도로에 접한다든지 쓸모없던 임야가 도로개설로 수용된다든지 또는 개발제한구역이나 군사보호구역, 공원지역, 상수원보호구역등이 해제됨으로서 토지의 이용가치와 가격이 상승하는 경우도 있다. 그러므로 토지의 개발가능성은 단기적인 현황분석도 중요하지만, 장기적인 국토개발 기본계획과 개발정책을 분석하는 것이 필요하다.

넷째, 위치, 접근성, 도로 위치를 확인한다. 위치, 접근성, 도로 위치는 땅의 가치를 결정하는 본질적 요소이다. 우리나라의 경우는 수도권과 대도시에 인구가 집중되어 있으며, 대부분의 투자도 도시민에 의해 이루어지고 있다. 따라서 수도권 또는 대도시권역에 가까운 토지를 선호하게 된다. 선호도가 높은 토지일수록 투자에 적합하다. 아무리 좋은 토지라도 시골에 있는 경우는 가격이 낮은 경우가 있다. 토지에 있어서 위치와 접근성은 대단히 중요한 것으로 토지의 가치를 결정하는 중요한 요소이다. 또한 기본적으로 건축법상 도로와 접한 대지에 건축이 가능하다. 즉, 폭 4m이상의 도로에 2m이상 접하여야 건축이 가능하며, 아무리 경치가 좋고 배산임수의 명당이라 하더라도 도로가 없으면 건축이 곤란하다. 도로가 없으면 주택의 건축허가가 나지 않음은 물론 농사에도 불편하며 향후 토지이용 개발은 그 자체로는 불가능한 토지라고 할 수 있다. 따라서 모든 토지 투자에 있어서 도로는 우선적으로 챙겨 보아야 할 필수적인 점검사항이다.

다섯째, 토지의 모양 및 경사도 등 토지의 물리적 현황을 고려하여야 한다. 토지에 건축물을 건축할 때 기본적으로는 용도지역, 용도지구, 용도구역에 의해 건폐율과 용적율이 적용되나 인접토지와의 관계에 의해 건축물의 모양과 크기가 제한되기도 한다. 주변의 다른 토지와의 경계선이 반듯한가 제멋대로 되어 있는가가 활용에 있어서 매우 중요하다. 일반적으로는 도로에 접하는 부분이 좀 더 긴 직사각형의 땅이 정사각형이나 다른 모양보다 활용도가 높다. 토지의 경사도 역시 토지를 개발하는데 많은 영향을 주고 있다. 일반적으로 농지의 경우 경사도 15도 이상은 한계농지라 하여 농지전용이 수월하며, 산지에 있어서는 경사도가 25도 이상이면 산지전용허가가 곤란하다.

여섯째, 주변 환경(혐오시설, 위험시설 등)을 고려해야 한다. 토지자체는 마음에 들고 조건이 좋지만 주위환경이 좋지 않아 땅으로서 제값을 하지 못하는 경우가 허다하다. 토지 주변에 쓰레기매립장. 하수종말처리장, 화장장. 공동묘지, 도살장 등 혐오시설이 있는 경우나 또는 유류창고, 주유소, 사격장. 예비군훈련장등 위험시설, 대규모 축사. 양계장. 가구공장, 가죽공장, 공해유발공장 또는 비행장, 주차장 물류센터 등 대형차량의 출입이 잦은 곳, 버스나 대형트럭의 종점이나 고압선 전주나 전선이 뻗쳐 있는 고압선 밑의 땅 등 기피시설이 있는 경우에는 필연적으로 소음, 악취, 지하수 오염, 등의 피해를 입게 되며 용도가 제한될 수 밖에 없다. 따라서 쉽게 팔리지도 않고 땅값이 오르지 못하는 경우가 많다. 반대로 주변에 관광명소나 휴양림, 공원, 계곡이나 바다. 강, 호수 등이 있을 때에는 일반인들이 선호하게 되어 토지 거래시 유리하게 작용한다. 물론 이렇게 주위환경이 탁월한 지역은 자연환경보존지구나 상수원보호구역, 공원구역, 보전임지 등으로 공법상 제약을 받는 경우가 많이 있다.

일곱째, 토지관련 서류 확인과 현장답사는 필수이다. 토지관련 서류로는 등기부등본, 토지대장, 지적도, 그리고 토지이용계획확인원 등이 있다. 토지 매매시 토지관련 서류를 확인하여야 함은 물론 토지 관련 공부에서 나타나지 않는 분묘기지권, 지역권 등은 현장 답사를 통하여 확인하여야 한다. 소유권자가 여러 명으로 공유지분이 되어 있는 경우, 종중의 명의로 되어 있는 땅, 소송이나 경매가 걸려 있는 땅, 압류 가압류 가처분 가등기 등이 있는 땅, 수목이나 묘지, 건물 등에 지상권이 설정 되어 있는 땅, 아직도 사망자 명의로 되어 있고 상속등기가 되어 있지 않은 땅. 다른 사람 명의로 명의신탁이 되어 있는 땅, 저당권 또는 전세권 설정 등 담보가 여러 채권자에 의해 과다하게 설정되어 있는 땅, 세금이 체납되어 있는 땅 등은 가능한 한 피하는 것이 좋다. 그러나 복잡한 권리관계는 일반인들이 기피함으로 전문가에겐 저렴하게 구매할 수 있는 좋은 기회가 되기도 한다.

마지막으로, 장기적인 안목으로 여유자금으로 투자하여야 한다. 토지 투자는 장기전이다. 적어도 3-5년, 길게는 10년 이상을 바라봐야 한다. 토지 가격은 경기변동이나 이자율, 유동성과 같은 경제학적인 일반적인 환경요인보다는 국가정책이나 개발 가능성에 의한 영향을 더 크게 받고 있다. 또한, 토지를 개발하기 위해서는 여러 단계에 걸쳐 인·허가를 받아야 함으로 오랜 시간이 소요된다.

2. 사전 확인 서류

토지를 취득하거나 이용하는 과정에는 많은 규제가 존재하기 때문에 국가는 국민에게 이러한 규제내용을 미리 알려야 할 필요성이 있다. 정부는 각종 규제와 가격, 소유자 변동, 지목, 면적 등 토지에 관련 정보를 제공하고 있는데, 그 중 중요한 것으로는 등기부, 토지대장(임야대장), 건축물관리대장, 지적도(임야도), 토지이용계획확인원 등이 있다.

등기부는 부동산의 소유권, 저당권 등 권리관계를 나타내는 서류로 토지등기부와 건축물등기부로 나누어 관리되고 있다. 등기부는 크게 표제부, 갑구, 을구로 구성되어 있으며 부동산의 표시(소재지, 지번, 지목, 면적 등), 소유권 및 기타 권리사항에 관한 정보가 그 안에 들어 있다.

토지(임야)대장에는 토지의 소재, 지번, 지목, 면적, 소유자(성명, 주소, 주민등록번호), 공시지가에 관한 정보가 있으며, 지적도(임야도)에서는 토지의 형상, 경계, 주변필지 현황 등에 대한 정보를 알 수 있다.

토지이용계획확인원은 토지를 이용할 때 어떤 규제를 받게 되는지를 알 수 있는 서류이나 해당 토지이용에 관한 규제사항들이 모두 표시되는 것은 아니므로, 해당토지에 적용되는 지역, 지구, 구역에 대한 규제 등을 관련 법령이나 규칙 등을 통해 추가로 확인하는 것이 필요하다. 토지이용계획확인원에는 토지의 소재지, 지목, 면적, 공시지가, 지역지구 등의 지정여부, 확인도면, 축척, 유의사항 등이 표시 된다.

<표 8-2> 부동산 관련 주요 서류

구분	주요 내용	발급기관
등기부등본	부동산의 표시(지목,내용), 소유권 및 기타 권리사항	등기소
토지대장(임야대장)	토지(임야)의 지번, 축척, 지목, 면적, 지목, 소유자, 공시지가 등	시,군,구청
지적도(임야도)	경계(모양), 지번, 지목, 축척 등	시,군,구청
토지이용계획확인원	소재지, 지목, 면적, 개별공시지가, 용도지역,지구,구역,확인도면 등	시,군,구청
건축물관리대장	건물의 규모(면적,층수),구조,용도,소유주,준공일 등	시,군,구청

3. 현장답사

토지 투자 시에는 해당 토지에 관하여 먼저 토지관련 서류를 확인하고 직접 현장에 방문하여 해당 토지 및 주변의 토지를 관찰하여야 한다. 현장답사 시 다음과 같은 사항을 주목하여야 한다.

첫째, 토지의 물리적 현황을 파악하여야 한다. 토지의 물리적 현황은 공부상으로는 파악이 곤란한 경우가 많다. 토지의 경사도, 토지의 지질, 토지의 이용 현황, 임야의 경우는 묘지의 유무 및 입목현황 등은 대상 토지를 직접 방문하기 않으면 파악하기 곤란하다.

둘째, 진입도로를 확인하여야 한다. 토지를 이용함에 있어 진입도로는 매우 중요하다. 진입도로가 없으면 건축허가가 나지 않으며, 농사를 직접 지을 경우도 도로는 필수 요건이다. 지적도상 도로는 있으나, 실제 현장에서는 도로가 없는 경우, 또는 지적도상에 도로가 없으나 현황도로가 있거나, 지적도와 다르게 도로가 나 있는 경우도 있음으로 도로의 현황을 파악하는 것은 중요하다. 즉, 신입도로의 폭과 치량의 통행 여부, 도로의 포장 여부를 확인하여야 한다,

셋째, 주변지역과 주변 환경을 파악하여야 한다. 토지는 움직이지 못하므로 필연적으로 주변 토지의 영향을 받는다. 따라서 대상 토지뿐 아니라 주변의 토지 사용현황을 파악하여야 한다. 토지주변에 혐오시설, 위험시설, 기피시설이 있는 곳은 투자 대상으로는 바람직하지 못한 경우가 많다. 또한 전원주택지 선정에 있어서는 토지의 방향과 전망에 영향을 주는 장애물 및 주변의 축사 등을 파악하여야 한다. 또한 이웃사촌이 될 주변 마을의 생활수준이나 분위기 등도 파악하면 전원생활에 도움이 되기도 한다.

넷째, 대상토지의 접근성을 파악하여야 한다. 대상토지까지의 접근성은 대상토지의 이용에 중요한 요인이다. 주요 도로에서, 또는 자신의 집에서 대상토지까지 도달 거리 및 도달 시간을 파악하여야 한다. 토지의 접근성은 토지의 가격을 결정하는데 중요한 요인이 된다.

제9장 농지와 산지

진 창 규

제1절 농지의 개념과 취득방법

1. 농지의 개념

「농지법」상의 '농지'란 전·답, 과수원, 그 밖에 지목(地目)을 불문하고 실제로 농작물 경작지 또는 다년생식물 재배지로 이용되는 토지와 이를 위한 개량시설 및 농지위에 설치하는 농축산물 생산시설의 부지를 말한다. 「측량·수로조사 및 지적에 관한 법률」에 따른 지목이 전, 답, 과수원이 아닌 토지로서 농작물 경작지 또는 다년생 식물 재배지로 계속하여 이용되는 기간이 3년 미만인 토시나, 「초지법」에 따라 조성된 초지등은 농지에 해당되지 않는다. 일반적으로 지목이 전, 답, 과수원인 토지를 농지라고 이해하면 된다.

농지에 대해서는 농업진흥지역과 농업진흥지역 밖의 농지로 구분하여 행위제한을 하고 있다. 농업진흥지역은 시·도지사가 농지를 효율적으로 이용하고 보전하기 위하여 지정하며 「측량·수로조사 및 지적에 관한 법률」상 지목이 전, 답, 과수원이 아닌 경우에도 지정하게 된다. 농업진흥지역 농지는 보호가 필요하여 개별법인 「농지법」에서 행위제한을 하며, 농업진흥지역 밖의 일반 농지는 「국토의 계획 및 이용에 관한 법률」에 의한 일반적인 행위제한을 받는다.

농업진흥지역은 다시 농업진흥구역과 농업보호구역으로 구분된다. 농업진흥구역은 농업의 진흥을 도모하기 위하여 농지가 집단화된 지역(3ha~10ha 이상)으로 농지조성사업 또는 농업기반정비사업이 시행되었거나 시행중인 지역이거나, 그 외 지역으로서 농업용으로 이용하고 있는 토지가 집단화되어 있는 지역(경지정리가 되지 않는 농지도 지정)에도 지정된다. 농업보호구역은 농업진흥구역의 용수원 확보, 수질보전 등 농업환경을 보전하기 위하여 필요한 지역으로 농지가 아닌 임야, 잡종지, 대지 등도 지정된다.

또한, 농지로서 생산력이 떨어지는 농지를 다목적으로 이용하기 위하여 「농어촌정비법」에 규정한 한계농지가 있다. 한계농지는 농업진흥지역 밖의 농지 중에서 영농 조건이 불리하여 생산성이 낮은 농지로서, 최상단부에서 최하단부까지의 평균 경사율이 15퍼센트 이상이거나 집단화된 농지의 규모가 2만 제곱미터 미만인 농지 또는 「광업법」에 따른 광업권의 존속기간이 끝났거나 광업권이 취소된 광구의 인근지역 농지로서 토양오염 등으로 인하여 농업 목적으로 사용하기에 부적당한 농지를 말한다.

2. 농지관련 규제의 변화

해방 당시 전 농가의 86%가 소작농, 전 농지의 64%가 소작지인 상태에서 농업생산력과 농가경제의 향상을 위해서 정부는 1949년 농지개혁을 실시하였다. 이후 경자유전의 원칙과 자작농체계를 유지하기 위하여 농지의 소유자격, 농지소유 상한, 농지임대차에 대한 엄격한 규제를 실시하였다. 그러나 1960년대 이후 공업화, 도시화가 진점됨에 따라 농지전용이 증가되고, 자원민족주의, 식량안보의 논리 등으로 우량농지의 보전이 필요하게 되어 1972년에 「농지의 이용 및 보전에 관한 법률」을 제정하여 농지보전제도를 정비하였다, 농지를 절대농지와 상대농지로 구분하여 절대농지는 다른 용도로 전환을 원칙적으로 금지하는 등 엄격하게 규제하였다. 그러나 급격한 도시화 과정에서 부재지주가 증가하면서 비농업인의 농지소유와 농지임대차가 확대되는 현실을 반영하여 1986년 「농지임대차관리법」을 제정하였다.

우리나라는 경자유전의 원칙에 따라 농지를 자신의 농업경영에 이용하거나 이용할 사람만이 농지를 소유할 수 있도록 하고 있으나 경제성장에 따른 도시화, 경제규모의 팽창으로 인한 농업의 중요성 감소, FTA 등 개방정책으로 인해 농지소유에 대한 규제가 완화할 수밖에 없었다.

우리나라의 주요한 농지 규제를 살펴보면 <표 9-1>과 같다. 1990년대 초반까지는 경자유전의 원칙, 자원민족주의, 식량안보의 논리 등으로 농지규제를 강화하는 방향으로 법이 개정되었으나, 1990년 중반 이후부터는 WTO, FTA 무역협정으로 농업 시장 개방이 불가피해져 농지규제를 완화하는 방향으로 법 개정이 이루어지고 있다.

<표 9-1> 주요 농지규제 변화의 주요 내용

연도	농지규제의 변천 내용	관련법령의 제,개정	비고
1949	농지개혁으로 자장농체계 구축	농지개혁법 제정	
1972	절대, 상대 농지제도 도입	농지의보전및이용에관한법률제정	
1986	임차농민 보호위주 농지임대차 제도화	농지임대차관리법 제정	
1988	농지취득시 농지소재지 6개월 사전 거주요건 신설	농업개혁법시행규칙 개정	규제강화

1990	농업진흥지역제도 도입 농지임대차관리법 시행 농지임대신고제, 통작거리 제한	농어촌발전특별조치법 제정 농지임대차관리법시행령 제정	규제강화
1993	농업진흥지역안 농지소유 상한 확대	농어촌발전특별조치법 개정	규제완화
1996	자기 농업경영목적인 경우에만 농지소유 허용 농업회사법인의 농지소유 허용 농지처분명령, 이행강제금 등 사후관리 제도 도입 농지취득시 통작거리제한제도 폐지 농업진흥지역안은 소유상한 폐지 농업진흥지역밖 소유상한 확대	농지법 시행	소유규제완화, 이용규제강화
2003	비농업인의 농지소유 허용 농업진흥지역밖 농지소유상한 폐지 농업생산기반 정비농지 분할 제한	농지법개정	규제완화
2006	농업회사법인 출자제한 완화 농지처분명령제도 완화	농지법개정	규제완화
2008	농업진흥지역 해제시 대체지 지정제도 폐지	한국농어촌공사 및 농지관리기금법 재정	규제완화
2011	농지매수청구권신설	농지법개정	규제완화

자료 : 최혁재 · 지대식 · 최수(2003), 「국토의 효율적 관리를 위한 농지이용관리제도의 발전방향」을 수정 · 보완함

3. 농지의 취득방법

1949년의 「농지개혁법」은 농지의 소유자격, 농지소유 상한, 농지의 임대차 등에 대하여 엄격한 규제를 가하여 자작농체계를 유지하였으나, 2003년도 이후 「농지법」의 대폭적인 개정으로 인해 농사를 짓지 않는 일반인도 사실상 농지 취득이 가능해졌다. 농지 소유에 대한 규제가 대폭 완화되었지만 일반인이 농지를 취득하려면 먼저 농업인 요

건을 갖추어야 한다. 농업인 요건은 생각보다는 간단하다. 기본적으로 1,000m²(약 300평) 이상의 농지를 획득하여 연간 90일 이상 농사를 지으면 된다. 또 축산업이나 시설(비닐하우스, 버섯재배사 등)을 설치하여 농사를 짓는다면 시설 면적이 330m² 이상이면 가능하다.

농지를 소유하기 위해서는 형식적이지만 영농계획서를 제출하고 농지취득자격증명을 받아야 한다. 농지취득자격증명을 획득하지 못하면 농업인이 될 수 없고, 농지를 취득했다 하더라도 소유권등기를 할 수 없다. 농지를 경매로 취득할 경우에도 동일하다. 농지취득자격증명은 해당 농지 소재지 읍면사무소에 가서 신청하면 발급 되며 특별한 결격 사유가 없다면 절차의 형식성으로 인해 대부분 자유롭게 증명을 발급 받을 수 있다. 농업인의 자격요건을 갖추지 못했다면 농지법인에 조합원으로 가입해도 된다

<표 9-2> 농업인과 농업법인의 자격

구분	자격 요건
농업인	- 1,000m²(303평) 이상의 농지에서 농작물(다년생식물)을 경작하는 자 - 1년중 90일 이상 농업에 종사하는 자 - 330m²(100평)이상의 온실,버섯재배사,비닐하우스 등을 설치하여 농작물을 재배하는 자 - 농산물 매출이 연 120만 원 이상인 자
농업법인	- 영농조합법인 : 농업인 5인 이상 출자하여 직접 영농 - 농업회사 법인 : 농산물의 유통,가공,농기계 임대 등

2006년부터는 연간 90일 이상 농사짓지 않더라도 한국농촌공사가 운영하는 '농지은행'에 농지를 위탁해 농민에게 5년이상 임대를 주면

소유 상한(1ha) 제한 없이 농지를 살 수 있다. 또한 일반인이 농업인의 자격을 갖추어 실제 농지를 취득하는 것이 대체로 자유롭다고 하더라도 만일 농지가 속한 지역이 토지거래허가구역내라면 그 취득은 쉽지 않다. 토지거래허가구역 내에서는 재촌자경의 요건을 갖추고 실제 지역내에서 농사를 짓는 사람만 취득할 수 있도록 규제하기 때문이다.

제2절 농지투자 포인트

우리나라 경제가 무역의 중요성이 커지고, 향후 FTA 경제체제가 구축되면 농산물 시장의 개방은 필수적이다. 그러면 농지의 상대적 자산가치는 감소할 것이며, 농지의 활용도도 감소하게 될 것이다. 경자유전의 법칙에 따라 농지는 농업인 간에 거래가 되었지만 2003년부터 일반인도 농지를 자유롭게 거래 할 수 있도록 규제가 완화되고 있다.

향후 환경가치에 대한 의식 확대와 주 5일 근무의 확산, 국민소득의 상승 등으로 주거형태가 도심의 아파트에서 환경성과 쾌적성이 높은 단독주택 등으로 변화될 것으로 예상되는데 기존 도심지역에서는 수요를 충족하기 어렵기 때문에 도시주변의 농지를 개발하지 않을 수 없다.

또한 식량안보 등의 논리는 글로벌 시대에 있어서 냉전논리로 치부되고, 농가인구의 고령화와 노동력 부족 등으로 휴경농지가 증가하고, 산지는 점차 절대적 공익성 용지로 보고 후손들에게 제대로 물려줄 보전가치가 있는 것으로 간주되고 있기 때문에 농지는 매력적인 투자의 대상이 될 가능성이 많다.

<표 9-3>은 연도별 농지가격 추이를 보여주고 있다. 이 표를 보면

농지 가격은 꾸준히 상승하고 있으며, 농업진흥지역 밖의 농지 가격이 농업진흥지역의 농지 가격보다 상대적으로 높다. 이는 농지 가격은 농업수익성보다는 농지의 개발 가능성에 의해 더 큰 영향을 받음을 알 수 있다.

<표 9-3> 연도별 농지가격 추이 (단위 : 원/평)

	농업진흥지역내		농업진흥지역밖			
	논	밭	농업지역		개발예정지	
			논	밭	논	밭
1996	24,498	30,543	31,708	39,839	63,657	74,117
1997	28,565	33,650	35,243	43,662	68,296	78,905
1998	32,661	37,766	35,942	46,028	63,737	78,504
1999	35,594	40,383	38,867	48,491	65,496	81,210
2000	37,569	42,322	40,536	50,300	67,104	82,951
2001	36,049	40,828	38,155	48,599	64,667	79,617
2002	36,031	40,452	37,721	49,188	63,804	78,572
2003	37,699	44,451	41,283	52,187	73,167	89,580
2004	46,896	61,478	51,785	69,258	92,422	119,176
2005	62,243	82,959	70,202	93,488	123,840	160,182
2006.6	64,880	84,567	74,459	98,001	126,395	163,625

주 : 한국농촌공사에서 실시한 전국 1,680필지표본조사(96년부터 시작) 결과임.

자료 : 김은경(2007), 농지규제의 현황과 개선방향

1. 투자 전망

WTO, FTA 무역협정으로 농산물 개방이 불가피함에 따라 농지 정책도 변해야 한다. 농지는 환경보호를 고려하면서 전원주택부지나 관광 · 휴양 · 레저 · IT(정보통신)산업단지 등 농지 외의 용도로 전환해

야 한다. 이러한 상황과 연계하여 근래에 정부는 농지법을 개정하면서 경자유전(耕者有田)의 원칙을 포기한 바나 다름이 없다. 그러므로 앞으로 농지는 그 수요와 용도가 확대될 것으로 전망된다. 이러한 변화를 예상하면서 향후의 효과적인 농지투자법을 살펴보기로 한다.

농지투자는 입지선정만 성공하면 수익성(시세차익)이 높은데 비하여 환금성이 낮다. 따라서 아무 농지나 투자해서는 안 된다. 농지투자는 아래와 같이 환금성을 고려한 선별적 투자를 하여야 한다.

첫째, 대도시 근교의 농지를 구입해야 한다. 환경가치에 대한 의식확대와 주 5일 근무의 확산, 국민소득의 상승 등으로 전원주택 수요가 지속적인 증가 추세에 있다. 수도권과 지방대도시 주변지역의 관리지역 농지는 미래 전원주거지역으로서 수요기반이 탄탄하다. 미래수요가 많을수록 환금성도 높고 시세차익도 많다.

둘째, 소액으로 분산투자하고 중・장기적 투자를 해야 한다. 농지투자는 월세수익이 발생하지 않고 시세차익 밖에 기대할 수 없으므로 소규모의 분산투자와 여유자금으로 투자하는 것이 바람직하다. 또한 농지의 가격은 단기간에 급등하지 않고 정책과 주변의 여건에 따라 서서히 움직이게 될 것이다. 따라서 농지투자는 단기투자보다는 느긋하게 중・장기적 투자를 해야 한다.

셋째, 분할이 가능한 토지를 선택해야 한다. 비도시지역 토지는 매매금액이 2~3억원을 초과하면 거래가 잘 안 되는 편이다. 지가가 상승할 경우 2필지 이상으로 분할이 용이해야 환금성이 높아진다.

넷째, 도로 접근성을 고려해야 한다. 차량접근이 가능한 4m 이상의 도로에 접해야 한다. 맹지는 도로확보 방안을 우선적으로 확보한 후에 투자해야 한다.

다섯째, 이행(移行)이 예측되는 토지를 탐색한다. 진흥농지는 농가주택 · 농림수산업 창고 · 축사 외에는 건축행위가 제한되므로 지가가 낮게 형성되어 있다. 그러나 진흥농지가 폐지되고 보호농지나 일반농지로 전환되면 가격이 2~3배로 상승할 수 있다.

2. 투자관심 지역

농지의 가격은 미래의 개발 가능성에 큰 영향을 받는다. 그러므로 이미 개발계획이 발표된 곳의 농지 가격은 오를 만큼 올랐기 때문에 사전 개발계획지보다는 향후 개발이 예상되는 지역의 농지를 선택해야 한다. 그러나 개발계획의 변경으로 개발이익을 누릴 수 있는 농지가 있으므로 개발계획에 대한 세밀한 확인이 필요하다. 신설되는 역세권 주변, 개통예정인 도로 주변과 대규모 택지개발지구 주변의 농지들은 개발계획이 완료되었다 해도 그 주변의 농지는 투자성이 높기 때문에 관심이 필요하다. 또한, 1998년 이후 그린벨트인 개발세한구역에 대한 해제가 본격화 되고 있다. 향후 해당지역별로 해제 총량제를 적용하므로 이에 맞추어 신중하게 농지에 대해 투자하면 큰 수익을 올릴 수 있다.

또한, 한계농지로 지정된 농지도 유망한 투자처이다. 한계농지에 대해서는 경자유전의 원칙의 예외를 인정하여 농지취득시 농업경영계획서가 불필요하고, 취득시 거주지와의 거리제한이 없으며, 취득 후 개발시 농지보전 부담금이 없음으로 거래가 활발해 질 것이다. 한계농지는 대체로 경사도가 높은 곳에 위치하여 전망 등이 우수하여 전원주택, 주말농장 등 소규모 개발이 가능하며, 정비지구를 지정하여 청소년 수

편시설이나, 교육연구시설, 노인복지시설등 중, 대규모로 개발하는 방법도 고려할 수 있다.

제3절 산지

1. 산지의 개념

산지는 2003년 이전에는 임야로 지칭되었다[1]. 2003년 「산지관리법」이 제정 시행됨에 따라 임야에서 산지로 개념이 변경되어졌다. 산지에 적용되는 법률은 기본적으로 「산림기본법」과 「산지관리법」이 있다. 산림정책의 기본이 되는 사항, 임업과 관련된 사항은 「산림기본법」에서 규정하고 있으며, 산지의 개발, 행위제한 등 규제는 「산지관리법」, 「동법시행령」, 「동법시행규칙」에서 정하고 있다. 산지는 「산지관리법」 이외에도 「국토의계획 및 이용에 관한법률」, 「개발제한구역에 관한법률」, 「수도권정비계획법」, 「농어촌정비법」, 「자연공원법」, 「상수원보호에 관한 법률」 등 많은 법률의 규제를 받고 있다.

「산지관리법」에서는 산지를 "입목(立木) · 죽(竹)이 집단적으로 생육하고 있는 토지, 집단적으로 생육한 입목 · 죽이 일시 상실된 토지, 입목 · 죽의 집단적 생육에 사용하게 된 토지, 임도, 작업로 등산길, 위의 토지에 있는 암석지 및 소택지(다만, 농지, 초지, 주택지, 도로 및 그 밖에 대통령령으로 정하는 토지는 제외한다)"로 정의하고 보전산지와 준보전산지로 구분하여 관리하고 있다.

---

1) 2006년 폐지된 「산림법」에 따라 임야로 지칭되었으나 이후 산지로 정의가 변화되었다.

보전산지는 산림자원의 조성과 임업경영기반의 구축 등 임업생산 기능의 증진을 위하여 필요한 산지인 임업용 산지와 임업생산과 함께 재해 방지, 수원 보호, 자연생태계 보전, 자연경관 보전, 국민보건휴양 증진 등의 공익 기능을 위하여 필요한 공익용 산지로 구분되어 있고 「산지관리법」에서 그에 대한 행위제한을 하고 있다.

산지 이용에 관해 규제가 필요한 곳은 보전산지로 묶고 그 이외의 곳을 준보전산지라 한다. 준보전산지의 행위를 제한하는 규정이 「산지관리법」에는 없으나 그 용도를 변경하거나 형질을 변경하고자 할 때에는 산지전용허가를 받거나 산지전용 신고를 하여야 한다.

2. 산지정책과 규제

산지(임야)에 대한 정부의 정책은 사회환경과 경제수준의 변화에 따라 변화하여 왔다. 1986년부터 비롯된 3저 호황에 힘입은 국제수지 흑자의 지속, 1987년의 두차례의 선거, 86아시안게임, 88올림픽의 영향으로 유동자금이 급속히 증가하면서 부동산 가격도 급등하였다. 특히, 선거공약에서 제시된 지역개발사업은 해당 지역들의 투기 붐을 일으키며 전국적인 지가상승으로 확대되었다. 소득이 증가하고, 내집 마련에 대한 수요가 급증함과 동시에 급격한 도시화 현상으로 도시팽창이 이루어 졌다. 그리고 이 시기는 도시주변의 택지개발지구 아파트 공급이 급증하면서 임야수요도 급등하였고 이에 따라 임야의 투자가치도 매우 높았던 시기였다.

1980년대 말에 부동산가격이 급등하였고 이에 정부는 1988년 부동산투기 근절을 위한 장단기종합대책인 8.10 부동산 종합대책(이른바

8.10 조치)을 도입하고 1990년에 토지공개념 제도(택지소유상한제, 토지초과이득세제, 개발부담금제)를 도입하였다. 이같은 정책의 영향으로 그 이후 부동산 가격은 안정화 되었다. 즉, 8.10 조치로 임야에 있어서는 '임야 매매 증명제도'가 도입되었고 이에 따라 산림경영 목적이 있어야 소유권이전등기가 가능하도록 변경되어 임야의 유동성이 감소하고 거래는 단절되었다. 그러나 이 시기에도 대도시 근교의 임야 소유자들은 택지개발에 의해 그 나름의 활로를 찾을 수 있었다.

이 당시 토지이용 규제상의 문제점은 용도변경이 어렵다는 것이었다. 그래서 정부는 1996년에 준보전임야제도를 신설하였다. 보전임야는 공익성 용지로 사적 투자와 개발행위가 금지되었으나 준보전임야(구 준농림지역)는 그 개발을 장려하는 방향으로 정책이 전환되어 아파트 건축도 299세대 이하이면 허용되었다. 그 결과 도시주변의 비교적 낮은 야산(구릉지 등)과 비록 높은 산이라도 그 아래 부분에 대한 무분별한 개발이 진행되었다.

2003년 「산림법」[2]의 폐지(2006. 8)를 전제로 「산지관리법」이 제정 시행되어 임야제도가 없어짐과 동시에 '산지제도'로 개편되었다. 이때부터 현재의 산지법규 체계가 굳혀졌다. 「산지관리법」에 따라 산지 보전이 환경법 법리로 강화되고 산지에 대한 이용행위가 보다 엄격하게 규제되고 있어서 일부 산지는 투자대상이 아니라 보전대상으로 간주되고 있다. 따라서 점차 보전산지 비중이 높아지고 행위제한이 강화되고 있다고 할 수 있다.

---

2) 1980년1월4일 제정되어 산림자원의 증식과 임업에 관한 기본적 사항을 정하여 산림의 보호·육성, 임업생산력의 향상 및 산림의 공익기능의 증진을 도모함으로써 국토의 보전과 국민경제의 건전한 발전에 이바지함을 목적으로 했던 「산림법」이 2006년 8월 3일 부로 폐지 됨.

토지이용계획확인원상 임업용산지와 공익용산지는 보전산지에 해당되므로 가급적 투자대상에서 제외하는 것이 좋다. 반면에 어느 정도 개발행위가 가능한 산지는 준보전산지이지만 산지에 대한 보전규정이 까다롭고 복잡하기 때문에 투자에 유의해야 할 것이다.

이와 같이 보전산지는 절대적인 공익성 용지로 행위제한이 매우 엄격하여 경제적 가치나 투자가치는 거의 없다고 간주해야 한다. 그린벨트보다 훨씬 더 가치가 없는 토지이다. 반면 준보전산지는 과도기적으로 부분적인 개발과 산지전용이 허용되지만 규제사항이 다른 부동산에 비교할 수 없을 정도로 까다롭기 때문에 투자에 많은 주의가 필요하다. 준보전산지도 FTA에 따른 농지 감소와 환경의식의 확대 등 정책적인 과제와 국민의식구조의 변화로 인하여 가까운 시기에 보전산지처럼 규제가 심해질 것으로 판단된다.

현재 준보전산지는 제한적 개발이 허용되는 유보용지로써 공장부지로도 전용허가 가능하지만 신규투자는 곤란하며 기존의 산지 소유자는 현정부 내에서 개발허가를 받고 농가주택(신고대상) 이나 일반주택(허가대상)을 건축하거나 전용허가를 받아 놓는 것이 유리하다.

3. 산지투자 포인트와 주의사항

산지 투자의 가장 큰 장점은 단위면적당 가격이 싸고, 전용비용이 저렴하다는 점이다. 그러나 산지는 대체로 그 필지가 크고 고저차이가 커 개발비용이 많이 소요되기 때문에 거래가격이 낮게 형성된다. 하지만 펜션단지나 전원주택 단지처럼 대단위로 개발할 때에는 농지보다 더 저렴하게 개발할 수 있다.

산지에 투자하고자 한다면 아래와 같은 사항을 고려해야 한다. 첫째, 투자시 목적을 분명히 해야 한다. 실수요용인지 수익용인지에 따라 선택기준이 달라지기 때문이다. 수익용인 경우에는 객관적인 기준으로 산지에 투자하여야 한다. 귀농 또는 전원주택 등 실수요인 경우에는 자신의 수요목적에 적합하면 되며, 상수도, 전기등 생활 편의 시설의 개발비용 등도 고려하여야 한다.

둘째, 산지와 관련된 법규를 알아야 한다. 산지는 수많은 부동산 공법에 의해 규제를 받고 있으므로 필요한 법령을 이해하는 것이 필요하다. 일반적으로 투자대상 산지(임야)는 특별한 목적이 없다면 보전산지가 아니어야 한다. 즉 「산지관리법」상 준보전산지가 활용도가 많아 투자가치가 높다는 것이다. 보전산지는 공익목적등 특별한 경우가 아니면 개발이 허용되지 않는 지역으로 투자가치가 없다. 또한, 산지전용 제한지역이 아니어야 한다. 산지전용 제한지역은 원칙적으로 개발행위가 불가능한 지역으로 대개 백두대간 보호지역, 문화재 보호구역, 공원지역, 희귀동식물 및 천연기념물 보존지역. 상수원보호구역 등이 여기에 포함된다. 「산림자원의 조성 및 관리에 관한 법률」에 따른 각종 공익용 산림지역도 투자가치가 낮은 산지이다. 보안림, 사방지, 조림지, 재해 발생지 등에 해당하는지 여부도 확인해야 한다.

셋째, 산의 경사도와 수종상태를 확인해야 한다. 우선 산의 경사도는 종전에는 경사도가 45도인 경우까지도 개발을 허용했으나 산지관리법시대가 도래함에 따라 각 지방자치단체에는 준보전산지라도 경사도 15~25도가 초과되는 산지는 개발허가를 좀처럼 내어주지 않는다. 또한, 해당 산지에 조성되어 있는 나무의 상태나 수종의 밀도와 크기에 따라 개발행위허가가 불가능 할 수 있다. 즉, 산에 있는 나무의 수종(종류)을 '입목구성'이라고 하는데 주로 침엽수(소나무 등)가 일정 비율 이상이면 허가받기가 곤란하다. 또 나무의 밀도와 크기를 '입목축적'이라고 하는데 일정기준 이상일 경우 입목구성과 마찬가지로 투자가치가 없다.

넷째, 해당 산지내에 묘지가 없거나 이장이 가능할 정도로 적어야 한다. 비록 본인의 소유가 아닌 산지라 하더라도 분묘기지권이 성립하는 산지에 대해서는 소유권 행사 즉, 개발행위를 하는데 있어 많은 시간과 비용이 추가될 수 있고 아예 개발이 불가능할 수도 있으므로 이에 대해 반드시 확인 할 필요가 있다.

기타 도로유무와 고압선 등의 통과유무, 특수지역권의 행사여부는 현장조사와 탐문으로 확인해야 하며, 군사시설보호 구역에 해당하는지의 여부와 상수원보호구역에 해당하는지의 여부 등도 확인해야 할 사항이다.

제4절 기획부동산의 함정

기획부동산 사기란 개발 가능성이 작은 토지를 매입한 후에 이를 소규모로 분할해 분양하거나, 허위과장 광고나 기타 다양한 방법을 통해 투자자에게 고가로 분할 분양하여 부당한 이득을 취하는 사기이다. 기획부동산 사기도 점차 치밀화, 정교화 되어 가기 때문에 사기를 당한 후 오랜 시일이 지나서야 사기를 당했다고 눈치채는 경우가 허다하고, 심지어 사기를 당했는지도 모르는 경우까지 있어 정확한 지식이 없으면 당하기 십상이다. 많은 사람들이 부동산 사기에 대해 경계하고 있음에도 불구하고 기획부동산으로 인한 피해 사례가 속출하고 있다. 이와 관련하여 국토해양부에서 발간된 좋은 보도자료가 있어 간략하게 아래에서 소개하기로 한다(국토해양부 보도자료, 2012.12.2).

기획부동산 사기의 대표적인 사례를 보면 먼저 개발이 어려운 토지를 싼 값에 매입한 후 분할해 여러 사람에게 높은 가격에 분양하는 사례를 들 수 있다. 예를 들어, 용도가 보전녹지지역인 토지나 간척지 일대 토지는 보통 개발행위를 할 수 없는데, 마치 개발할 수 있는 것처럼 속여서 폭리를 취하는 방식이다. 이런 부동산사기 유형에 대처하기 위해서는, 국토해양부 등이 제공하는 다양한 토지 관련 정보시스템에 의해 공적장부 등을 확인해 실제 개발할 수 있는 토지인지의 여부를 반드시 확인해야 한다.

<표 9-4> 각종 정보시스템에서 확인 가능한 정보

정보시스템명	확인 가능 정보
토지이용규제정보시스템	용도지역,지구 등의 지정 현황 개발행위 제한 내용 토지이용계획 열람등
한국토지정보시스템	지적도(임야도)등본 열람 토지이용계획 열람등
산지정보시스템	필지정보(주소,면적,경사도,지형 등) 위치정보,산지전용 인허가 정보등

둘째 유형은 확인되지 않은 개발계획을 제시하며 곧 땅값이 크게 오를 것이라고 투자자를 호도해 충동계약을 유도하는 사례이다. 해당 토지가 지자체가 추진 중인 개발계획과 직접 관련 있는 것처럼 선전하거나, 확정되지 않은 개발계획을 마치 확정된 것처럼 과장하는 것이다.

동계올림픽 개최지로 확정된 평창이나 인근의 원주, 행정기관 이전을 앞두고 있는 행정중심복합도시 예정지 및 그 인근에 교통망 확충계획 등 확인되지 않는 개발호재를 과장해서 광고하는 것이 그 대표적 사례이다. 이런 경우에는 해당 지자체의 담당부서에 문의해서, 분양업체가 제시하는 개발계획에 대해 확인해보는 게 좋다. 무엇보다도 현지를 방문해서 부동산 현황을 직접 보고 사실관계를 파악하는 것이 중요한데, 현지의 중개업자에게 문의해 보는 것도 한 가지 방법이다.

셋째 유형은 기획부동산이 실증할 수 없는 내용으로 교통사정 · 거리 등을 표현하거나, 터무니없이 높은 수익성을 내세워 소비자를 현혹하는 사례이다. '○○IC 1분 거리'라고 광고를 했지만, 사실은 18㎞ 거리로 시속 70㎞로 달려도 15분 이상 소요되는 사례도 있다. '3~4년 내 투자가치 200%', '전원주택지 시세 60%' 광고처럼, 확인되지 않은 수익성과 시세차를 내세우는 경우도 많다. 이와 같은 기획부동산 유형에 대처하기 위해서는, 우선 대상 토지의 정확한 지번을 파악하고 현장답사를 해서 교통사정, 공시지가 등을 확인하는 것이 중요하며, 지도 로드뷰, 네이버 지도, 구글맵스 등을 통해서도 어느 정도 접근성, 현지 현황 등은 파악할 수 있으며, 개별 공시지가는 민원 24 사이트나 한국토지정보시스템에서 확인 가능하다. 현장 방문이 어려우면 인터넷, 전화로 최대한 정확한 정보를 확인하는 노력이 필요하다.

넷째 유형으로는 부동산중개업 무자격자가 세무서에 컨설팅업으로 등록한 후 부동산 매매 · 임대차 등을 알선하거나, 부동산 관련 건축 · 토목업자가 마치 투자개발회사라도 된 것처럼 부동산 거래를 알선하는 경우를 들 수 있다. 그러나 이처럼 공인중개사 자격 없이 컨설팅, 투자개발을 가장해 부동산 중개 영업을 하는 건 모두 불법으로 이들

무자격자들은 대부분 분양 후 사업장을 폐쇄하거나 법인을 바꾸기 때문에, 피해 발생 시 구제받기 쉽지 않으니 주의하여야 한다. 이런 피해를 미리 막기 위해서는 해당 법인의 법인등기부등본을 열람해서, 법인설립일이나 소재지 변경사항을 확인해야 하며. 신생 법인이거나, 소재지가 수시로 변경된 경우에는 각별히 주의할 필요가 있다. 법인등기부등본은 대법원 인터넷등기소(www.iros.go.kr)에서 열람할 수 있으며, 등록된 중개업자인지 확인하는 것은, 인터넷('한국토지정보시스템' 부동산종합정보—부동산중개업정보—등록확인)으로도 확인 가능하다.

마지막으로 현장 확인 없이 기획부동산의 권유만으로 토지를 매입했는데, 공유지분으로 등기가 되어 있어 토지 이용이 어려운 사례도 있다. 따라서 계약할 때 계약서에 소유관계 등이 어떻게 되어 있는지 반드시 확인해야 한다. 가급적 전문가의 자문을 받아보는 것이 확실한 방법이다.

기획부동산사기는 결코 단순하지 않다. 실제 기획부동산은 위에서 제시하는 방식 하나만을 활용한다기보다는, 여러 가지 유형을 복합적으로 이용하는 것이 일반적이다. 무엇보다도 평소에 과도한 수익률을 보장하는 토지매입 권유가 있을 경우에는, 해당 법인이나 대상 토지의 현황 등에 대해 꼼꼼히 확인하는 태도가 필요하다.

참고한 자료와 더 읽을거리

경국현(2010), 『부자들만 아는 상가투자 성공원칙』, 이코북

고산화(2008), 『부동산개발법률실무(부동산공법의 실무와 사례)』, 한국생산성본부.

국민은행(2010), "국민은행인터넷뱅킹", 국민은행 홈페이지 (http://www.kbstar.com/)

국세청(2011), "2011년 부동산과 세금", 국세청 홈페이지 (http://www.nts.go.kr/)

국정브리핑 특별기획팀(2007), 『대한민국 부동산 40년』, 한스미디어.

권도엽(2009), "저탄소 녹색성장을 위한 국토해양정책 추진전략", 국토해양부, 5월 22일.

김경환 · 손재영(2010), 『부동산경제학』, 건국대학교출판부.

김경훈 · 황희준(2008), "U.E.C(Urban Entertainment Centers) 개념을 도입한 도심엔터테인먼트 상업시설의 건축계획에 대한 기초연구", 한국문화공간건축학회, 통권 제22호.

김범석 · 유한수(2010), 『부동산금융론』-이론과 실제(제3판), 청목출판사.

김범우 · 유재경 · 이동훈(2010), 『부동산금융론』, 도서출판 두남.

김윤상(2006), 『알기 쉬운 토지 공개념』, 경북대학교출판부.

김홍순(2004), 『한국 부동산문제의 이해』, 도서출판 인간사랑

노태욱 역(2004), 『상업용 부동산 입지』, 부연사

다치키 마코토(2007), 『일본을 통해 본 부동산 10년 대폭락 시나리오』,

21세기북스.

류해웅(2006), 『부동산제도』, 부연사.

매일경제신문사(2006), 『2007 경제신어사전』, 매경출판

박경환(2008), 『상가특강』, 예문

박용광 외(2006), 『부동산 투자관리 키워드』, 도서출판 고원

박용석(2008), 『투자자의 멘토 박용석의 부동산경매 완전정복』, 위즈덤하우스

서수복 · 김재경(2011), "한국 주택시장과 벌집순환모형의 관련성에 관한 연구", 국토연구 제68권, 123-125

서용구 · 이정희(2007), 『유통관리』, 서울경제경영

서울시(2010), "재테크 교실", 서울시청 홈페이지 (http://www.seoul.go.kr/)

선종필(2007), 『대박상가 재테크 대해부』, 중앙일보조인스랜드

성낙인(2007), "재산권보장과 토지공개념 실천법제", 행정법연구 제18호. 501-526.

손낙구(2008), 『부동산 계급사회』, ㈜후마니타스.

손진수(2006), 『부동산 개발론』, 부동산114

신창득 외 공역(2003), 『부동산금융과 투자』, 부연사

심창섭 · 서용석(2010), "도시여가공간으로서 복합쇼핑몰의 사회문화적 의의 -공간의 사회적 구성의 관점에서-", 관광학연구 제34권 제6호, pp.191~210

아기곰(2011), "단독주택 인기의 허와 실, 유지 · 보수 어렵고 환금성도 떨어져", 한경 BUSINESS, No.812, 43-44.

안효빈(2005), 『부동산투자상담실무』, 새로운 제안

오동일 · 민태욱(2003), 『생활인의 재테크』, 부연사
오세조(2006), 『손에 잡히는 유통마케팅』, 중앙경제평론사
유선종 편저(2006), 『부동산금융용어사전』, 부연사
윤영식(2007), 『부동산 개발학』, 다산출판사
이동수(2007), "시장친화적 토지공개념", 토지공법연구 제38집, 576-595.
이성근 · 서경규(2008), 『현대부동산의 이해』, 부연사
이승언(2009), "기후변화 대응 건물 에너지 정책의 국제적 추세와 방향", 한국친환경설비학회제도 및 기술발전 심포지움, 7월 10일.
이승우(2003), "도시여가공간으로서 대형상업공간의 역할과 이용특성 연구", 서울대학교 대학원 박사학위 논문
이영철(2000), 『한국사총론(상)』, 서원사
이우진(2009), "토지공개념제 재정립을 위한 법적 검토 -토지초과이득세제 재도입을 중심으로-", 법학연구 제34집, 63-84.
이재익(2009), 『부동산 투사의 비밀』, 북오션
이준구 · 이창용(2010), 『경제학원론』, 법문사.
이창석(2010), 『부동산학개론』, 형설출판사.
이태영 외(2002), 『부동산재테크로 부자되세요』, 부연사
임석회 · 이재우(1999), "상업용 부동산의 입지 및 상권분석에 관한 연구", 감정평가연구원
임영균 · 안광호 · 김상용(2006), 『유통관리』, 학연사
이원재(2004), 『부동산재테크』, 가림출판사
장동훈 외(2006), 『생활속의 부동산』, 형설출판사
조광행(2009), 『부동산 마케팅』, 학현사

조주현(2002), 『부동산학원론』, 건국대학교출판부
차학봉(2004), 『부동산시장의 법칙』, 조선일보사
천인호(2007), "아파트 단지내 상가의 가격결정요인", 한국지역개발학회지, 제19권 제3호
최윤열, 박영수(2005), 『투자론-이론과실무-』, 전영사
최혁재 · 지대식 · 최수(2003), 『국토의 효율적 관리를 위한 농지이용관리제도의 발전방향』, 국토연구원
하권찬(2008), "상업용 부동산의 분양률과 입점률 영향요인 분석", 건국대학교 박사학위논문
하권찬(2009), 『상업용 부동산개발론』, 다산출판사
한영우(1997), 『다시 찾는 우리역사』, 경세원
황주영(2006), 『부동산개발사업으로서 상업용 건축물의 분양제도에 관한 연구』, 경희대석사학위논문
황창서(2005), 『상가투자로 3년 안에 5억 만들기』, 원앤원북스

경향신문, 2011.07.15
매일경제, 2007.03.15
매일경제, 2007.07.29
머니투데이, 2009.06.01.
미디어제주, 2011.06.02
BUVI News, 2008.12.10
부산일보, 2010.12.30
아시아경제, 2011.06.08.
이데일리, 2009.02.03

http://kosis.kr/ (국가통계포털)

www.mltm.go.kr (국토해양부)

www.mke.go.kr (지식경제부)

www.fss.or.kr (금융감독원)

www.hanari.re.kr (하나경제연구소)

www.fund.re.kr (중소기업청)

www.kif.re.kr (한국금융연구원)

www.moleg.go.kr (법제처)

http://100.naver.com/ (네이버 백과사전)

http: nettenna.tistory.com/237

http://blog.naver.com/asm2580 (네이버 무념무상재테크 홈페이지)

http://blog.paran.com/estate4u/12267791 (박합수)

http://wifizone.tistory.com/159